EUROPA-FACHBUCHREIHE
für wirtschaftliche Bildung

Prüfungsvorbereitung

Kaufmann/Kauffrau im Gesundheitswesen

9. Auflage

VERLAG EUROPA-LEHRMITTEL
Nourney, Vollmer GmbH & Co. KG
Düsselberger Straße 23
42781 Haan-Gruiten

Europa-Nr.: 67746

Autoren früherer Auflagen:
Hans-Jürgen Bauer
Sindy Röser

Verlagslektorat:
Petra Frank

9. Auflage 2021
Druck   5   4   3   2   1

Alle Drucke derselben Auflage sind parallel einsetzbar, da sie bis auf die Behebung von Druckfehlern identisch sind.

ISBN 978-3-8085-6455-4

Alle Rechte vorbehalten. Das Werk ist urheberrechtlich geschützt. Jede Verwertung außerhalb der gesetzlich geregelten Fälle muss vom Verlag schriftlich genehmigt werden.

© 2021 by Verlag Europa-Lehrmittel, Nourney, Vollmer GmbH & Co. KG, 42781 Haan-Gruiten
www.europa-lehrmittel.de

Umschlag, Satz: Typework Layoutsatz & Grafik GmbH, 86167 Augsburg
Umschlagkonzept: tiff.any GmbH, 10999 Berlin
Umschlagfoto: © Indypendenz – Shutterstock.com, PMDesign – Stock.Adobe.com
Druck: Plump Druck und Medien GmbH, 53619 Rheinbreitbach

Vorwort

Die vorliegende **Prüfungsvorbereitung Kaufmann/Kauffrau im Gesundheitswesen** richtet sich an Auszubildende des Berufes **Kaufleute im Gesundheitswesen.** Der Titel bietet aktuelle und praxisgerechte Aufgaben und Problemstellungen in Form eines umfassenden Arbeits- und Lernbuchs.

Als Prüfungsvorbereitung eignet sich das vorliegende Buch sowohl zum Selbststudium als auch zur unterrichtsbegleitenden Einübung und Vertiefung von Prüfungsinhalten. Die Prüfungsaufgaben ermöglichen es den Lernenden, sich systematisch auf die Aufgabenstellungen der Abschlussprüfung vorzubereiten, um später die reale Prüfungssituation zu meistern.

- Im ersten Teil finden sich **Aufgaben zu den Prüfungsbereichen** 1 (Geschäfts- und Leistungsprozesse in Einrichtungen des Gesundheitswesens) und 3 (Gesundheitswesen).
- Im zweiten Teil ist ein **umfangreicher Lösungsteil** zur Überprüfung der Ergebnisse aus dem ersten Teil abgedruckt. Die Lösungen lassen eine einfache Selbstkontrolle zu. Zusätzlich gibt es ausführliche Erklärungen, mit denen vorhandenes Wissen „lernbequem" angewendet und vertieft werden kann.

Wir danken den Verfassern früherer Auflagen, namentlich Hans-Jürgen Bauer und Sindy Röser. Ein herzlicher Dank gilt dem Autor Hans-Günther Steegmanns, der das vorliegende Werk bis zur 8. Auflage mit bearbeitete.

Neu in dieser 9. Auflage
- alle Gesetzesänderungen bis Januar 2021 wurden berücksichtigt
- die Anpassung der Sozialversicherungsbeiträge sowie die Veränderungen in Bezug auf den Solidaritätszuschlag wurden vorgenommen
- die aktuellen Basisfallwerte ab Januar 2021 wurden in den Beispielaufgaben berücksichtigt

Praxistest bestanden

Die Inhalte des Buches sind in der Lern- und Prüfungspraxis getestet. Ausgewählte Klassen haben das vorliegende Arbeits- und Lernbuch im Rahmen ihrer eigenen Prüfung bereits sehr erfolgreich verwendet.

Ihr Feedback ist uns wichtig

Wenn Sie mithelfen möchten, dieses Buch für die kommenden Auflagen zu verbessern, schreiben Sie uns unter lektorat@europa-lehrmittel.de.

Ihre Hinweise und Verbesserungsvorschläge nehmen wir gern auf.

Winter 2020/2021
Der Verlag

Inhaltsverzeichnis

Aufgabenteil

Prüfungsbereich 1.1
Dienstleistungserstellung, Marketing, Kundenorientierung und Kommunikation 9

Prüfungsbereich 1.2
Betriebliche Organisation 23
- Aufbauorganisation 23
- Ablauforganisation 24

Leistungsabrechnung, medizinische Dokumentation und Berichtswesen 25
- German Diagnosis Related Groups (G-DRG) und Krankenhausentgeltgesetz (KHEntgG) 26
- Belegärzte und deren Leistungen (§18 KHEntgG) 32
- Ärztliche und nichtärztliche Wahlleistungen 32
- Entgelte und Entgeltberechnungen im ambulanten Bereich 33
- Krankenhausstatistik 35
- Medizinische Dokumentation, Berichtswesen und Datenschutz im Gesundheitswesen 36

Beschaffung und Materialwirtschaft 38

Betriebliches Rechnungswesen 42

Betriebliches Controlling 52
- Personalwirtschaft 58
- Jahresabschluss 62

Prüfungsbereich 3
Aufgaben und rechtliche Grundlagen des Gesundheits- und Sozialwesens 70
- Profit- und Non-Profit-Unternehmen 70
- Unterschiedliche Trägerschaften 70
- Gemeinnützigkeit 72
- Tendenzbetriebe 72

Finanzierung im Gesundheitswesen – Das Krankenhausfinanzierungsgesetz (KHG) 73

Leistungserbringer und Leistungsträger 75
- Die Kassenärztliche Vereinigung 81
- Abrechnungskatalog bei ambulanten Leistungen 82
- Abrechnungsprozedere bei kassenärztlichen Abrechnungen 82
- Fachbegriffe 82

Qualitätsmanagement und Managementtechniken 84
- Rehabilitation 89
- Berufe im Gesundheitswesen 91
- Sozialgesetzbuch Fünftes Buch (SGB V) 92

Lösungen und Erläuterungen

Lösungen und Erläuterungen zu den Aufgaben des Prüfungsbereiches 1.1
Dienstleistungserstellung, Marketing, Kundenorientierung und Kommunikation 97

Lösungen und Erläuterungen zu den Aufgaben des Prüfungsbereiches 1.2
Betriebliche Organisation 118
- Aufbauorganisation 118
- Ablauforganisation 120

Leistungsabrechnung, medizinische Dokumentation und Berichtswesen 120
- German Diagnosis Related Groups (G-DRG) und Krankenhausentgeltgesetz (KHEntgG) 121
- Belegärzte und deren Leistungen (§18 KHEntgG) 126
- Ärztliche und nichtärztliche Wahlleistungen 126
- Entgelte und Entgeltberechnungen im ambulanten Bereich 127
- Krankenhausstatistik 129
- Medizinische Dokumentation, Berichtswesen und Datenschutz im Gesundheitswesen 130

Beschaffung und Materialwirtschaft 132
Betriebliches Rechnungswesen 136
Betriebliches Controlling 141
- Personalwirtschaft 150
- Jahresabschluss 153

Lösungen und Erläuterungen zu den Aufgaben des Prüfungsbereiches 3
Aufgaben und rechtliche Grundlagen des Gesundheits- und Sozialwesens 159
- Profit- und Non-Profit-Unternehmen 159
- Unterschiedliche Trägerschaften 160
- Gemeinnützigkeit 161
- Tendenzbetriebe 163

Finanzierung im Gesundheitswesen – Das Krankenhausfinanzierungsgesetz (KHG) 165
Leistungserbringer und Leistungsträger 168
- Die Kassenärztliche Vereinigung 179
- Abrechnungskatalog bei ambulanten Leistungen 180
- Abrechnungsprozedere bei kassenärztlichen Abrechnungen 180
- Fachbegriffe 181

Qualitätsmanagement und Managementtechniken 183
- Rehabilitation 191
- Berufe im Gesundheitswesen 193
- Sozialgesetzbuch Fünftes Buch (SGB V) 195

Unternehmensbeschreibung

Die folgenden Fragen beziehen sich auf die *Wellmed GmbH* in Bitburg.

1. **Name und Geschäftssitz:**
   - Wellmed GmbH
   - Stadtwald 22
   - 54634 Bitburg

2. **Dienstleistungen:**
   - ambulante Versorgung
   - stationäre Versorgung
   - Rehabilitation
   - Altenpflege

3. **Ausstattung:**
   - 300 Akutbetten
   - 150 Rehabetten
   - 80 Betten in der Altenpflege
   - diagnostische und therapeutische Einrichtungen
   - medizinische Geräte

4. **Mitarbeiter:**
   - 120 Mitarbeiter im Akutbereich
   - 90 Mitarbeiter im Reha Bereich
   - 50 Mitarbeiter im ambulanten Bereich
   - 45 Mitarbeiter im Altenpflegebereich
   - 30 Mitarbeiter in der Verwaltung
   - 85 Auszubildende in allen genannten Bereichen

5. **Leistungsangebot für:**
   - gesetzlich Versicherte
   - privat Versicherte
   - Versicherte von sonstigen Kostenträgern

Aufgabenteil

Prüfungsbereich 1.1

Geschäfts- und Leistungsprozesse in Einrichtungen des Gesundheitswesens

Dienstleistungserstellung, Marketing, Kundenorientierung und Kommunikation

Dienstleistungserstellung, Marketing, Kundenorientierung und Kommunikation

1. Aufgabe

Sie sind als Mitarbeiterin/Mitarbeiter im Bereich der Verwaltung und des Marketings der Wellmed GmbH eingesetzt und sollen bei der Entwicklung eines Marketingkonzeptes mitwirken. Im Bereich der Altenpflege beträgt die Auslastung momentan nur 45 % und muss auf Dauer gesteigert werden. Um ein geeignetes Marketingkonzept zu entwickeln, soll die Qualität des Altenheimes durch die Bewohner bewertet werden.

Nennen Sie zu jedem der vier Ps des Marketing-Mix je zwei Inhalte eines Marketingkonzeptes bezogen auf den Bereich des Altenheimes der Wellmed GmbH.

1. Product (Leistung)
   - Ausstattung der Zimmer
   - besondere ärztliche Betreuung

2. Price (Preis)
   - Kooperationen mit anderen Altenheime im Bereich Einkauf
   - Entgelte für weitere angebotene Dienstleistungen

3. Place (Distribution)
   - gute Anbindung an öffentliche Verkehrsmittel
   - Ruhige Lage der Einrichtung

4. Promotion (Werbung bzw. Öffentlichkeitsarbeit)
   - Tag der offenen Tür
   - Anzeigen in Tageszeitungen

2. Aufgabe

Die momentane Kundenzufriedenheit im Bereich des Altenheimes der Wellmed GmbH soll festgestellt werden. Zu diesem Zweck möchte die Unternehmensleitung unter den Bewohnern eine Umfrage durchführen.

2.1 Formulieren Sie sechs Fragen für einen entsprechenden Fragebogen.

- Sind Sie mit der Zimmerausstattung zufrieden?
- Welche Einrichtungen unseres Hauses schätzen Sie besonders?
- Wie sind Sie mit der Betreuung der Pflegepersonals zufrieden?
- Schmecken Ihnen die Mahlzeiten und sind Sie mit den Portionen zufrieden?
- Haben Sie Verbesserungsvorschläge?
- Was vermissen Sie in Ihrem Zimmer?

Geschäfts- und Leistungsprozesse in Einrichtungen des Gesundheitswesens

Eine bereits durchgeführte Umfrage ergab folgendes Ergebnis. Auf die Frage: „Wie beurteilen Sie die Ausstattung unserer Zimmer?" haben die Befragten folgende Antworten gegeben:

sehr gut	gut	befriedigend	ausreichend	mangelhaft	ungenügend
85	112	145	65	18	2

2.2 Berechnen Sie den gewogenen Durchschnitt unter Angabe des Lösungsweges.

a) gerundetes Ergebnis = 2,6 (2,59)

1.106 : 427 = 2,5901   gerundetes Ergebnis = 2,6

Erläuterung zum Lösungsweg:
1. Man ermittelt die Produkte aus den einzelnen Noten und den abgegebenen Beantwortungen.
2. Man addiert die Anzahl der abgegebenen Noten und Produkte aus 1.
3. Man teilt die Summe der Produkte durch die Summe aller abgegebenen Noten.

2.3 Beurteilen Sie die Formulierung der obigen Frage nach ihrer Aussagefähigkeit.

Die Frage ist so gestaltet, dass es eine Note für die Ausstattung der Zimmer gibt. Bei einer schlechten Benotung ist nicht zu erfahren, was den Bewohnern nicht gefällt oder was sie stört.

Dienstleistungserstellung, Marketing, Kundenorientierung und Kommunikation

3. Aufgabe

Um den Bekanntheitsgrad des Altenheimes zu steigern, plant die Wellmed GmbH einen „Tag der offenen Tür". Es sollen vor allem die geräumigen Zimmer, deren exzellente Ausstattung und die vielseitigen Freizeitangebote des Altenheimes beworben werden. Der Tag soll durch ein Sommerfest abgerundet werden. Sie sind damit beauftragt, geeignete Maßnahmen zu planen, um das Event bekannt zu machen.

3.1 Nennen Sie fünf sinnvolle Zielgruppen, bei denen Sie das Event bewerben.

- Bewohner und deren Angehörigen
- ambulanter Pflegedienste
- behandelnde Ärzte
- Pflegekassen
- Bekannte oder Verwandte, die bereits Angehörige im Heim haben
- Krankenkassen

3.2 Sie sollen den Termin für den „Tag der offenen Tür" festlegen. Welche Überlegungen müssen Sie bei der Terminplanung berücksichtigen? (zwei Aussagen)

- Wochenende vs. Wochentag
- Ferienzeit vs. außerhalb der Ferienzeit

Geschäfts- und Leistungsprozesse in Einrichtungen des Gesundheitswesens

4. Aufgabe

Im medizinischen Bereich möchte die Wellmed ihr Leistungsangebot erweitern. Neue Erkenntnisse und Trends im Bereich der Alternativmedizin haben die Geschäftsleitung der Wellmed zu einer geplanten Erweiterung des Angebotes bewogen.

Folgende Anzeige soll in einer Tageszeitung erscheinen:

Neu bei Wellmed

Wir bieten Ihnen ein breites Spektrum in der TCM (traditionelle chinesische Medizin).

Garantierte Erfolge bei Migräne und Neurodermitis!

Unsere speziell ausgebildeten Ärzte beraten Sie gerne.

Hier ein Auszug eines Dankesschreibens einer Patientin:

(…) nach nur elf Sitzungen war ich frei von meinen Migräneanfällen.

Garantiert keine Nebenwirkungen!

Kontakt und Terminvereinbarung unter www.wellmed.de
oder Telefon 0 65 61/12 34 56

Zuvor sollen Sie sich über das Heilmittelwerbegesetz informieren.

4.1 Erläutern Sie die Aufgaben des Heilmittelwerbegesetzes.

Das Heilmittelwerbegesetz hat die Aufgabe, den Endverbrauchern bzw. die Personen, die nicht zu dem sogenannten Fachkreis zählen, vor Missbrauch von Medikamenten und Hilfsmitteln und Selbstmedikation sowie vor irreführender Werbung zu schützen.

4.2 Beurteilen Sie diese Anzeige unter Berücksichtigung des Heilmittelwerbegesetzes.

Das Heilmittelwerbegesetz untersagt die Zusicherung von Erfolgen (§ 3 Abs. 2a). Mit „garantierten Erfolgen" darf nicht geworben werden. Es ist untersagt, mit Dankesschreiben oder Empfehlungen zu werben (§ 11 Abs. 11). Die Aussage „Garantiert keine Nebenwirkungen" ist nicht erlaubt (§ 3 Abs. 2b)

Dienstleistungserstellung, Marketing, Kundenorientierung und Kommunikation

5. Aufgabe

Das neue Leistungsangebot soll auch in die Homepage der Wellmed aufgenommen werden.

5.1 Erklären Sie drei Vorteile, die für einen Werbeauftritt im Internet sprechen.

- Beim Zugriff auf die Homepage der Wellmed GmbH gibt es keine zeitliche Beschränkung.
- Der Kreis der Internetnutzer wird immer größer, sodass ein Vorteil in der Streuung der Werbung liegt.
- Die Kosten eines Internetauftrittes, verbunden mit den vorher genannten Vorteilen, sind im Gegensatz zu Zeitungsanzeigen oder Werbespots in lokalen Radio- oder Fernsehen günstiger.

5.2 Nennen Sie drei weitere Werbemittel und drei Werbeträger.

Werbemittel:	Werbeträger:
· Anzeige	· Zeitung
· Spot	· Fernsehsender
· Film	· Rundfunksender
· Plakat	· Internet

6. Aufgabe

Die Wellmed GmbH möchte im Bereich Wellness aktiv werden. Sie werden mit der Aufgabe betraut, für dieses Vorhaben die nötige Marktforschung zu übernehmen.

6.1 Marktforschung kann als Primär- und Sekundärforschung betrieben werden. Erklären Sie die Begriffe Primär- und Sekundärforschung.

Primärforschung: Primärforschung ist die erstmalige Erhebung von Informationen, d.h. hier werden die erforderlichen Informationen neu erhoben.

Sekundärforschung: Marktforschung mithilfe von bereits vorhandenen Daten.

6.2 Nennen Sie je zwei Instrumente der Primär- und Sekundärforschung.

Primärforschung:	Sekundärforschung:
· Befragung	· eigene Zahlen aus dem Controlling
· Interview	· Fachberichte
· Experiment	· Statistiken

Geschäfts- und Leistungsprozesse in Einrichtungen des Gesundheitswesens

6.3 Erklären Sie den Begriff Marktprognose.

Ziel der Marktbeobachtung, sowie der Marktanalyse ist die Marktprognose. Sie umfasst Vorhersagen zukünftiger Marktverhältnisse.

7. Aufgabe

Die Unternehmensleitung der Wellmed GmbH hat beschlossen, ein Wellness- und Fitness-Hotel zu eröffnen. Sie haben die Aufgabe, den Marketing-Mix für das geplante Hotel zu erstellen und die Ergebnisse zu präsentieren.

7.1 Erklären Sie den Begriff Marketing-Mix.

Der Marketing-Mix ist die Auswahl und Kombination der einzelnen Marketinginstrumente, um den größtmöglichen Marketing-Erfolg zu erzielen.

7.2 Beurteilen Sie im Zusammenhang mit dem geplanten Hotel die Bedeutung des Heilmittelwerbegesetzes.

Das Heilmittelwerbegesetz findet Anwendung auf die Werbung für Arzneimittel, Medizinprodukte und andere Mittel. Es gilt für Verfahren sowie Behandlungen und Gegenstände, die der ~~Erkrankung~~ Erkennung und Beseitigung sowie der Linderung von Krankheiten und Körperschäden dienen. Wellness-Anwendungen wie kosmetische Behandlungen, Sauna, Solarium oder Aromatherapien fallen nicht unter den Geltungsbereich des Heilmittelgesetzes, da sich der Begriff Wellness auf das allgemeine Wohlbefinden des Menschen bezieht und nicht auf das Erkennen oder Beseitigen von Krankheiten.

8. Aufgabe

Sie erhalten den Auftrag, bei der nächsten Vorstandssitzung der Wellmed GmbH den Marketing-Mix für das Hotel zu präsentieren.

8.1 Nennen Sie drei Verhaltensregeln eines Moderators/einer Moderatorin bei einer Präsentation und beschreiben Sie, welche Wirkung durch die Einhaltung dieser Regeln erzielt wird.

Dienstleistungserstellung, Marketing, Kundenorientierung und Kommunikation

- offener Stand zur Gruppe
- deutliche und freundliche Sprache
- auf Fragen und Einwände der Gruppe eingehen

8.2 Um eine gelungene Präsentation durchzuführen, benötigen Sie Präsentationsmedien. Nennen Sie vier geeignete Medien.

- Beamer und PC
- Flipchart
- Meta-Hand
- Whiteboard

9. Aufgabe

Nach der Präsentation soll ein Workshop stattfinden. In einzelnen Gruppen sollen Brainstormings zum Thema „Wellness und Fitness heute" durchgeführt werden.

Welcher Grundsatz gilt für ein Brainstorming?

1. Qualität vor Quantität
2. Quantität vor Qualität
3. Qualität und nichts als Qualität
4. Qualität und Nutzen

2

10. Aufgabe

Durch die permanente Expansion der Wellmed GmbH wird die elektronische Kommunikation des Unternehmens sachlich und fachlich überprüft. Die Unternehmensleitung überlegt, digitale Patientenakten einzuführen. In diesem Zusammenhang werden die Datensicherung und die Datensicherheit im Unternehmen neu diskutiert.

10.1 Nennen Sie je zwei Merkmale für das Intranet und das Internet.

Internet: • weltweites, internationales Netzwerk, bei dem alle Rechner miteinander verbunden sind. • für jeden erreichbar, der einen Internetzugang hat.
Intranet: • Netzwerk in einer Unternehmung • Es können Zugriffsberechtigungen im Unternehmen vergeben werden, sodass nicht jeder Mitarbeiter auf jede Information zugreifen kann.

Geschäfts- und Leistungsprozesse in Einrichtungen des Gesundheitswesens

10.2 Erklären Sie je zwei Möglichkeiten der Datensicherung und des Datenschutzes.

Datensicherung:
- Sicherheitskopien erstellen
- externen Datenspeicher nutzen
- automatische Datensicherung

Datenschutz:
- räumliche Zugangsbeschränkungen durch Code-Karten
- abschließbare Büros

10.3 Erklären Sie drei kommunikationsbezogene Vorteile der digitalen Patientenakte.

- direkter Zugriff aller Beteiligten
- direkte Informationswege
- Zugriffsbeschränkungen sind möglich

11. Aufgabe

Durch das Anbieten von zusätzlichen Leistungen versuchen Krankenhäuser ihre Existenz langfristig zu sichern. Diese Tatsache wird durch die veränderte Einnahmesituation im Gesundheitswesen zu einem zentralen Thema des Marketings im Krankenhaus.

Sie sind in der Patientenaufnahme des Akutbereiches der Wellmed GmbH tätig und sollen die Patienten über mögliche Wahlleistungen informieren.

11.1 Welche Arten von Wahlleistungen gibt es? Erklären Sie den Unterschied.

Das Krankenhaus unterscheidet Wahlleistungen in wahlärztliche Leistungen wie Chefarztbehandlung und in nichtärztliche Wahlleistungen wie die Art der Unterkunft, z.B. Zwei oder Einbettzimmer.

11.2 Erklären Sie den Begriff Individuelle Gesundheitsleistungen (IGeL).

Individuelle Gesundheitsleistungen sind Diagnose- und Behandlungsmethoden, die nicht zum Leistungskatalog der gesetzlichen Krankenversicherungen gehören. Diese Leistungen sind vom Versicherten selbst zu zahlen.

Dienstleistungserstellung, Marketing, Kundenorientierung und Kommunikation

11.3 Nennen Sie fünf zusätzliche Wahlleistungen, die von der Wellmed GmbH im Bereich des Akutkrankenhauses angeboten werden können.

- zusätzliche Menüwahl
- Internetanschluss im Zimmer
- Spielfilmauswahl (TV)
- Wäschereiservice
- Bademantel- und Handtuchservice

12. Aufgabe

Die Wellmed GmbH hat ein Beschwerdemanagement eingeführt. Hier haben interne und externe Kunden die Möglichkeit, ihre Beschwerden vorzubringen. Als Mitarbeiterin/Mitarbeiter dieser Abteilung bearbeiten Sie folgenden Fall:

Eine Kundin, die bereits vor einer Woche entlassen wurde, beschwert sich bei Ihnen: „Während meines Aufenthaltes ist es mehrmals vorgekommen, dass meine Menüwahl nicht berücksichtigt wurde. Das Pflegepersonal hat auf meine Reklamationen nie reagiert. Ich habe das Gefühl, das Pflegepersonal hat mich sogar ausgelacht."

12.1 Beschreiben Sie eine geeignete Vorgehensweise für ein Beschwerdegespräch.

Die Kundin wird in ein seperates Besprechungszimmer gebeten. Man bietet ihr einen Platz und etwas zu trinken an. Die Kundin soll in Ruhe und ausführlich die Beschwerde vorbringen. Zu weiteren Bearbeitung des Falles werden während des Gespräches schriftliche Aufzeichnungen gemacht. Der Kundin wird ein angemessener Lösungsvorschlag unterbreitet.

12.2 Erläutern Sie eine sinnvolle Lösung, um die Kundin zufriedenzustellen.

Es wird ein Gespräch mit dem Pflegepersonal organisiert, in dem mögliche Missverständnisse ausgeräumt werden. Als weitere Entschuldigung für die Unannehmlichkeiten kann der Kundin z.B. ein Gutschein für das Restaurant im Hause überreicht werden.

Geschäfts- und Leistungsprozesse in Einrichtungen des Gesundheitswesens

13. Aufgabe

Als Mitarbeiterin/Mitarbeiter im Bereich Verwaltung der Wellmed GmbH nehmen Sie an Teamsitzungen teil, die regelmäßig stattfinden. Die Planung, Organisation und Durchführung erfolgt im Wechsel durch die jeweiligen Abteilungen im Unternehmen. Sie werden damit beauftragt, die nächste Teambesprechung zum Thema „Verbesserung der Kommunikation unter den einzelnen Abteilungen" vorzubereiten und durchzuführen.

13.1 Welche maßgeblichen Arbeitsschritte/Tätigkeiten müssen Sie bei der Planung beachten? (fünf Nennungen)

1. Zeitpunkt benennen 2. Dauer des Meetings angeben bzw. begrenzen 3. Räumlichkeit planen 4. Technische Ausstattung der Räumlichkeit festlegen 5. Evtl. Catering, Erfrischungen planen 6. Einzuladendes Kollegium festlegen 7. Agenda 8. Moderator. 9. Visualisierung von Abläufen 10. Sitzungsregeln festlegen

13.2 In der Sitzung sollen realistische Vorschläge erarbeitet werden. Damit dies gelingt, müssen während der Durchführung bestimmte Verhaltensregeln von den Teilnehmenden eingehalten werden. Nennen Sie fünf Verhaltensregeln, die dafür notwendig sind.

- aktiv zuhören und teilnehmen
- Störungen vermeiden
- allen Beteiligten gegenüber höflich bleiben
- ausreden lassen
- wenn Kritik geübt wird, dann konstruktiv
- angemessene Körperhaltung

14. Aufgabe

Die Wellmed GmbH möchte nicht nur das eigene Personal schulen, sondern denkt auch darüber nach, eine neue Abteilung zu schaffen. Dieses „Weiterbildungscollege" soll auch externen Teilnehmern Weiterbildungsmöglichkeiten bieten.

14.1 Welche Vorteile würde ein solches Weiterbildungscollege für die Wellmed GmbH bringen? Nennen sie drei Vorteile.

- Bekanntheitsgrad wird erhöht
- zusätzliche Einnahmequellen
- Imagegewinn, -verbesserung
- Gewinnung von Kompetenzen und Vertrauen
- Ideenschmiede
- Vorteil für die Personalentwicklung

Da die Wellmed GmbH mit ihren Kooperationspartnern wie den Lieferanten, den niedergelassenen Ärzten, anderen Reha-Einrichtungen und Sanitätshäusern vernetzt ist und ein integriertes Versorgungsnetz aufgebaut hat, sollen diese Partner ebenfalls Zugriff auf das „Weiterbildungscollege" haben.

14.2 Welche Vorteile hätte dies für die Kooperationspartner? Erläutern Sie zwei Vorteile.

Im Gremium, welches sich um dieses Vorhaben kümmert, wird beschlossen, ein erstes Seminar als „Versuchsballon" zu planen und durchzuführen. Das Thema soll lauten:
„Case-Management für Zöliakie-Patienten".

14.3 Nennen Sie vier Zielgruppen, die hierzu eingeladen werden sollten.

Eine letzte Entscheidung ist im Zusammenhang mit dem geplanten Seminar zu klären. Sollen die Interessenten für dieses Seminar eine Teilnehmergebühr entrichten oder sollte man, um das neue „College" bekannt zu machen, keine Gebühr erheben?

14.4 Erläutern Sie zwei Möglichkeiten bezüglich der Preisgestaltung einer Teilnehmergebühr und die möglichen Auswirkungen für die zukünftige Preisgestaltung der Seminare.

Geschäfts- und Leistungsprozesse in Einrichtungen des Gesundheitswesens

15. Aufgabe

Um die Ertragssituation der Wellmed GmbH im Bereich des hauseigenen Caterings zu verbessern, überlegt die Geschäftsleitung, den Vertrieb von Speisen an umliegende Krankenhäuser zu übernehmen. Dazu sollen Sie eine Kostenplanung durchführen.

Folgende Kostensituation würde sich ergeben:

Fixe Zusatzkosten pro Monat für erweiterte Räumlichkeiten und zusätzlich notwendiges Personal: 5.520,00 € pro Monat

Variable Kosten pro Mahlzeit: 4,30 €

Geplanter Verkaufspreis pro Mahlzeit: 8,90 €

15.1 Berechnen Sie die Anzahl von Mahlzeiten, die monatlich verkauft werden müssen, damit mindestens gesamtkostendeckend gewirtschaftet wird. Geben Sie bitte den Lösungsweg an.

Um dieses Vorhaben zu bewerben, schlagen Sie vor, dass ein Kollege der Verwaltung die potenziellen Kunden besucht und das Angebot vorstellt und ggf. für Aufträge sorgt. Eine Kollegin schlägt vor, lieber einen Handelsvertreter zu beauftragen, diese Aufgabe zu übernehmen.

15.2 Erläutern Sie mindestens drei rechtliche Unterschiede zwischen einem angestellten Handlungsreisenden und einem Handelsvertreter.

	Handlungsreisender	Handelsvertreter
1		
2		
3		

15.3 Nennen Sie jeweils zwei Vorteile für den Einsatz eines Handlungsreisenden und eines Handelsvertreters.

Ein wichtiges Kriterium zur Entscheidung, welcher der Absatzmittler eingesetzt wird, ist die Frage der Kosten. Folgende Kosten sind Ihnen bekannt.

Handlungsreisender	Handlungsvertreter
monatliches Fixum: 1.400,00 €	kein monatliches Fixum
Provision für abgeschlossene Verträge: 3 %	Provision für abgeschlossene Verträge: 10 %

15.4 Berechnen Sie unter Angabe des Lösungsweges den kritischen Umsatz, bei dem die Kosten für beide Varianten identisch sind.

Prüfungsbereich 1.2

Geschäfts- und Leistungsprozesse in Einrichtungen des Gesundheitswesens

Organisation, Leistungsabrechnung, Beschaffung und Materialwirtschaft, kaufmännische Steuerung und Kontrolle

Betriebliche Organisation

Aufbauorganisation

Damit alle Patienten und Mitarbeiter den richtigen Ansprechpartner schnell finden, werden Sie mit der Erstellung eines Organigramms beauftragt.

1. Aufgabe

Unten sehen Sie einen Ausschnitt aus dem Organigramm der Wellmed GmbH. Ordnen Sie die Kennziffern des Organigramms den Kästchen neben den Organen und Abteilungen zu.

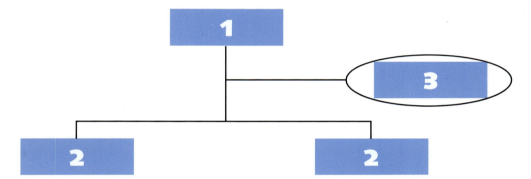

Organe und Abteilungen:

Organisation und EDV ....

Medizinische Leitung ....

Geschäftsführer ....

Kaufmännische Leitung ....

2. Aufgabe

Die Wellmed GmbH verfügt über mehrere Stabsstellen. In welcher Aussage werden die Aufgaben und die Stellung einer Stabsstelle korrekt beschrieben?

1. Stabsstellen dienen stets dem Image eines Unternehmens und sind befugt, Anweisungen zu geben.
2. Stabsstellen sind meistens der Geschäftsleitung unterstellt, haben nur beratende Funktion und keine Weisungskompetenz.
3. Stabsstellen sind für einen reibungslosen Ablauf in einem Unternehmen unerlässlich.
4. Stabsstellen unterstehen den einzelnen Abteilungen und haben Weisungsbefugnis in der jeweiligen Abteilung.

3. Aufgabe

Ordnen Sie zu, indem Sie die Kennziffern der Begriffe in die Kästchen neben den darunter stehenden Beschreibungen eintragen.

Begriffe:

1. Organisation
2. Disposition
3. Improvisation

Beschreibungen:

a) Die einzelnen Stationen der Wellmed GmbH erstellen die Personaleinsatzpläne für die folgenden vier Wochen. ....

b) Die Leitung der Wellmed GmbH besteht aus einer medizinischen und einer kaufmännischen Leitung. 2

c) Sollte im Empfang eine Mitarbeiterin ausfallen, ist es möglich, dort eine Mitarbeiterin aus einer anderen Abteilung einzusetzen. 3

Bei der Erstellung des Organigramms bilden Sie unter anderem das Leitungssystem der Wellmed GmbH ab.

4. Aufgabe

Welche Aussage über Leitungssysteme ist zutreffend?

1. Leitungssysteme beschreiben die Unternehmensleitung und ihren Führungsstil.
2. Leitungssysteme beschreiben die Dienstwege in einem Unternehmen.
3. Leitungssysteme sind ein Instrument der Ablauforganisation.
4. Leitungssysteme lassen eine Schlussfolgerung über die Leistungsfähigkeit eines Unternehmens zu.

....

Ablauforganisation

Eine optimale Ablauforganisation garantiert den reibungslosen Ablauf aller Tätigkeiten in einem Unternehmen. Die Wellmed GmbH möchte bestimmte Arbeitsschritte optimieren.

5. Aufgabe

Welche **zwei** Aufgaben gehören in den Bereich der Ablauforganisation?

1. die Optimierung des Personaleinsatzes
2. die Bildung von Stellen im Unternehmen
3. das Erstellen eines Organigramms

4. die Neuorganisation des Vorgangs der Patientenaufnahme
5. die Zuordnung von weiteren Aufgaben zur Stelle der Vorstandssekretärin

6. Aufgabe

Welche **drei** organisatorischen Hilfsmittel können in der Ablauforganisation der Wellmed GmbH eingesetzt werden?

1. ein OP-Belegungsplan
2. ein Zimmer-/Patienten-Belegungsplan für jede Station
3. ein Organigramm der Wellmed GmbH
4. der Personaleinsatzplan für jede Abteilung
5. ein Plan der Vorgesetzten, der ihre Aufgaben und Leitungsbefugnisse wiedergibt

Leistungsabrechnung, medizinische Dokumentation und Berichtswesen

Sie werden in der Patientenaufnahme und der Leistungsabrechnung der Wellmed GmbH eingesetzt. In beiden Abteilungen sind Kenntnisse über das Krankenhausrecht unerlässlich. Beantworten Sie folgende Fragen bezüglich der Arbeitsgebiete Patientenaufnahme und Leistungsabrechnung.

7. Aufgabe

Bringen Sie die folgenden Schritte bei einer stationären Aufnahme eines Patienten in die richtige Reihenfolge, indem Sie die Ziffern 1 bis 5 in die Kästchen neben den Vorgängen eintragen.

Aufnahme der persönlichen Daten 1
Klärung der Krankenkassenzugehörigkeit ....
Aufnahme der Einweisungsdiagnose ....
Begleitung des Patienten/der Patientin auf die zuständige Abteilung ....
Ärztliche Untersuchung zur Feststellung der Aufnahmediagnose ....

German Diagnosis Related Groups (G-DRG) und Krankenhausentgeltgesetz (KHEntgG)

8. Aufgabe

Sie werden mit der Abrechnung der stationären Patienten beauftragt. Seit dem 1. Januar 2004 müssen alle stationären Fälle durch ein neues System abgerechnet werden. Welches der unten aufgeführten Abrechnungssysteme ist ein durchgängiges, leistungsorientiertes und pauschaliertes Vergütungssystem für stationäre Krankenhausleistungen?

1. EBM
2. G-DRG, German Diagnosis Related Groups
3. Bema
4. GOÄ
5. PMP, Patient Management Path

9. Aufgabe

Alle beteiligten Ärzte sowie das Pflegepersonal sind verpflichtet, jeden Vorgang bei der Versorgung der Patienten zu dokumentieren. Bei der Kodierung der Fälle werden **zwei** Kodierrichtlinien angewendet. Um welche Kodierrichtlinien handelt es sich?

1. G-DRG
2. OPS-301
3. EBM
4. ICD-10
5. ABM

10. Aufgabe

Bei der Abrechnung benötigen Sie zwei wichtige Komponenten, um den jeweiligen Endbetrag korrekt zu ermitteln. Welche **zwei** Nennungen sind zutreffend?

1. Basisfallwert
2. tagesgleicher Pflegesatz
3. abteilungsbezogener Pflegesatz
4. Bewertungsrelation
5. Fallpauschale

11. Aufgabe

Der Fallpauschalenkatalog des Jahres 2021 enthält ca. 1.275 Fallpauschalen. Diese sind in 24 Hauptdiagnosegruppen (Major Diagnostic Category = MDC) unterteilt.

Ein Patient soll aufgenommen werden. Seine Aufnahmediagnose findet sich nicht im Fallpauschalenkatalog. Wie gehen Sie korrekt vor?

1. Dem Fall wird eine möglichst ähnliche Fallpauschale zugeordnet.
2. Der Patient kann nicht aufgenommen werden, da keine Fallpauschale existiert. Dadurch kann dieser Fall nicht abgerechnet werden.
3. Ein Fall, der nicht gruppierbar ist, fällt unter die sogenannten Fehler-DRGs.
4. Der Fall wird einzeln mit dem Kostenträger verhandelt.

12. Aufgabe

Mit jedem Fall können Sie auch Zuschläge abrechnen. Welche **drei** der aufgeführten Zuschläge können mit einem Fall zusätzlich berechnet werden?

1. tagesgleicher Pflegesatz
2. Ausbildungszuschlag
3. QM-Zuschlag
4. DRG-Systemzuschlag
5. abteilungsbezogener Pflegesatz

Einem Patienten wurde im Akutbereich der Wellmed GmbH die Gallenblase entfernt. Da der Eingriff ohne Komplikationen verlaufen ist, wurde der Patient nach acht Tagen entlassen (vier Tage unter der durchschnittlichen Grenzverweildauer). Zwei Tage nach der Entlassung wendet sich der Patient mit starken Schmerzen im Bereich des Eingriffs an die Ambulanz. Er wird wieder stationär aufgenommen. Der untersuchende Arzt stellt eine Komplikation, ausgelöst durch den vorangegangenen Eingriff, fest.

13. Aufgabe

Sie sind mit der Abrechnung des Falles beschäftigt. Wie entscheiden Sie laut Krankenhausentgeltgesetz in dem geschilderten Fall?

1. Für den Fall muss eine neue DRG berechnet werden.
2. Für den Patienten kann keine weitere Berechnung erfolgen.
3. Da der Patient vor Ablauf der Grenzverweildauer entlassen wurde, ist keine neue DRG zu berechnen. Sollte der Fall die obere Grenzverweildauer überschreiten, dürfen die belegungstagbezogenen Entgelte berechnet werden.
4. Für den Patienten wird ein neues DRG berechnet. Die sonstigen Zuschläge können nicht mehr berechnet werden, da die erneute Aufnahme aus Gründen einer Komplikation vorgenommen wird.

Eine Patientin wird im Akutbereich der Wellmed GmbH aufgenommen. Diagnose: entzündliche Darmerkrankung, Morbus Crohn. Die Behandlung der Patientin erfolgt nicht nur durch die Ärzte der Wellmed GmbH, sondern in Kooperation mit dem St. Rochus-Hospital. Die Patientin wird während der Behandlung nicht verlegt.

14. Aufgabe

Welches Krankenhaus darf laut Krankenhausentgeltgesetz die DRG abrechnen?

1. Es wird eine DRG abgerechnet, die sich die beteiligten Krankenhäuser teilen.
2. Nur das Krankenhaus, in dem die Patientin stationär aufgenommen wird, rechnet die DRG ab.
3. Beide beteiligten Krankenhäuser rechnen eine DRG ab, die durch die Beteiligung von zwei Trägern jedoch halbiert wird.
4. Das Krankenhaus, das den größeren Teil der Therapie durchführt, rechnet die DRG ab.

15. Aufgabe

Ein weiterer Patient, Herr Weller, soll stationär aufgenommen werden. Die Einweisungsdiagnose des behandelnden Hausarztes lautet: „Diffuse Schmerzen im Abdomen". Welche Vorgehensweise muss zur korrekten Aufnahme eingehalten werden?

1. Sie rufen den behandelnden Hausarzt an und erfragen eine genaue Aufnahmediagnose.
2. Ein Arzt der Wellmed GmbH muss Herrn Weller untersuchen und die Notwendigkeit der stationären Aufnahme feststellen.
3. Herr Weller kann mit der bestehenden Diagnose in der Abteilung Gastroenterologie aufgenommen werden.
4. Sie müssen einen Fragenkatalog mit Herrn Weller hinsichtlich der Aufnahmediagnose ausfüllen.
5. Der zuständige Arzt muss den einweisenden Arzt grundsätzlich kontaktieren.

16. Aufgabe

Sie sind in der Leistungsabteilung der Wellmed GmbH beschäftigt. Der Patient, Herr Peter Möller, 26 Jahre, wurde am 2. Februar d. J. in den Akutbereich mit der Diagnose akute Appendizitis aufgenommen. Es wurde eine Appendektomie vorgenommen und am 5. Februar d. J. wurde er entlassen. Bei der Aufnahmediagnose wurden keine weiteren Erkrankungen diagnostiziert.
Gehen Sie vom Landesbasisfallwert 2021 für das Land Rheinland-Pfalz von 3.851,85 € aus.

DRG	Partition	Bezeichnung	Bewertungs-relation	Mittlere Verweildauer
1	2	3	4	6
G23A	O	Appendektomie oder laparoskopische Adhäsiolyse außer bei Peritonitis oder Exzision erkranktes Gewebe Dickdarm ohne äußerst schwere oder schwere CC, Alter < 10 Jahre oder bei bösartiger Neubildung	0,925	3,9

G23B		Appendektomie oder laparoskopische Adhäsiolyse außer bei Peritonitis oder Exzision erkranktes Gewebe Dickdarm ohne äußerst schwere oder schwere CC, Alter > 9 Jahre, außer bei bösartiger Neubildung	0,791	3,3

Der abzurechnende Erlös lautet: .... ,

17. Aufgabe

Sie sind in der Leistungsabteilung der Wellmed GmbH beschäftigt. Die Patientin, Frau Herrmann, geboren am 30. Juli 1967, wurde am 11. April. d. J. in den Akutbereich aufgenommen und am 21. April in das Johannes Klinikum verlegt. Die Entlassung dort erfolgte am 29. April d. J. In den beiden Kliniken wurde die Patientin wegen Multipler Sklerose (B 68 A) behandelt. Die Behandlung fand in einer Hauptabteilung statt. Der Landesbasisfallwert für Rheinland-Pfalz beträgt 3.851,85 €.

Ermitteln Sie den Erlös der Wellmed AG aus der DRG unter Anwendung des folgenden Auszuges aus dem Fallpauschalenkatalog.

§ 3 Abschläge bei Verlegung

(1) Im Falle einer Verlegung in ein anderes Krankenhaus ist von dem verlegenden Krankenhaus ein Abschlag vorzunehmen, wenn die im Fallpauschalen-Katalog ausgewiesene mittlere Verweildauer unterschritten wird. Die Höhe des Abschlags je Tag wird ermittelt, indem die bei Versorgung in einer Hauptabteilung in Spalte 11 oder bei belegärztlicher Versorgung in Spalte 13 des Fallpauschalenkatalogs ausgewiesene Bewertungsrelation mit dem Basisfallwert multipliziert wird. Die Zahl der Tage, für die ein Abschlag vorzunehmen ist, wird wie folgt ermittelt:

Mittlere Verweildauer nach dem Fallpauschalen-Katalog, kaufmännisch auf die nächste ganze Zahl gerundet

− Belegungstage insgesamt (tatsächliche Verweildauer nach § 1 Abs. 7)

= Zahl der Abschlagstage

DRG	Partition	Bezeichnung [6]	Bewertungsrelation bei Hauptabteilung	Bewertungsrelation bei Hauptabteilung und Beleghebamme	Mittlere Verweildauer [1]
1	2	3	4	5	6
B67A	M	Morbus Parkinson mit äußerst schweren CC oder schwerster Beeinträchtigung	1,092		11,8
B67B	M	Morbus Parkinson ohne äußerst schwere CC, ohne schwerste Beeinträchtigung	0,764		8,4

Fortsetzung auf Seite 30

B68A	M	Multiple Sklerose und zerebelläre Ataxie mit äußerst schweren CC, mehr als ein Belegungstag	1,659		16,6
B68B	M	Multiple Sklerose und zerebelläre Ataxie, ein Belegungstag oder ohne äußerst schwere CC, Alter < 16 Jahre	0,740		5,0

Untere Grenzverweildauer		Obere Grenzverweildauer		Externe Verlegung Abschlag pro Tag	Verlegungs-fallpau-schale	Ausnahme von Wieder-aufnahme [4]
Erster Tag mit Abschlag [2),5)]	Bewer-tungsrela-tion/Tag	Erster Tag zus. Entgelt [3), 5)]	Bewer-tungsrela-tion/Tag			
7	8	9	10	11	12	13
3	0,268	23	0,064	0,084		
2	0,250	17	0,063	0,080		
5	0,271	35	0,069	0,092		
1	0,516	12	0,144	0,120		

Der abzurechnende Erlös lautet: ……………………………………………… ████,███

> Im SGB V ist es gesetzlich vorgesehen, dass jeder Versicherte bei Inanspruchnahme von bestimmten Leistungen im Gesundheitswesen einen bestimmten Teil des Entgeltes als sogenannte Eigenleistung erbringt. Diese Zahlungen werden von den Kliniken bzw. Apotheken direkt berechnet.

Auszug aus dem Sozialgesetzbuch V:

§ 61 SGB V Zuzahlungen

Zuzahlungen, die Versicherte zu leisten haben, betragen 10 vom Hundert des Abgabepreises, mindestens jedoch 5 Euro und höchstens 10 Euro; allerdings jeweils nicht mehr als die Kosten des Mittels.

Als Zuzahlungen zu stationären Maßnahmen werden je Kalendertag 10 Euro erhoben. Bei Heilmitteln und häuslicher Krankenpflege beträgt die Zuzahlung 10 vom Hundert der Kosten sowie 10 Euro je Verordnung. Geleistete Zuzahlungen sind von dem zum Einzug Verpflichteten gegenüber dem Versicherten zu quittieren; ein Vergütungsanspruch hierfür besteht nicht.

§ 39 Krankenhausbehandlungen

(4) Versicherte, die das achtzehnte Lebensjahr vollendet haben, zahlen vom Beginn der vollstationären Krankenhausbehandlung an innerhalb eines Kalenderjahres für längstens 28 Tage den sich nach § 61 Satz 2 ergebenden Betrag je Kalendertag an das Krankenhaus. Die innerhalb des Kalenderjahres bereits an einen Träger der gesetzlichen Rentenversicherung geleistete Zahlung nach § 32 Abs. 1 Satz 2 des Sechsten Buches sowie die nach § 40 Abs. 6 Satz 1 geleistete Zahlung sind auf die Zahlung nach Satz 1 anzurechnen.

18. Aufgabe

Sie sind in der Leistungsabteilung der Wellmed GmbH beschäftigt. Der Patient, Herr Peter Möller, 26 Jahre, wurde am 2. Februar d. J. in den Akutbereich mit der Diagnose akute Appendizitis aufgenommen. Es wurde eine Appendektomie vorgenommen und am 5. Februar d. J. wurde er entlassen. Bei der Aufnahmediagnose wurden keine weiteren Erkrankungen diagnostiziert.

Gehen Sie vom Landesbasisfallwert 2021 für das Land Rheinland-Pfalz von 3.851,85 € aus.

Hier eine Übersicht der Behandlungen:

Stationäre Behandlungen
12.01. – 17.01. d. J
10.02. – 20.02. d. J.
10.05. – 25.05. d. J.

Ermitteln Sie den Zuzahlungsbetrag für Herrn Möller vom 10.05. bis 25.05. d. J.

19. Aufgabe

Herr Gaus ist 38 Jahre alt und als kaufmännischer Angestellter in einem Mittelstandsunternehmen tätig. Nach einem Arztbesuch geht er in eine ortsansässige Apotheke und legt ein Rezept mit folgenden Verschreibungen vor:

1	Ciprobay® 500 mg Filmtabletten	38,51 €
2	Advantan® Creme 100 g	26,68 €
3	Keltican® Forte	75,90 €

Berechnen Sie die Höhe der gesetzlichen Zuzahlung laut SGB V.

Belegärzte und deren Leistungen (§18 KHEntgG)

Das Belegarztwesen wird für Krankenhäuser zu einem wirtschaftlich wichtigen Faktor. Die Krankenhäuser können ihr Leistungsangebot erweitern, ohne die dafür nötigen Fachkräfte anzustellen. Bei der Abrechnung von belegärztlichen Leistungen stoßen Sie auf die folgenden Fragen.

20. Aufgabe

Welche der folgenden Leistungen können Sie **nicht** als belegärztliche Leistungen abrechnen?

1. den ärztlichen Bereitschaftsdienst für Belegpatienten
2. die Leistungen für Unterbringung und Verpflegung
3. die Leistungen von nachgeordneten Ärzten des gleichen Fachgebietes, die im Krankenhaus angestellt sind
4. die vom Belegarzt veranlassten Leistungen von ärztlich geleiteten Einrichtungen außerhalb des Krankenhauses

---

Immer mehr Patienten wollen auf ihren gewohnten Lebensstandard auch nicht bei einem Krankenhausaufenthalt verzichten. Daher bieten Krankenhäuser sogenannte nichtärztliche Wahlleistungen an. Diese Leistungen werden nicht von den gesetzlichen Krankenkassen übernommen. Bei der Patientenaufnahme sowie bei der Entgeltabrechnung stoßen Sie auf folgende Situationen.

Ärztliche und nichtärztliche Wahlleistungen

21. Aufgabe

Der § 7 des Krankenhausentgeltgesetzes regelt die Entgelte für allgemeine Krankenhausleistungen. Welche **zwei** Entgelte können **nicht** gegenüber den gesetzlichen Kostenträgern abgerechnet werden?

1. Fallpauschalen nach dem auf Bundesebene vereinbarten Entgeltkatalog
2. ergänzende Entgelte bei Überschreitung der Grenzverweildauer der jeweiligen Fallpauschale
3. Entgelte für Chefarztbehandlung
4. Qualitätszuschläge nach § 17 b des Krankenhausfinanzierungsgesetzes
5. Entgelt für besondere Unterbringung, z. B. Einzelzimmer

22. Aufgabe

Herr Weller hat davon gehört, dass er Wahlleistungen in Anspruch nehmen kann. Welche **vier** Regelungen bezüglich der Wahlleistungen sind im Krankenhausentgeltgesetz geregelt?

1. Die Wahlleistungen können mündlich vereinbart werden.
2. Die Höhe der Entgelte für Wahlleistungen müssen dem Patienten in schriftlicher Form unterbreitet werden.
3. Einzelzimmer sind nicht an weitere Wahlleistungen gekoppelt.
4. Wahlleistungen müssen schriftlich vereinbart werden.
5. Wahlleistungen dürfen die Standardleistungen eines Krankenhauses nicht beeinflussen.

23. Aufgabe

Herr Weller entscheidet sich für die Chefarztbehandlung und für ein Einzelzimmer. Während der stationären Behandlung wird er im Auftrag des behandelnden Chefarztes einem ärztlichen Kollegen außerhalb des Krankenhauses zur Begutachtung vorgestellt. Nach seinem Krankenhausaufenthalt erhält er eine Rechnung des behandelnden Chefarztes und des Arztes außerhalb des Krankenhauses. Hat Herr Weller diese Rechnung zu begleichen?

1. Herr Weller muss die Rechnung des konsultierten Arztes nicht begleichen, da diese Leistung in der Rechnung des Chefarztes enthalten ist.
2. Herr Weller muss diese Rechnung begleichen, da Konsultationen auch außerhalb des stationären Aufenthaltes zur Chefarztbehandlung gehören und gesondert zu berechnen sind.
3. Herr Weller muss diese Rechnung bezahlen, da die Konsultation seiner eigenen Sicherheit diente.
4. Der behandelnde Chefarzt muss diese Rechnung begleichen, da er den Auftrag für die Untersuchung erteilt hat.

Entgelte und Entgeltberechnungen im ambulanten Bereich

Durch das Gesundheitsstrukturgesetz sind Krankenhäuser angehalten, bestimmte Eingriffe ambulant zu versorgen. In der Ambulanz der Wellmed GmbH wurden drei Patienten versorgt. Diese Behandlungen sollen durch Sie abgerechnet werden.

24. Aufgabe

Wer trägt in den folgenden Fällen die Kosten?
Ordnen Sie zu, indem Sie die passende Kennziffer der Kostenträger bei dem entsprechenden Fallbeispiel eintragen.

1. Fall:

Herr Gerd Brandt, kaufmännischer Angestellter, hat sich auf dem Weg zur Arbeit bei einem Autounfall eine Prellung zugezogen. Die Verletzung wird ambulant versorgt. Er ist bei einer Ersatzkasse versichert.

Geschäfts- und Leistungsprozesse in Einrichtungen des Gesundheitswesens

2. Fall:

Herr Thorsten Hellmann wird mit einer Fraktur am linken Unterarm eingeliefert, die er sich beim Joggen zugezogen hat. Herr Hellmann ist bei der AOK versichert. Der Arm wird eingegipst.

3. Fall:

Frau Gerda Köpke hat einen diffusen Schmerz im linken Unterleib. Sie bekommt nach einer eingehenden Untersuchung einen Termin für eine ambulante Koloskopie. Frau Köpke ist privat versichert.

1. die gesetzliche Krankenkasse
2. der gesetzliche Rententräger
3. die Berufsgenossenschaft
4. der Patient selbst
5. der Landschaftsverband Westfalen-Lippe

25. Aufgabe

Welche Abrechnungssysteme sind bei den drei Fällen aus Aufgabe 24 anzuwenden? Ordnen Sie zu, indem Sie die Kennziffer der Abrechnungskataloge in das richtige Kästchen neben dem Fall eintragen.

Fälle aus Aufgabe 24:

1. Fall (Herr Brandt)
2. Fall (Herr Hellmann)
3. Fall (Frau Köpke)

1. GOZ
2. GOÄ
3. EBM
4. Bema
5. UV-GOÄ

Durch die Erneuerungen der Abrechnungsgrundlagen in stationären Bereichen ergeben sich neue gesetzliche Zuständigkeiten. Seit dem Jahr 2018 sollen auch psychiatrische Einrichtungen nach einem neuen Entgeltsystem abrechnen.

26. Aufgabe

Wie lautet der Abrechnungskatalog für psychiatrische Einrichtungen?

1. PoPP
2. LaPP
3. PEPP
4. KePP

27. Aufgabe

Der neue Abrechnungskatalog für psychiatrische Einrichtungen verfolgt **drei** Ziele. Welche?

1. durchgängig pauschalierend
2. leistungsorientiert
3. ökologisch
4. verursachungsgerechte Mittelverteilung
5. sozial gerecht
6. organbezogen

Krankenhausstatistik

Situation zur 28. bis 30. Aufgabe

Sie werden damit beauftragt, die Daten für die allgemeine chirurgische Abteilung für das Jahr 2020 zu ermitteln.
Folgende Belegungsdaten liegen Ihnen vor:

Anzahl der Betten	110
Pflegetage	38.100
Aufnahmen	5.300
Entlassungen	5.400

28. Aufgabe

Wie hoch ist die Fallzahl der chirurgischen Abteilung?

29. Aufgabe

Wie viele Tage betrug die durchschnittliche Verweildauer in der chirurgischen Abteilung (auf zwei Stellen hinter dem Komma gerundet)?

30. Aufgabe

Wie hoch ist die prozentuale Auslastung der chirurgischen Abteilung (auf zwei Stellen hinter dem Komma gerundet)?

Medizinische Dokumentation, Berichtswesen und Datenschutz im Gesundheitswesen

Die medizinische Dokumentation und das Berichtswesen sind unerlässlich für die Beweispflicht und das Beweisrecht. Durch den Appell an die Patienten, als „Partner" des Arztes zu fungieren, ergeben sich viele Fragen bezüglich der Patientenakten. Dabei ist besonders auf den Datenschutz zu achten, da es sich im Gesundheitswesen meist um sensible Informationen handelt.

31. Aufgabe

Ein Patient kommt zu Ihnen in die Verwaltung und möchte seine Patientenakte mitnehmen. Es handelt sich dabei auch um Röntgenaufnahmen. In welchen **drei** der geschilderten Situationen verhalten Sie sich **nicht** richtig?

1. Sie geben dem Patienten Kopien der schriftlichen Aufzeichnungen mit, die Röntgenaufnahmen verbleiben als Originale im Hause.
2. Sie geben dem Patienten Kopien der Schriftstücke mit und vereinbaren für die Röntgenbilder einen Rückgabetermin. Für die Kopien berechnen Sie eine Gebühr.
3. Sie verweigern die Herausgabe, da die Unterlagen nur für die Ärzte der Wellmed GmbH bestimmt sind.
4. Sie geben dem Patienten die Originale mit, da er ein Recht darauf hat.

32. Aufgabe

Oft werden Sie nach der Art und dem Umfang der medizinischen Dokumentation gefragt. Welche **zwei** Antworten sind in diesen Fällen korrekt?

1. Die Dokumentation dient zur Einteilung der täglichen Arbeit.
2. Die Dokumentation dient zur Beweisführung bei Rechtsstreitigkeiten.
3. Die Dokumentation dient zur analytischen Arbeitsbewertung.
4. Die Dokumentation dient zur lückenlosen Weiterbehandlung durch einen anderen Arzt der gleichen Fachrichtung.

33. Aufgabe

Zu welchem Zeitpunkt sind Informationen zu dokumentieren?

1. bis zu zwei Stunden nach der Behandlung
2. in unmittelbarem Zusammenhang mit der Behandlung
3. unverzüglich nach dem letzten Patienten des Tages
4. wenn genügend Zeit vorhanden ist

34. Aufgabe

Eine Mutter kommt in die Aufnahme und möchte von Ihnen wissen, wie der Eingriff an ihrem 24-jährigen Sohn verlaufen ist. Wie verhalten Sie sich unter datenschutzrechtlichen Gesichtspunkten richtig?

1. Sie geben der Mutter die gewünschte Auskunft.
2. Sie geben der Mutter keine Auskunft, da der Sohn bereits volljährig ist und verweisen höflich auf die Schweigepflicht.
3. Sie geben der Mutter Auskunft, da Eltern Auskünfte über ihre Kinder erhalten dürfen.
4. Sie dürfen grundsätzlich keine Auskünfte geben. Das ist Sache des behandelnden Arztes.

35. Aufgabe

Ein Patient möchte alle Aufzeichnungen des behandelnden Arztes einsehen. Dieser verweigert die Einsicht in bestimmte Eintragungen und weist darauf hin, dass es sich dabei um subjektive Wahrnehmungen handelt. Ist das Verhalten des Arztes korrekt?

1. Das Verhalten des Arztes ist nicht korrekt, da es sich bei allen Aufzeichnungen um Informationen handelt, die den Patienten betreffen und dieser somit auch das Recht auf Einsicht hat.
2. Das Verhalten des Arztes ist korrekt, da er seine subjektiven Aufzeichnungen nicht offenlegen muss.
3. Das Verhalten ist korrekt, da er keine Aufzeichnungen offenlegen muss.

36. Aufgabe

Ein Patient hat seinen Rechtsanwalt damit beauftragt, gegen einen Arzt der Wellmed GmbH zu klagen, da ihm während des Aufklärungsgespräches angeblich keine ausreichende Information über die Narbenbildung gegeben wurde. Unter welcher Voraussetzung kann der Rechtsanwalt Einsicht in die Patientenakte nehmen und Informationen über den Hergang bekommen?

1. Der Rechtsanwalt hat als juristischer Beistand des Patienten das Recht, die Patientenakte einzusehen.
2. Der behandelnde Arzt kann dem Rechtsanwalt alle Informationen geben. Der Rechtsanwalt benötigt keine weitere Erlaubnis.
3. Der Patient muss den Arzt von seiner Schweigepflicht entbinden.

Geschäfts- und Leistungsprozesse in Einrichtungen des Gesundheitswesens

Beschaffung und Materialwirtschaft

Situation zur 37. bis 45. Aufgabe

Sie sind Mitarbeiter/-in im Einkauf der Wellmed GmbH. In diesem Zusammenhang sind Sie für die Beschaffung, Warenannahme, Lagerbuchführung und die Rechnungsprüfung verantwortlich.

37. Aufgabe

Nach der Bestellung von Arzneimitteln für die Krankenhausapotheke erhalten Sie die Lieferung. Bringen Sie bei der Bearbeitung der Lieferung die nachfolgenden Arbeitsschritte (1–6) in die richtige Reihenfolge.

Auspacken der Ware und Überprüfung auf Mängel.
Abheften des Lieferscheins in den Ordner „laufende Vorgänge".
Prüfung der Versandpapiere, insbesondere Empfängeranschrift und Verpackung.
Bestätigen des Empfangs durch Unterschrift.
Erfassen der Ware in der Lagerkartei/-datei.
Weiterleiten der Arzneimittel an das Lager der Krankenhausapotheke.

38. Aufgabe

Um die Lagervorgänge optimal zu gestalten, müssen Sie einen ständigen Überblick über bestimmte wichtige Lagerbestände haben. Ordnen Sie den Bezeichnungen den jeweils passenden Sachverhalt zu.

Sachverhalte:

1. Der Bestand berechnet sich durch: Mindestbestand + (Tagesbedarf x Lieferzeit)
2. Der Bestand berechnet sich durch: Anfangsbestand + 12 Zugänge / 13
3. Der Bestand bestimmt die Vorratsmenge, die auch für unvorhergesehenen Bedarf die Lagerentnahme sichert
4. Der Bestand wir durch permanente Inventur ständig ermittelt
5. Der Bestand berechnet sich durch: Jahreszins x durchschnittlicher Lagerbestand / 360
6. Der Bestand berechnet sich durch: Materialeinsatz / durchschnittlicher Lagerbestand

Bezeichnungen:

Eiserner Bestand
Umschlagshäufigkeit
Meldebestand

Beschaffung und Materialwirtschaft

39. Aufgabe

Sie sollen zur besseren Disposition für bestimmte Arzneimittelbestände in der Wellmed GmbH einen Meldebestand im Artikelstamm der Lagerbuchführung ermitteln.
Welche Berechnungsoption wählen Sie?

1. Jahresverbrauch / durchschnittlicher Bestand
2. Tagesabsatz x Lieferzeit x Mindestbestand
3. (Anfangsbestand + Endbestand) / 2 + Mindestbestand
4. Jahresverbrauch / Umschlagshäufigkeit
5. Tagesabsatz x Lieferzeit + Mindestbestand

40. Aufgabe

Sie sind mit der Inventur der Getränkebestände beauftragt und stellen fest, dass der Istbestand beim Mineralwasser um sechs Kisten geringer ist als der Sollbestand in ihrer EDV-Liste der Lagerbuchhaltung. Was müssen Sie veranlassen?

1. Sie lösen einen Bestellvorgang aus, damit der Fehlbestand wieder aufgefüllt wird.
2. Sie fordern alle verbrauchenden Abteilungen auf, ihre Bestände sofort nochmals zu überprüfen.
3. Sie verbuchen einen Lagerzugang und vermerken „Inventurdifferenz".
4. Sie stellen einen Materialentnahmeschein aus und vermerken „Inventurdifferenz".

41. Aufgabe

Sie haben die Aufgabe, für das Altenpflegewohnheim der Wellmed GmbH neue Blutdruckmessgeräte zu beschaffen. Bringen Sie die Tätigkeiten bei der Einkaufsabwicklung (1–7) in die richtige Reihenfolge.

Wareneingang überprüfen ....
bei verschiedenen Lieferanten anfragen ....
Bezugsquellen ermitteln ....
den genauen Bedarf ermitteln ....
den geeigneten Lieferanten auswählen ....
einen Angebotsvergleich durchführen ....
die Bestellung schreiben ....

42. Aufgabe

Sie sind mit der Beschaffung von 50 neuen Krankenhausbetten für den Krankenhausanbau der Wellmed GmbH beauftragt. Sie ermitteln die Bezugsquellen und fragen bei drei entsprechenden Lieferanten an. Am 28.04.2021 liegen Ihnen die Angebote gleicher Ausführung und Qualität vor. Die Betten müssen nach Bezug des Anbaus bis spätestens zum 30.06.2021 angeliefert sein.

Angebotsinhalte	Lieferant A	Lieferant B	Lieferant C
Listenpreis/Stck.	712,00 € inkl. USt	674,00 € inkl. USt	635,00 € inkl. USt
Rabatt	10 % ab 20 Stck. 12 % ab 40 Stck.	10 % ab 25 Stck. 15 % ab 50 Stck.	8 % ab 15 Stck. 16 % ab 30 Stck.
Frachtkosten	ab Werk, Bahnfracht im Container 1.078,80 € inkl. USt, 2/3 Gutschrift nach Rücksendung	bis Bahnhof dort, Rollgeld 174,00 € inkl. USt	frei Haus
Verpackung	986,00 € inkl. USt	580,00 € inkl. USt	725,00 € inkl. USt
Lieferzeit	30 Tage	60 Tage	90 Tage
Zahlungsbedingungen	10 Tage 2 % Skonto	8 Tage 3 % Skonto	14 Tage 1,5 % Skonto

Führen Sie den Angebotsvergleich durch und entscheiden Sie, welcher Lieferant den Auftrag erhält.

Den Auftrag erhält Lieferant: (bitte ankreuzen)

1. C, weil er das preisgünstigste Angebot macht
2. A, weil er am schnellsten liefert
3. C, weil keine Frachtkosten anfallen
4. B, weil die Lieferung fristgemäß erfolgen kann und er dann der preisgünstigste ist
5. C, weil er den höchsten Rabatt anbietet
6. B, weil er der preisgünstigste ist

43. Aufgabe

Sie sollen für das Altenwohnheim der Wellmed GmbH 50 Wärmedecken beschaffen und haben die nachfolgenden Angebote von zwei Lieferanten vorliegen:

Angebot A	Angebot B
Preis je Wärmedecke 24,50 € inkl. USt. Bei Abnahme von 50 Stck. gibt es einen Naturalrabatt von 5 Decken.	Preis je Wärmedecke 27,60 € inkl. USt. Bei Abnahme von 50 Stck. beträgt der Rabatt 12 %.

a) Führen Sie den Angebotsvergleich durch und ermitteln Sie die preisliche Differenz in € beim Bezugspreis zwischen den beiden Angeboten bei Abnahme von 50 Wärmedecken.

b) Wie hoch ist der Rabatt in %, der sich bei Angebot A ergibt?

44. Aufgabe

Bei der Auftragsvergabe spielen neben den quantitativen auch qualitative Argumente eine wichtige Rolle. Welche der **drei** nachfolgend genannten Kriterien ordnen Sie den qualitativen Argumenten zu?

1. Verpackungskosten
2. Lieferung frei Haus
3. Umweltfreundlichkeit der Produkte
4. Gewährleistung und Kulanz bei Sachmängeln
5. Gewährung von Skonto
6. Erfahrungen aus guter langjähriger Geschäftsbeziehung

45. Aufgabe

In der Bezugsquellendatei befinden sich auch Angaben zu den Lieferbedingungen der einzelnen Lieferanten. Ordnen Sie die Beförderungsarten (1–5) der entsprechenden Lieferbedingung im Kaufvertrag zu.

Beförderungsart	Lieferbedingung
1. Der Lieferant übernimmt die gesamten Versandkosten.	ab Werk
2. Der Kunde übernimmt die gesamten Versandkosten.	
3. Der Kunde übernimmt nur das Rollgeld.	frei Haus
4. Der Lieferer übernimmt nur die Verladekosten.	
5. Der Kunde zahlt nur die Verladekosten.	unfrei

Geschäfts- und Leistungsprozesse in Einrichtungen des Gesundheitswesens

Situation zur 46. bis 48. Aufgabe

Sie sind im Einkauf der Wellmed GmbH mit der Bezugspreisermittlung betraut und sollen das vom Lieferanten gewährte Zahlungsziel „zahlbar innerhalb von 15 Tagen mit 2 % Skonto oder nach 30 Tagen ohne Abzug" dahingehend überprüfen, ob sich die Skontozahlung lohnt, auch unter Berücksichtigung der Inanspruchnahme des von der Bank eingeräumten Kontokorrentkredits.

46. Aufgabe

Bestimmen Sie in einer Überschlagsrechnung die Effektivverzinsung.

.... %

47. Aufgabe

Der Rechnungsbetrag der Lieferantenrechnung beträgt 15.080,00 €. Berechnen Sie mithilfe der Zinsformel den Effektivskonto (auf zwei Stellen nach dem Komma gerundet).

.... , %

48. Aufgabe

Die Bank der Wellmed GmbH berechnet für die Überziehung auf dem laufenden Konto 12 % Zinsen p. a. Für die vorzeitige Bezahlung der Lieferantenrechnung aus Aufgabe 47 müsste der Kontokorrentkredit in Anspruch genommen werden. Weisen Sie nach, ob sich die Kreditaufnahme zur Skontoausnutzung lohnt und ob sich ein Finanzierungsvorteil ergibt.

Betriebliches Rechnungswesen

Situation zur 49. bis 54. Aufgabe

Auf dem Wochenplan der internen Mitarbeiterfortbildung der auszubildenden Kaufleute im Gesundheitswesen der Wellmed GmbH stehen Prüfungsvorbereitungen.

Der Leiter des Rechnungswesens, Herr Krause, verteilt die nachfolgenden Arbeitsaufgaben. Sie gehören zum Bereich der Grundlagen des Rechnungswesens. Sie sollen die nachfolgenden Übungen in Gruppen bearbeiten. Die Präsentation der Lösungen steht auf dem Plan der Folgewoche.

49. Aufgabe

Welche der nachfolgenden Aussagen treffen auf das offizielle Rechnungswesen zu?

1. Eine Bilanz ist eine ausführliche Aufstellung der Vermögensteile und der Schulden eines Krankenhauses oder einer Pflegeeinrichtung. ....
2. Die „silberne Finanzierungsregel" (Anlagendeckung II) gilt als erfüllt, wenn das langfristige Kapital das langfristige Vermögen finanziert. ....
3. Die Gliederung der Bilanzposten in der Jahresbilanz nach KHBV (Krankenhausbuchführungsverordnung) bzw. nach PBV (Pflegebuchführungsverordnung) erfolgt für die Vermögensteile nach dem Alphabet, für die Schulden nach Kontonummern in aufsteigender Reihenfolge. ....
4. Die „permanente Inventur" erfasst und bewertet den Zugang der Stoffe-Bestände buchmäßig durch die Lagerbuchführung. ....
5. Die „zeitnahe Inventur" wird mit einer Frist von maximal 30 Tagen vor oder nach dem Bilanzstichtag vorgenommen. ....
6. Krankenhäuser und Pflegeeinrichtungen sind als „Zweckbetriebe" von der Umsatzsteuerpflicht befreit. ....
7. Das Grundbuch erfasst alle Geschäftsvorfälle auf Sachkonten. ....
8. Die erweiterte Buchführungspflicht gilt für Krankenhäuser nach KHBV, die nach dem Krankenhausfinanzierungsgesetz (KHG) öffentlich gefördert werden. ....

50. Aufgabe

Das Eigenkapital einer Privatklinik beträgt am 01.01. des Geschäftsjahres 320.000,00 €. Der Jahresabschluss ergibt eine Vermögenssumme von 691.000,00 €, die Schulden betragen 255.000,00 €. Der Klinikinhaber hat im laufenden Geschäftsjahr einen Betrag von 60.000,00 € entnommen, während er für den Klinikanbau ein privates Grundstück seiner Großeltern im Wert von 120.000,00 € in sein Betriebsvermögen eingebracht hat.

1. Ermitteln Sie den Gewinn des Geschäftsjahres durch Betriebsvermögensvergleich.

2. Wie erklärt der Inhaber der Privatklinik diesen Gewinn in seiner Einkommensteuererklärung?

Geschäfts- und Leistungsprozesse in Einrichtungen des Gesundheitswesens

51. Aufgabe

Welche der nachfolgenden Geschäftsvorfälle buchen Sie in der Finanzbuchführung erfolgswirksam? Tragen Sie eine „1" für eine „erfolgswirksame Buchung" oder eine „9" für eine „erfolgsneutrale Buchung" ein.

1. Barkauf von Büromaterial
2. Banklastschrift für Darlehenstilgung
3. Überweisung der Kraftfahrzeugsteuer an das Finanzamt
4. Banklastschrift des Beitrages für die Gebäudeversicherung
5. Ausgangsrechnung für Pflegeleistungen an die Deutsche Angestellten-Krankenkasse (DAK)
6. Bankabbuchung der Telekomrechnung
7. Rücksendung von medizinischem Bedarf an den Lieferer nach Mängelrüge
8. Scheckzahlung an den Lieferer zum Rechnungsausgleich
9. Die Allgemeine Ortskrankenkasse (AOK) gleicht unsere Ausgangsrechnung für Leistungsabrechnung durch Banküberweisung aus
10. Ausstellung eines Barschecks zur Kassenauffüllung
11. Bankgutschrift der Habenzinsen
12. Abbuchung der fälligen Lohnsteuer durch das Finanzamt vom Bankkonto

52. Aufgabe

Ordnen Sie den nachfolgenden acht Begriffen den richtigen Sachverhalt zu.

Begriffe

1. Inventur
2. Liquidität
3. Investition
4. Inventar
5. Saldo
6. Bilanz
7. Laufzeit
8. Fremdfinanzierung

Sachverhalte
die Reihenfolge der Passiva in der Jahresbilanz nach den Vorschriften des HGB/KHBV/PBV
mengen- und wertmäßige Bestandsaufnahmen aller Vermögensteile und Schulden
Unterschiedsbetrag zwischen Soll- und Habenumsatz eines Kontos
die Fähigkeit des Unternehmens, seinen fälligen Verpflichtungen fristgerecht nachzukommen
die kurz gefasste, kontenmäßige Gegenüberstellung von Vermögen und Schulden
die Verwendung der beschafften Finanzmittel zur Anschaffung neuer Vermögensteile
die Kapitalbeschaffung durch Aufnahme eines langfristigen Darlehens
Verzeichnis, das alle Vermögensteile und Schulden nach Art, Menge und Wert ausweist

Betriebliches Rechnungswesen

53. Aufgabe

Ordnen Sie die nachfolgenden sechs Belege der Buchhaltung einer Pflegeeinrichtung den Geschäftsfällen zu.

Belege

1. Eingangsrechnung
2. Kassenbeleg
3. Kopie der Ausgangsrechnung
4. Kontoauszug der Bank
5. Anlagenverzeichnis

Geschäftsvorfälle	
Berechnung der Pflegeleistung an die Pflegekasse	
Banküberweisung zum Ausgleich einer Lieferantenrechnung	
Zieleinkauf von medizinischem Bedarf	
Quittungsbeleg für den Einkauf von Büromaterial	
Buchung der Jahres-AfA für abnutzbares Anlagevermögen	

54. Aufgabe

Ordnen Sie den Kontenarten die zugehörigen Buchhaltungskonten zu.

Kontenart

1. Aktivkonto
2. Passivkonto
3. Aufwandskonto
4. Ertragskonto

Buchhaltungskonto	
Instandhaltung (72)	
Betriebsbauten (011)	
Vorräte des medizinischen Bedarfs (101)	
Erhaltene Anzahlungen (360)	
Forderungen nach KHG (150)	
Gesetzliche Sozialabgaben (61)	
Verbindlichkeiten gegenüber Kreditinstituten (340)	
Geringwertige Gebrauchsgüter (0761)	
Pensionsrückstellungen (27)	

Fortsetzung auf Seite 46

Verbrauch Verwaltungsbedarf (690)	
Erlöse aus Wahlleistungen (410)	
Geleistete Anzahlungen (110)	

Situation zur 55. bis 63. Aufgabe

Sie sind als Mitarbeiter/-in der Wellmed GmbH in der Finanzbuchhaltung tätig und kontieren laufende Geschäftsvorfälle, indem Sie die infrage kommenden Buchhaltungskonten in das Kontierungskästchen eintragen.

55. Aufgabe

Bei der Kontrolle des Wareneingangs für Vorräte des Verwaltungsbedarfs stellen Sie Beschädigungen an Verpackung und Ware fest. Sie teilen dem Lieferanten die Mängel schriftlich mit und schicken die beschädigte Ware zurück. Der Lieferant erteilt Ihnen eine Gutschrift.
Buchen Sie den Gutschriftbeleg.

1. Forderungen aus Lieferungen und Leistungen (120)
2. Guthaben bei Kreditinstituten (135)
3. Kassenbestand (131)
4. Verbindlichkeiten aus Lieferungen und Leistungen (320)
5. Einrichtung und Ausstattung (070)
6. Verbrauch Verwaltungsbedarf (690)
7. Sonstige ordentliche Erträge (57)

Soll	Haben

56. Aufgabe

Einem Patienten der Wellmed GmbH wird ein Einbettzimmerzuschlag von 985,00 € in Rechnung gestellt. Buchen Sie die Rechnung.

1. Geleistete Anzahlungen (11)
2. Guthaben bei Kreditinstituten (135)
3. Kassenbestand (131)
4. Forderungen aus Lieferungen und Leistungen (120)
5. Erhaltene Anzahlungen (36)
6. Verbindlichkeiten gegenüber Kreditinstituten (340)
7. Erlöse aus Wahlleistungen (41)

Soll	Haben

57. Aufgabe

Die Deutsche Angestellten-Krankenkasse (DAK) überweist offene Rechnungen über erbrachte Leistungen im stationären Bereich. Kontieren Sie diesen Geschäftsvorfall.

1. Forderungen aus Lieferungen und Leistungen (120)
2. Guthaben bei Kreditinstituten (135)
3. Kassenbestand (131)
4. Sonstige Verbindlichkeiten (37)
5. Erlöse aus Krankenhausleistungen (40)
6. Erträge aus Fördermitteln nach dem KHG (46)
7. Verbrauch medizinischer Bedarf (66)

	Soll	Haben

58. Aufgabe

Als Anlage zum Kontoauszug liegt Ihnen der Lastschriftbeleg über 850,00 € der Leasing GmbH für die monatliche Leasingrate der EDV-Anlage vor. Buchen Sie die Lastschrift.

1. Forderungen aus Lieferungen und Leistungen (120)
2. Guthaben bei Kreditinstituten (135)
3. Kassenbestand (131)
4. Verwaltungsbedarf (69)
5. Verbindlichkeiten aus Lieferungen und Leistungen (320)
6. Aufwendungen für die Nutzung von Anlagegütern nach § 9 Abs. 2 Nr. 1 KHG (77)

	Soll	Haben

59. Aufgabe

Ihnen liegt die nachfolgend abgebildete Eingangsrechnung eines Lieferanten über den Einkauf von Badeöl vor, die Sie kontieren sollen.

6 Fässer Badeöl 1004/8 zu je 150,00 €	€	900,00
−10 % Rabatt	€	90,00
	€	810,00
+ Bahnfracht	€	90,00
+ Leihverpackung 6 × 30,00 €	€	180,00
	€	1.080,00
+ 19 % Umsatzsteuer	€	205,20
Rechnungsbetrag	€	1.285,20

Zahlungsbedingungen: 10 Tage 3 % Skonto / 30 Tage netto
Verpackungs- und Frachtkosten sind nicht skontierfähig.
²/₃ Verpackungsgutschrift bei Rücksendung.

1. Forderungen aus Lieferungen und Leistungen (120)
2. Verbindlichkeiten aus Lieferungen und Leistungen (320)
3. Verbrauch Verwaltungsbedarf (69)
4. Vorräte des Wirtschaftsbedarfs (103)

5. Guthaben bei Kreditinstituten (135)
6. Verbindlichkeiten gegenüber Kreditinstituten (340)
7. Kassenbestand (131)

60. Aufgabe

Die Eingangsrechnung aus Aufgabe 59 wird innerhalb der Frist abzüglich Skonto überwiesen. Kontieren Sie den Geschäftsvorfall.

1. Forderungen aus Lieferungen und Leistungen (120)
2. Verbindlichkeiten aus Lieferungen und Leistungen (320)
3. Verbrauch Verwaltungsbedarf (69)
4. Vorräte des Wirtschaftsbedarfs (103)
5. Guthaben bei Kreditinstituten (135)
6. Verbindlichkeiten gegenüber Kreditinstituten (340)
7. Skonti, Boni, Rücksendungen (571)

61. Aufgabe

Die in der Eingangsrechnung aus Aufgabe 59 berechnete Verpackung wird vom Lieferanten nach erfolgter frachtfreier Rücksendung der Fässer mit 2/3 der berechneten Verpackungskosten gutgeschrieben. Kontieren Sie die Verpackungsgutschrift des Lieferanten.

1. Forderungen aus Lieferungen und Leistungen (120)
2. Verbindlichkeiten aus Lieferungen und Leistungen (320)
3. Verbrauch Verwaltungsbedarf (69)
4. Vorräte des Wirtschaftsbedarfs (103)
5. Guthaben bei Kreditinstituten (135)
6. Verbindlichkeiten gegenüber Kreditinstituten (340)
7. Kassenbestand (131)

62. Aufgabe

Die Privatversicherung eines Patienten überweist für Chefarztbehandlung und Einbettzimmer eine Vorauszahlung. Ihnen liegt die Bankgutschrift laut Kontoauszug über 1.500,00 € zum Buchen vor.

1. Geleistete Anzahlungen (11)
2. Guthaben bei Kreditinstituten (135)
3. Kassenbestand (131)
4. Forderungen aus Lieferungen und Leistungen (120)
5. Erhaltene Anzahlungen (36)
6. Verbindlichkeiten gegenüber Kreditinstituten (340)
7. Erlöse aus Wahlleistungen (41)

63. Aufgabe

Für den Monatsabschluss liegt Ihnen für die Vorräte des Wirtschaftsbedarfs ein Materialentnahmeschein über die Lagerentnahme von drei Fässern Badeöl vor, Einstandswert: 542,70 €.

1. Vorräte des Wirtschaftsbedarfs (103)
2. Guthaben bei Kreditinstituten (135)
3. Forderungen aus Lieferungen und Leistungen (120)
4. Verbindlichkeiten gegenüber Kreditinstituten (340)
5. Verbrauch Wirtschaftsbedarf (680)
6. Wasser, Energie, Brennstoffe (670)

Soll   Haben

Situation zur 64. bis 68. Aufgabe

Auf dem Wochenplan der internen Mitarbeiterfortbildung der auszubildenden Kaufleute im Gesundheitswesen der Wellmed GmbH steht die Buchung von investitionsgefördertem Anlagevermögen.

Der Leiter des Rechnungswesens, Herr Krause, erläutert kurz die gesetzlichen Grundlagen und die Voraussetzungen für die Förderung nach dem KHG. Er legt Ihnen als Übungsfall die buchungstechnische Abwicklung des Krankenhausanbaus vor. Sie sollen sich die laufenden Buchungen, aber auch die notwendigen Jahresabschlussbuchungen erarbeiten und Ihr Ergebnis auf der Mitarbeitersitzung der Folgewoche präsentieren.

64. Aufgabe

Der Bewilligungsbescheid des Landes für den Krankenhausanbau (Einzelförderung) über 10.000.000,00 € liegt der Wellmed GmbH vor. Kontieren Sie den Bescheid im Kontierungskästchen.

1. Betriebsbauten (011)
2. Guthaben bei Kreditinstituten (135)
3. Forderungen nach KHG (150)
4. Sonderposten aus Fördermitteln nach KHG (22)
5. Zuführung der Fördermittel nach KHG zu Verbindlichkeiten (752)
6. Erhaltene Anzahlungen (36)
7. Verbindlichkeiten nach KHG (350)
8. Erträge aus Fördermitteln nach KHG (46)

Soll   Haben

65. Aufgabe

Kontieren Sie die Umbuchung der Bewilligung aus Aufgabe 64 auf Verbindlichkeiten, da die Fördermittel noch nicht verwendet wurden.

1. Betriebsbauten (011)
2. Guthaben bei Kreditinstituten (135)
3. Forderungen nach KHG (150)

4. Sonderposten aus Fördermitteln nach KHG (22)
5. Zuführung der Fördermittel nach KHG zu Verbindlichkeiten (752)
6. Erhaltene Anzahlungen (36)
7. Verbindlichkeiten nach KHG (350)
8. Erträge aus Fördermitteln nach KHG (46)

66. Aufgabe

Von den bewilligten Fördermitteln werden für den ersten Bauabschnitt 900.000,00 € auf das Bankkonto der Wellmed GmbH überwiesen. Kontieren Sie den Zahlungseingang im Vorkontierungskästchen.

1. Betriebsbauten (011)
2. Guthaben bei Kreditinstituten (135)
3. Forderungen nach KHG (150)
4. Sonderposten aus Fördermitteln nach KHG (22)
5. Zuführung der Fördermittel nach KHG zu Verbindlichkeiten (752)
6. Erhaltene Anzahlungen (36)
7. Verbindlichkeiten nach KHG (350)
8. Erträge aus Fördermitteln nach KHG (46)

Soll	Haben

67. Aufgabe

Die diversen Lieferantenrechnungen über 900.000,00 € für den ersten Bauabschnitt werden durch Bankaufträge überwiesen. Aktivieren Sie den ersten Bauabschnitt und kontieren Sie die Überweisungen im Vorkontierungskästchen.

1. Betriebsbauten (011)
2. Guthaben bei Kreditinstituten (135)
3. Forderungen nach KHG (150)
4. Sonderposten aus Fördermitteln nach KHG (22)
5. Zuführung der Fördermittel nach KHG zu Verbindlichkeiten (752)
6. Erhaltene Anzahlungen (36)
7. Verbindlichkeiten nach KHG (350)
8. Erträge aus Fördermitteln nach KHG (46)

68. Aufgabe

Die Aktivierung des ersten Bauabschnittes (siehe Aufgabe 67) ist dem Sonderposten der Fördermittelbilanz zuzuführen. Kontieren Sie die Zuführung im Kontierungskästchen.

1. Betriebsbauten (011)
2. Guthaben bei Kreditinstituten (135)
3. Forderungen nach KHG (150)
4. Sonderposten aus Fördermitteln nach KHG (22)

5. Zuführung der Fördermittel nach KHG zu Verbindlichkeiten (752)
6. Erhaltene Anzahlungen (36)
7. Verbindlichkeiten nach KHG (350)
8. Erträge aus Fördermitteln nach KHG (46)

Soll	Haben

Situation zur 69. und 70. Aufgabe

Sie sind als Mitarbeiter/-in in der Kontokorrentbuchhaltung der Wellmed GmbH zuständig für das Buchen der Eingangsrechnungen und für die Durchführung des ausgehenden Zahlungsverkehrs. Sie müssen dabei die Kreditorenkonten pflegen und mithilfe einer Offenen-Posten-Liste abstimmen.

Ihnen liegt das nachstehend abgebildete Kreditorenkonto des Getränkelieferanten Holzer OHG vor.

K 70165		Holzer OHG			
Datum	Konto	Beleg-Nr.	Buchungstext	Soll	Haben
02.01.21	850	12.375	OP-Vortrag		10.150,00
08.01.21	100	01.113	Rechnungseingang		5.870,00
11.01.21	135	12.375	Überweisung	10.150,00	
18.01.21	100	01.295	Rechnungseingang		8.325,00
22.01.21	100	G 007	Gutschrift	575,00	
24.01.21	100	01.583	Rechnungseingang		9.727,00
29.01.21	135	01.113/G007	Scheck	5.295,00	

69. Aufgabe

Berechnen Sie den Januar-Umsatz, den der Getränkelieferant mit der Wellmed GmbH getätigt hat.

.... ███ ████,███ €

70. Aufgabe

Berechnen Sie aus dem Kreditorenkonto die offenen Posten, die Sie noch zur Zahlung anweisen müssen.

.... ███ ████,███ €

Betriebliches Controlling

Situation zur 71. bis 76. Aufgabe

Sie sind Mitarbeiter/-in in der Abteilung Controlling/BWA der Wellmed GmbH.

Sie sollen hier Finanzierungsentscheidungen mit vorbereiten, die Buchhaltungszahlen auswerten und ein Kennzahlensystem zur betriebswirtschaftlichen Führung der Wellmed GmbH mit aufbauen. Sie sollen in dieser Abteilung ferner die Buchhaltungszahlen für Zwecke der innerbetrieblichen Kosten- und Leistungsrechnung aufbereiten.

Die Wellmed GmbH plant, ihr Angebot um eine dem Krankenhaus angeschlossene Pflegeeinrichtung zu erweitern. Hier sind Vorüberlegungen zum erforderlichen Kapitalbedarf und zur Finanzierung anzustellen. Im Rahmen der betriebswirtschaftlichen Auswertung ist die langfristige Finanzierung zu analysieren.

Ihnen liegt der nachfolgend abgebildete aufbereitete Auszug der Bilanz des abgelaufenen Geschäftsjahres zur Analyse vor (Beträge in T€):

Aktiva	Bilanz zum 31.12.20 d.J.		Passiva
Grundstücke und Betriebsbauten	11.425	Eigenkapital	7.135
Technische Anlagen	1.815	– davon Jahresüberschuss: 628 T€	
Einrichtungen/Ausstattung	1.012	Verbindlichkeiten gegenüber Kreditinstituten – davon mit einer Restlaufzeit bis zu 1 Jahr: 613 T€	9.411
Fuhrpark	985		
	15.237		
Vorräte	572	Verbindlichkeiten aLL	494
Forderungen aLL	878	Sonstige Verbindlichkeiten (Restlaufzeit bis 1 Jahr)	1.223
Bankguthaben	1.513		
Kassenbestände	63		
	3.026		11.128
	18.263		18.263

71. Aufgabe

Berechnen Sie die Eigenkapital-Quote in % (auf zwei Stellen nach dem Komma gerundet).

.... ☐☐ , ☐☐☐ %

72. Aufgabe

Berechnen Sie die Fremdkapital-Quote in % (auf zwei Stellen nach dem Komma gerundet).

.... ☐☐ , ☐☐☐ %

73. Aufgabe

Die Neuinvestition soll neben der geplanten Selbstfinanzierung auch langfristig fremdfinanziert werden. Ordnen Sie den Geldkreditarten die Rückzahlungsbedingungen (1–3) zu.

Rückzahlungsbedingungen

1. Die Tilgungsraten sind gleichbleibend, die Zinsbelastung wird geringer.
2. Die Tilgungsraten erhöhen sich, die Zinsbelastung wird entsprechend geringer.
3. Die gesamte Tilgung erfolgt am Ende der Laufzeit, die Zinsbelastung bleibt konstant.

Geldkreditarten

Fälligkeitsdarlehen .... ☐

Ratendarlehen .... ☐

Annuitätendarlehen .... ☐

74. Aufgabe

Eine starke Eigenkapitalquote zeigt den Grad der finanziellen Unabhängigkeit gegenüber fremden Kapitalgebern an. Sie wird in besonderem Maße durch Selbstfinanzierung herbeigeführt. Wird eine Neuinvestition ganz oder teilweise selbstfinanziert, wird dies herbeigeführt durch (bitte ankreuzen).

1. die Aufnahme eines langfristigen Bankdarlehens .... ☐
2. eine Hypothekenfinanzierung .... ☐
3. die Aufnahme neuer Gesellschafter .... ☐
4. die Verwendung von Gewinnen .... ☐
5. Einlagen der vorhandenen Gesellschafter .... ☐

75. Aufgabe

Die Anlagendeckungsrechnung berechnet die Finanzierung des langfristigen Vermögens mit langfristigem Kapital. Berechnen Sie aus den Zahlen der aufbereiteten Bilanz den Anlagendeckungsgrad I (auf zwei Stellen nach dem Komma gerundet).

.... ☐☐ , ☐☐☐ %

76. Aufgabe

Berechnen Sie aus den Zahlen der aufbereiteten Bilanz den Anlagendeckungsgrad II (auf zwei Stellen nach dem Komma gerundet).

.... ____ , ___ %

Situation zur 77. bis 79. Aufgabe

Sie sollen aus dem Buchhaltungsabschluss der Wellmed GmbH die zeitpunktbezogene Zahlungsfähigkeit feststellen und einen „Liquiditätsstatus" aufstellen. Ferner soll für die Auswertung des Jahresabschlusses das Stoffe-Konto „Vorräte des medizinischen Bedarfs" ausgewertet werden.

77. Aufgabe

Berechnen Sie aus den Zahlen der aufbereiteten Bilanz die Liquidität 1. Grades (auf zwei Stellen nach dem Komma gerundet).

.... ___ , ___ %

78. Aufgabe

Berechnen Sie aus den Zahlen der aufbereiteten Bilanz die Liquidität 2. Grades (auf zwei Stellen nach dem Komma gerundet).

.... ____ , ___ %

79. Aufgabe

Im Rahmen der Jahresabschlussarbeiten sollen Sie einige Kennzahlen der Stoffe-Bestände des medizinischen Bedarfs ermitteln. Ihnen liegen aus dem Jahresabschluss zu den Konten „Vorräte des medizinischen Bedarfs" und „Verbrauch medizinischer Bedarf" die folgenden Werte vor:

Anfangsbestand	42.560,00 €
Stoffe-Einkäufe/med. Bedarf	226.390,00 €
Bezugskosten	8.677,00 €
Nachlässe/Lieferantenskonti	4.998,00 €
Inventurbestand	35.240,00 €

Ermitteln Sie die durchschnittliche Lagerdauer und die Umschlagshäufigkeit der Stoffe-Bestände des medizinischen Bedarfs.

Situation zur 80. bis 84. Aufgabe

Sie sind in der Wellmed GmbH mit Kalkulationsaufgaben betraut und machen sich nach erfolgreich bestandener Abschlussprüfung als Kaufmann/Kauffrau im Gesundheitswesen noch einmal mit den Grundbegriffen der Kosten- und Leistungsrechnung vertraut.

80. Aufgabe

Die Zahlen der Finanzbuchhaltung müssen auf ihre Kalkulationsfähigkeit überprüft werden. Das bedeutet, sie müssen „sachlich abgegrenzt" werden, je nachdem, ob sie kalkulatorisch geeignet sind oder ob sie ergänzt oder anders berechnet werden müssen. Ordnen Sie den Begriffen der Kosten- und Leistungsrechnung die Konten der Finanzbuchhaltung (1–7) zu.

Konten der Finanzbuchhaltung

1. Kundenanzahlungen
2. Verbindlichkeiten aus Lieferungen und Leistungen (aLL)
3. Erlöse aus Krankenhausleistungen
4. Haus- und Grundstückserträge
5. Kasse
6. Periodenfremde Aufwendungen
7. Löhne und Gehälter

Begriffe der Kosten- und Leistungsrechnung

Kosten ....
Neutraler Aufwand ....
Leistung ....
Neutraler Ertrag ....

81. Aufgabe

Sie sollen sich mit der Kostenstellenrechnung im Krankenhaus vertraut machen. Wählen Sie aus, welches Ziel mit der Durchführung der Kostenstellenrechnung verfolgt wird.

1. Die Kosten sollen zeitlich abgegrenzt werden.
2. Die Kosten sollen erfasst und sachlich abgegrenzt werden.
3. Die Einrichtung von Kostenstellen dient der ordnungsgemäßen Aufstellung der Bilanz.
4. Die Kosten sollen den einzelnen Abteilungen verursachungsgerecht zugeordnet werden.
5. Die Kostenstellenrechnung ist Grundlage für die Ermittlung des Betriebsergebnisses.

Geschäfts- und Leistungsprozesse in Einrichtungen des Gesundheitswesens

82. Aufgabe

Welche der nachfolgenden Kostenbegriffe können Sie den jeweils angefallenen Kosten zuordnen?

Kostenbegriffe

1. Einzelkosten
2. Gemeinkosten
3. Kalkulatorische Kosten
4. Herstellungskosten

Kosten

Gehälter für den Pflegedienst: ....

Zinsen für Eigenkapital: ....

Bewertung der noch in Behandlung befindlichen Patienten: ....

Verbrauch von Hüftgelenksprothesen bei Hüftgelenksoperationen: ....

83. Aufgabe

Welche der genannten Kostenbegriffe können Sie den jeweils angefallenen Kosten zuordnen?

Kostenbegriffe

1. Fixkosten
2. Variable Kosten

Kosten

Lebensmittelverbrauch ....

Versicherungen ....

Instandhaltung ....

Verbrauch an medizinischem Bedarf ....

84. Aufgabe

Sie haben die Aufgabe, die Preise für die Krankenhaus-Cafeteria neu zu kalkulieren. Sie kalkulieren einen Nudelauflauf mit den nachstehenden Kalkulationsangaben:

– Rohstoffkosten pro Gericht   2,15 €
– Gewinn   25 %
– Gemeinkostenzuschlag   80 %
– Umsatzsteuer   19 %

Berechnen Sie den Verkaufspreis, mit dem der Nudelauflauf auf der Speisenkarte ausgezeichnet werden kann.

.... , ... €

Situation zur 85. bis 90. Aufgabe

> Sie sollen als Mitarbeiter/-in im Controlling/BWA den Buchhaltungsabschluss auswerten. Für die erfolgswirtschaftliche Auswertung erhalten Sie die nachstehend aufbereitete Bilanz und die aufbereitete Gewinn- und Verlustrechnung des Buchhaltungsabschlusses der Wellmed GmbH (Beträge in T€):

Aktiva	Bilanz zum 31.12.2020		Passiva
Grundstücke und Betriebsbauten	9.425	Eigenkapital	6.305
Technische Anlagen	1.730		
Einrichtungen/Ausstattung	1.317	Verbindlichkeiten gegenüber Kreditinstituten – davon mit einer Restlaufzeit bis zu 1 Jahr = 569 T€	8.411
Fuhrpark	915		
	13.387		
Vorräte	744	Verbindlichkeiten aLL	624
Forderungen aLL	932	Sonstige Verbindlichkeiten (Restlaufzeit bis 1 Jahr)	1.078
Bankguthaben	1.310		
Kassenbestände	45		
	3.031		10.113
	16.418		16.418

Zusätzliche Angaben: Bilanzsumme am 01.01.2020 → 15.148 T€

Aufwendungen	Gewinn- und Verlustrechnung zum 31.12.2020		Erträge
Löhne und Gehälter	482	Erlöse aus Krankenhausleistungen	2.211
Gesetzl. Sozialabgaben/AG-Anteile	76	Erlöse aus Wahlleistungen	463
Aufwendungen für Altersversorgung	32	Bestandsveränderungen an unfertigen Leistungen	229
Verbrauch medizinischer Bedarf	618		
Lebensmittelverbrauch	375		
Verbrauch Verwaltungsbedarf	126		
Wasser, Energie, Brennstoffe	89		
Beiträge an Organisationen	12		
Instandhaltung	107		
Steuern, Abgaben, Versicherungen	63		
Zinsen und ähnliche Aufwendungen	82		
Abschreibungen auf Sachanlagen	304		
Jahresüberschuss	537		
	2.903		2.903

85. Aufgabe

Berechnen Sie im nachfolgenden Rechenfeld die Wirtschaftlichkeit (Ergebnis der Kennzahl mit vier Stellen nach dem Komma).

86. Aufgabe

Berechnen Sie im nachfolgenden Rechenfeld den Gewinn in Prozent (auf zwei Stellen nach dem Komma gerundet).

.... , %

87. Aufgabe

Berechnen Sie im nachfolgenden Rechenfeld die Eigenkapitalrentabilität (auf zwei Stellen nach dem Komma gerundet).

.... , %

88. Aufgabe

Berechnen Sie im nachfolgenden Rechenfeld die Gesamtkapitalrentabilität (auf zwei Stellen nach dem Komma gerundet).

.... , %

89. Aufgabe

Berechnen Sie im nachfolgenden Rechenfeld die Umsatzrentabilität (auf zwei Stellen nach dem Komma gerundet).

.... , %

90. Aufgabe

Berechnen Sie im nachfolgenden Rechenfeld den Anteil der Personalaufwendungen an den gesamten Aufwendungen (auf zwei Stellen nach dem Komma gerundet).

.... , %

Personalwirtschaft

Situation zur 91. bis 96. Aufgabe

Sie sind als Mitarbeiter/-in der Wellmed GmbH im Bereich der Lohn- und Gehaltsabrechnung eingesetzt und sollen mit den nachfolgenden Daten des Personalstammblattes für den Pflegedienstmitarbeiter Kai-Uwe Hennes, ledig, 24 Jahre alt, die Gehaltsabrechnung für den Abrechnungsmonat durchführen und kontieren.

91. Aufgabe

Im Kassenbuch ist ein Vorschuss an den Mitarbeiter Kai-Uwe Hennes über 150,00 € eingetragen. Kontieren Sie die Auszahlung des Vorschusses im Kontierungskästchen anhand der nachfolgend aufgeführten Buchhaltungskonten.

1. Kassenbestand (131)
2. Guthaben bei Kreditinstituten (135)
3. Forderungen an Mitarbeiter (121)
4. Verbindlichkeiten gegenüber Sozialversicherung (3741)
5. Verbindlichkeiten gegenüber Finanzbehörde (3742)
6. Löhne und Gehälter (60)
7. Gesetzliche Sozialabgaben (61)

Soll	Haben

92. Aufgabe

Führen Sie die Gehaltsabrechnung mit den nachfolgenden Daten (Stand 01/2021) durch und berechnen Sie den Auszahlungsbetrag an Kai-Uwe Hennes.

Bruttogehalt:	1.980,00 €
Lohnsteuer lt. Tabelle:	161,08 €
Kirchensteuer (Rheinland-Pfalz):	9,00 %
Krankenversicherung*:	14,60 %
Pflegeversicherung**:	3,05 %
Rentenversicherung:	18,60 %
Arbeitslosenversicherung:	2,40 %
Zu verrechnender Vorschuss:	150,00 €

* Die Krankenkasse des Herrn Hennes erhebt einen monatlichen Zusatzbeitrag von 1,3 %.

** Die Pflegeversicherung erhebt einen Beitragszuschlag von 0,25 % für kinderlose Versicherte, die das 23. Lebensjahr vollendet haben. Diesen Beitragszuschlag trägt der Arbeitnehmer allein.

_____ , ____ €

93. Aufgabe

Buchen Sie die Gehaltsabrechnung im Kontierungskästchen anhand der nachfolgenden Buchhaltungskonten (die Auszahlung soll direkt über das Bankkonto gebucht werden).

1. Kassenbestand (131)
2. Guthaben bei Kreditinstituten (135)
3. Forderungen an Mitarbeiter (121)
4. Verbindlichkeiten gegenüber Sozialversicherung (3741)

5. Verbindlichkeiten gegenüber Finanzbehörde (3742)
6. Löhne und Gehälter (60)
7. Gesetzliche Sozialabgaben (61)

Soll **Haben**

94. Aufgabe

Buchen Sie den Arbeitgeberanteil zur gesetzlichen Sozialversicherung im Kontierungskästchen anhand der nachfolgenden Buchhaltungskonten.

1. Kassenbestand (131)
2. Guthaben bei Kreditinstituten (135)
3. Forderungen an Mitarbeiter (121)
4. Verbindlichkeiten gegenüber Sozialversicherung (3741)
5. Verbindlichkeiten gegenüber Finanzbehörde (3742)
6. Löhne und Gehälter (60)
7. Gesetzliche Sozialabgaben (61)

Soll **Haben**

95. Aufgabe

Wie hoch ist der Betrag, den die Wellmed GmbH an den SV-Fonds für Kai-Uwe Hennes abführen muss? Erstellen Sie den Beitragsnachweis für die Krankenkasse.

	KV	PV	RV	AV	Gesamt
AN-Anteile					
AG-Anteile					
Gesamt					

96. Aufgabe

Wie hoch ist der Beitrag, den die Wellmed GmbH für Kai-Uwe Hennes an das Finanzamt abführen muss? Erstellen Sie die Lohnsteueranmeldung für das Finanzamt.

Lohnsteuer	Kirchensteuer	Gesamt

Situation zur 97. bis 100. Aufgabe

Ihnen liegt die nachfolgende Summenliste der für den Abrechnungsmonat abgerechneten Löhne und Gehälter der Wellmed GmbH vor. Sie sollen diese Summenliste buchen und die nachfolgenden Arbeiten zur Erstellung der Lohnsteueranmeldung und des Beitragsnachweises sowie die erforderlichen Überweisungen durchführen.

Wellmed GmbH		Stationäre und ambulante Versorgung Rehabilitation und Pflege	
Summenliste Lohnarten/Gehälter			
POS	TEXT	BETRAG	BETRAG
01	**Gehälter Brutto**		245.817,12
02	Einbehaltene Lohnsteuer	46.705,25	
03	Einbehaltener Solidaritätszuschlag	2.368,79	
04	Einbehaltene Kirchensteuer	3.503,47	
05	AN-Anteil Sozialversicherung/Gehalt	52.858,40	
06	**Gesamtabzüge**		105.435,91
07	**Gehälter Netto**		140.381,21
08	Einbehaltene Vorschüsse	1.450,00	
09	**Auszahlungsbeträge**		138.931,21
10	AG-Anteil Sozialversicherung/Gehalt	47.058,40	

97. Aufgabe

Buchen Sie die Summenliste ohne Arbeitgeberanteil zur Sozialversicherung im Kontierungskästchen anhand der nachfolgenden Buchhaltungskonten (die Auszahlung soll direkt über das Bankkonto gebucht werden).

1. Gesetzliche Sozialabgaben (61)
2. Löhne und Gehälter (60)
3. Verbindlichkeiten gegenüber Finanzbehörde (3742)
4. Forderungen an Mitarbeiter (121)
5. Verbindlichkeiten gegenüber Sozialversicherung (3741)
6. Guthaben bei Kreditinstituten (135)
7. Kassenbestand (131)

Soll   Haben

98. Aufgabe

Buchen Sie den Arbeitgeberanteil zur gesetzlichen Sozialversicherung im Kontierungskästchen anhand der nachfolgenden Buchhaltungskonten.

1. Gesetzliche Sozialabgaben (61)
2. Löhne und Gehälter (60)
3. Verbindlichkeiten gegenüber Finanzbehörde (3742)

4. Forderungen an Mitarbeiter (121)
5. Verbindlichkeiten gegenüber Sozialversicherung (3741)
6. Guthaben bei Kreditinstituten (135)
7. Kassenbestand (131)

Soll	Haben

99. Aufgabe

Buchen Sie die Überweisung der Sozialversicherungsbeiträge an den SV-Fonds und schreiben Sie anhand der nachfolgenden Konten die Buchung in das Kontierungskästchen.

1. Gesetzliche Sozialabgaben (61)
2. Löhne und Gehälter (60)
3. Verbindlichkeiten gegenüber Finanzbehörde (3742)
4. Forderungen an Mitarbeiter (121)
5. Verbindlichkeiten gegenüber Sozialversicherung (3741)
6. Guthaben bei Kreditinstituten (135)
7. Kassenbestand (131)

Soll	Haben

100. Aufgabe

Buchen Sie die Überweisung der Lohnsteuer-Anmeldung im Folgemonat und schreiben Sie anhand der nachfolgenden Konten die Buchung in das Kontierungskästchen.

1. Gesetzliche Sozialabgaben (61)
2. Löhne und Gehälter (60)
3. Verbindlichkeiten gegenüber Finanzbehörde (3742)
4. Forderungen an Mitarbeiter (121)
5. Verbindlichkeiten gegenüber Sozialversicherung (3741)
6. Guthaben bei Kreditinstituten (135)
7. Kassenbestand (131)

Soll	Haben

Jahresabschluss

Situation zur 101. bis 107. Aufgabe

Sie sind Mitarbeiter/-in in der Finanzbuchhaltung der Wellmed GmbH und sollen den Jahresabschluss der Buchhaltung mit „vorbereitenden Abschlussbuchungen" mit vorbereiten.

Beim Jahresabschluss ist der Erfolg in der Gewinn- und Verlust-Rechnung „periodengerecht" zu ermitteln. Hierfür sind zeitliche Abgrenzungsbuchungen erforderlich, bei denen bestimmte Aufwendungen und Erträge <u>dem</u> Wirtschaftsjahr zugeordnet werden müssen, in dem sie wirtschaftlich angefallen sind.

101. Aufgabe

Welche der nachfolgenden Abgrenzungskonten (1–5) ordnen Sie welchen Abgrenzungsvorgängen zu?

Abgrenzungskonten

1. Sonstige Forderungen (1604)
2. Sonstige Verbindlichkeiten (370)
3. Aktive Rechnungsabgrenzung (170)
4. Passive Rechnungsabgrenzung (38)
5. Rückstellungen (28)

Abgrenzungsvorgänge

Der Aufwand ist am Bilanzstichtag ungebucht, gehört aber ins alte Jahr. ....

Die Einnahme erfolgt im alten Jahr, der Ertrag gehört aber ins neue Jahr. ....

Der Aufwand wird im alten Jahr für ungewisse Verbindlichkeiten passiviert. ....

Der Ertrag ist ungebucht und muss für das alte Jahr noch erfasst werden. ....

Der Aufwand ist bereits gebucht und muss für das neue Jahr abgegrenzt werden. ....

102. Aufgabe

Die Darlehenszinsen für den Monat Dezember über 1.350,00 € werden erst mit Kontoauszug vom 03.01. des neuen Jahres belastet. Kontieren Sie den Abgrenzungsfall zum 31.12. im Kontierungskästchen.

1. Forderungen aus Lieferungen und Leistungen (120)
2. Guthaben bei Kreditinstituten (135)
3. Sonstige Rückstellungen (281)
4. Aktive Rechnungsabgrenzung (17)
5. Passive Rechnungsabgrenzung (38)
6. Sonstige Forderungen (1604)
7. Sonstige Verbindlichkeiten (37)
8. Zinsen und ähnliche Aufwendungen (74)

Soll	Haben

103. Aufgabe

Die notwendige Dachreparatur am Krankenhausgebäude konnte wegen der Witterungsverhältnisse im alten Jahr nicht mehr durchgeführt werden. Der Kostenvoranschlag des Dachdeckers beläuft sich auf 25.800,00 €.
Kontieren Sie den Abgrenzungsfall zum 31.12. im Kontierungskästchen.

1. Forderungen aus Lieferungen und Leistungen (120)
2. Guthaben bei Kreditinstituten (135)
3. Sonstige Rückstellungen (281)
4. Aktive Rechnungsabgrenzung (17)

Geschäfts- und Leistungsprozesse in Einrichtungen des Gesundheitswesens

5. Passive Rechnungsabgrenzung (38)
6. Sonstige Forderungen (1604)
7. Sonstige Verbindlichkeiten (37)
8. Instandhaltung (72)

Soll **Haben**

104. Aufgabe

Der mit dem Getränkelieferanten für die Pflegeeinrichtung vereinbarte Jahresbonus über 2.500,00 € wird dem Bankkonto erst am 05.01. des neuen Jahres gutgeschrieben.
Kontieren Sie den Abgrenzungsfall zum 31.12. im Kontierungskästchen.

1. Forderungen aus Lieferungen und Leistungen (120)
2. Guthaben bei Kreditinstituten (135)
3. Sonstige Rückstellungen (281)
4. Aktive Rechnungsabgrenzung (17)
5. Passive Rechnungsabgrenzung (38)
6. Sonstige Forderungen (1604)
7. Sonstige Verbindlichkeiten (37)
8. Lebensmittelverbrauch (650)

Soll **Haben**

105. Aufgabe

Die für einen Teil des Fuhrparks am 01.09. überwiesene Kfz-Steuer in Höhe von 8.580,00 € betrifft die Monate September des laufenden Geschäftsjahres bis August des Folgejahres.
Kontieren Sie den Abgrenzungsfall zum 31.12. im Kontierungskästchen.

1. Forderungen aus Lieferungen und Leistungen (120)
2. Guthaben bei Kreditinstituten (135)
3. Sonstige Rückstellungen (281)
4. Aktive Rechnungsabgrenzung (17)
5. Passive Rechnungsabgrenzung (38)
6. Sonstige Forderungen (1604)
7. Sonstige Verbindlichkeiten (37)
8. Steuern, Abgaben, Versicherungen (73)

Soll **Haben**

106. Aufgabe

Vereinbarungsgemäß wurden Darlehenszinsen über 1.500,00 € für ein gewährtes Darlehen am 01.12. des laufenden Geschäftsjahres dem Bankkonto gutgeschrieben. Sie betreffen das Vierteljahr Dezember bis Februar.
Kontieren Sie den Abgrenzungsfall zum 31.12. im Kontierungskästchen.

1. Forderungen aus Lieferungen und Leistungen (120)
2. Guthaben bei Kreditinstituten (135)
3. Sonstige Rückstellungen (281)

4. Aktive Rechnungsabgrenzung (17)
5. Passive Rechnungsabgrenzung (38)
6. Sonstige Forderungen (1604)
7. Sonstige Verbindlichkeiten (37)
8. Zinsen und ähnliche Erträge (51)

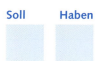

107. Aufgabe

Für einen Schadensersatzprozess, den ein Patient gegen das Krankenhaus der Wellmed GmbH angestrengt hatte, wurde im vergangenen Geschäftsjahr eine Rückstellung über 20.000,00 € gebildet. Die Prozessparteien haben sich im Verfahren auf einen Vergleich geeinigt. Das Krankenhaus verpflichtet sich, dem Patienten einen Betrag von 9.200,00 € zu überweisen. Der Prozess ist damit beendet.

Kontieren Sie den obigen Fall unter Berücksichtigung der Banküberweisung zum 31.12. im Kontierungskästchen.

1. Forderungen aus Lieferungen und Leistungen (120)
2. Guthaben bei Kreditinstituten (135)
3. Sonstige Rückstellungen (281)
4. Aktive Rechnungsabgrenzung (17)
5. Passive Rechnungsabgrenzung (38)
6. Sonstige Forderungen (1604)
7. Sonstige Verbindlichkeiten (37)
8. Erträge aus der Auflösung von Rückstellungen (54)

Situation zur 108. bis 113. Aufgabe

Zum Jahresabschluss sind die Wirtschaftsgüter des beweglichen Anlagevermögens planmäßig abzuschreiben. Für die Altenpflegeeinrichtung der Wellmed GmbH sind die Abschreibungen beim Fuhrpark zu berechnen und zu buchen.

108. Aufgabe

Ein im Geschäftsjahr angeschaffter Pkw für den Fahr- und Bereitschaftsdienst soll planmäßig abgeschrieben werden. Die Anschaffungskosten betrugen mit Sonderzubehör insgesamt 33.000,00 € zuzüglich Umsatzsteuer. Laut AfA-Tabelle beträgt die Nutzungsdauer sechs Jahre. Das Fahrzeug soll linear abgeschrieben werden. Die Abschreibung im Anschaffungsjahr ist eine 12/12-AfA.

Erstellen Sie einen Abschreibungsplan für die gesamte Nutzungsdauer des Pkw.

109. Aufgabe

Buchen Sie die Jahres-AfA aus der Aufgabe 108 im Kontierungskästchen:

1. Forderungen nach KHG (150)
2. Fuhrpark (0701)
3. Zuführung der Fördermittel nach dem KHG (752)
4. Erträge aus Fördermitteln nach dem KHG (490)
5. Sonstige Forderungen (1604)
6. Verbindlichkeiten nach KHG (350)
7. Abschreibungen auf Sachanlagen (761)

110. Aufgabe

Durch die intensive Nutzung des neu angeschafften Fahrzeuges für den Fahr- und Bereitschaftsdienst aus Aufgabe 108 wird die tatsächliche Nutzungsdauer auf höchstens vier Jahre geschätzt. Die Abteilung Controlling hat Ihnen einen Wiederbeschaffungsfaktor von 1,12 mitgeteilt.

Berechnen Sie die jährlichen kalkulatorischen Abschreibungen.

111. Aufgabe

Sie sollen für ein weiteres Fahrzeug die Jahres-AfA buchen. Es handelt sich hierbei um einen Krankentransporter aus dem Fuhrpark des Altenpflegeheims der Wellmed GmbH. Dieses Fahrzeug wird allerdings wegen der intensiven Nutzung auf Antrag an die Finanzbehörde nach „Maßgabe der Leistung" abgeschrieben. Die Leistung muss für dieses Fahrzeug aufgezeichnet werden. Dies geschieht durch einen Fahrtenschreiber.

Daten für die Leistungs-AfA:
- aktivierungspflichtige Anschaffungskosten: 78.880,00 €
- voraussichtliche Gesamtfahrleistung: 350.000 km
- Jahresfahrleistung im laufenden Jahr: 98.900 km

Berechnen Sie den Jahres-AfA-Betrag nach „Maßgabe der Leistung" für das laufende Geschäftsjahr.

.... , ... €

112. Aufgabe

Der Krankenhausanbau der Wellmed GmbH ist zwischenzeitlich fertig gestellt und wird erstmalig abgeschrieben. Für das laufende Geschäftsjahr wird eine 12/12-AfA vorgenommen. Die aktivierten Anschaffungskosten betrugen insgesamt 10.000.000,00 €, die Nutzungsdauer beträgt lt. amtlicher AfA-Tabelle 25 Jahre. Die Abschreibung erfolgt für investitionsgefördertes Anlagevermögen nach der linearen Methode.

Buchen Sie die Abschreibung im Vorkontierungskästchen.

1. Forderungen nach KHG (150)
2. Betriebsbauten (011)
3. Zuführung der Fördermittel nach dem KHG (752)
4. Erträge aus Fördermitteln nach dem KHG (490)
5. Sonstige Forderungen (1604)
6. Verbindlichkeiten nach KHG (350)
7. Abschreibungen auf Sachanlagen (761)

Soll	Haben

113. Aufgabe

Die in Aufgabe 112 gebuchte Abschreibung darf beim investitionsgeförderten Anlagevermögen den Erfolg des Krankenhauses nicht beeinflussen. Es muss also eine Korrekturbuchung erfolgen, die den Erfolg neutralisiert und die Sonderposten aus Fördermitteln verrechnet.

Buchen Sie die erforderliche Korrekturbuchung zum 31.12. im Kontierungskästchen.

1. Sonderposten aus Fördermitteln nach KHG (22)
2. Betriebsbauten (011)
3. Zuführung der Fördermittel nach dem KHG (752)
4. Erträge aus Fördermitteln nach dem KHG (490)
5. Erträge aus der Auflösung von Sonderposten nach KHG (49)
6. Verbindlichkeiten nach KHG (350)
7. Abschreibungen auf Sachanlagen (761)

Soll	Haben

Prüfungsbereich 3

Gesundheitswesen

Aufgaben des Gesundheitswesens, rechtliche Grundlagen des Gesundheits- und Sozialwesens, Finanzierung des Gesundheitswesens, Leistungserbringer und Leistungsträger, Qualitätsmanagement im Gesundheitswesen

Aufgaben und rechtliche Grundlagen des Gesundheits- und Sozialwesens

Profit- und Non-Profit-Unternehmen

In den Bereichen des Gesundheitswesens sowie in anderen sozialen Bereichen bieten eine Vielzahl von Unternehmen ihre Leistungen an. Diese Unternehmen haben unterschiedliche Zielsetzungen. In diesem Zusammenhang unterscheidet man Profit- von Non-Profit-Unternehmen.

1. Aufgabe

Welche Aussage über Non-Profit-Unternehmen ist zutreffend?

1. Sie sind gewinnorientiert und streben nach Gewinnrücklagen.
2. Sie müssen Personengesellschaften sein.
3. Sie müssen juristische Personen sein.
4. Sie müssen Stiftungen sein.
5. Sie dienen ausschließlich und unmittelbar gemeinnützigen, mildtätigen oder kirchlichen Zwecken.

2. Aufgabe

Welches der nachfolgenden Unternehmen zählt nicht zu den Non-Profit-Unternehmen?

1. Arbeiterwohlfahrt
2. Caritas
3. Paritätischer Wohlfahrtsverband
4. Einhorn-Apotheke
5. Deutsches Rotes Kreuz

Unterschiedliche Trägerschaften

3. Aufgabe

Das Krankenhausfinanzierungsgesetz unterscheidet öffentliche, freigemeinnützige und private Trägerschaften. Welches der folgenden Krankenhäuser gehört zu einer privaten Trägerschaft?

1. St.-Antonius-Klinik
2. Städtische Kliniken Hamburg
3. Kreiskrankenhaus Solingen
4. Wellmed GmbH
5. Landesklinik Neuenberg

Da es sich bei der Wellmed um eine GmbH handelt, sind folgende Fragen zu klären.

4. Aufgabe
Wie hoch ist das Mindestkapital einer GmbH?

1. Das Mindestkapital einer GmbH beträgt 100.000,00 €.
2. Das Mindestkapital muss 25.000,00 € betragen.
3. Das Mindestkapital wird im Gesellschaftsvertrag festgelegt.
4. Das Mindestkapital beträgt 50.000,00 €.
5. Das Mindestkapital ist nicht vorgeschrieben.

2

5. Aufgabe
Prüfen Sie, welche **drei** Organe die Wellmed GmbH besitzt.

1. Geschäftsführer
2. Vorstand
3. Generalversammlung
4. Gesellschafterversammlung
5. Aufsichtsrat
6. Betriebsrat

1 4 5

Die Wellmed GmbH steht in Verhandlung mit der Nord-Süd-Kliniken gGmbH, um mit ihr in verschiedenen Bereichen des Gesundheitswesens zu kooperieren. Folgende Fragen in Bezug auf den Kooperationspartner gilt es zu beantworten.

6. Aufgabe
Welche Haftungsregel gilt für eine GmbH?

1. Alle Gesellschafter haften unbeschränkt.
2. Die Haftung beschränkt sich auf das Stiftungsvermögen.
3. Die Haftung beschränkt sich auf das Gesellschaftsvermögen.
4. Die Haftung ist unbeschränkt.
5. Alle Mitarbeiter haften beschränkt.

3

Gemeinnützigkeit

7. Aufgabe

Welche **drei** Aussagen zur Gemeinnützigkeit sind zutreffend?

1. Jedes Unternehmen kann den Status der Gemeinnützigkeit erhalten.
2. Die Gemeinnützigkeit wird durch das zuständige Finanzamt verliehen.
3. Gemeinnützige Unternehmen gehören zu den profitorientierten Unternehmen.
4. Eine Körperschaft ist gemeinnützig, wenn sie nach ihrer Satzung und ihrer tatsächlichen Geschäftsführung selbstlos, ausschließlich und unmittelbar die Allgemeinheit fördert.
5. Jeder Verein ist gemeinnützig.
6. Nur Körperschaften können gemeinnützig sein.

2 4 6

Tendenzbetriebe

8. Aufgabe

Viele Unternehmen im Gesundheitswesen gehören zu den sogenannten Tendenzbetrieben. Welche Aussage über Tendenzbetriebe ist zutreffend?

1. Tendenzbetriebe sind ausschließlich Betriebe konfessioneller Träger.
2. Zu den Tendenzbetrieben gehören die Unternehmen, die dem neuesten Trend folgen.
3. Aktiengesellschaften sind grundsätzlich Tendenzbetriebe.
4. Unternehmen, die karitativen, konfessionellen, erzieherischen oder künstlerischen Bestimmungen dienen, werden als Tendenzbetrieb bezeichnet.
5. Tendenzbetriebe unterstehen immer den Städten und Gemeinden.

4

9. Aufgabe

Im Bereich des Gesundheits- und Sozialwesens gibt es Unternehmen, die einer Stiftung angehören. Welche **zwei** Aussagen bezüglich einer Stiftung sind zutreffend?

1. Der Zweck einer Stiftung kann jederzeit verändert werden.
2. Eine Stiftung ist keine juristische Person.
3. Der vom Stifter verfolgte Zweck der Stiftung kann grundsätzlich nicht verändert werden.
4. Die Gründung einer Stiftung unterliegt keiner Formvorschrift.
5. Als Organ hat die Stiftung einen Vorstand oder ein Kuratorium.

3 5

Finanzierung im Gesundheitswesen – Das Krankenhausfinanzierungsgesetz (KHG)

> Die wirtschaftliche Sicherung der Krankenhäuser ist im Krankenhausfinanzierungsgesetz (KHG) geregelt.

10. Aufgabe

Laut dem Krankenhausfinanzierungsgesetz (KHG) darf ein Krankenhaus **nicht**:

1. Geburtshilfe leisten
2. einen Patienten mit einem entzündlichen Darmleiden operieren
3. einen Patienten mit Multipler Sklerose in einem akuten Schub behandeln
4. eine pflegebedürftige Frau mit Querschnittslähmung pflegen
5. einen Diabetiker auf seinen täglichen Insulinhaushalt einstellen

11. Aufgabe

Welches der angegebenen Krankenhäuser fällt nicht unter das Krankenhausfinanzierungsgesetz?

1. eine psychiatrische Klinik
2. eine psychosomatische Klinik
3. eine psychotherapeutische Klinik
4. ein Polizeikrankenhaus

12. Aufgabe

Welche **beiden** Aussagen beschreiben die wirtschaftliche Sicherung der Krankenhäuser, um eine bedarfsgerechte Versorgung mit leistungsfähigen, eigenverantwortlich wirtschaftenden Krankenhäusern zu gewährleisten?

1. Die Verluste der Krankenhäuser werden durch die Krankenkassen finanziert.
2. Die Investitionskosten und die laufenden Betriebskosten werden von den zuständigen Gemeinden finanziert.
3. Die Krankenhäuser erhalten leistungsbezogene Erlöse für jeden Krankenhausfall.
4. Die Investitionskosten werden grundsätzlich im Wege der öffentlichen Förderung übernommen.
5. Die Betriebskosten werden je zur Hälfte von Arbeitnehmern und Arbeitgebern übernommen.

13. Aufgabe

Warum spricht man beim System der Krankenhausfinanzierung vom „dualistischen System"?

1. Weil die Krankenhausleistungen über Fallpauschalen und über tagesgleiche Pflegesätze finanziert werden.
2. Weil die Patienten einen Eigenanteil von 10,00 € für maximal 14 Tage selbst bezahlen müssen.
3. Weil die Betriebskosten über die DRGs und die Investitionskosten über die Länder finanziert werden.
4. Weil alle Kosten zur Hälfte vom Land und zur anderen Hälfte über die Kommunen finanziert werden.
5. Weil bei christlichen Trägern die gesamten Kosten über die beiden Konfessionen getragen werden.

14. Aufgabe

Welche **zwei** der genannten Investitionen werden in Einzelförderung gemäß Krankenhausfinanzierungsgesetz finanziert?

1. neue Bettwäsche, Nutzungsdauer zwei Jahre
2. der Erweiterungsanbau für die Reha-Abteilung
3. der Erwerb des Grundstückes für den Erweiterungsanbau der Reha-Abteilung
4. ein neuer Anstrich für die vier Raucherzimmer im Hauptgebäude der Wellmed GmbH
5. die Kosten für einen neuen Computertomographen, Nutzungsdauer fünf Jahre

15. Aufgabe

Welche der angegebenen Leistungen wird laut KHG pauschal gefördert?

1. Die HNO-Abteilung muss neu gestrichen werden.
2. Die Chirurgische Abteilung benötigt zusätzlich 20 neue Betten, Nutzungsdauer vier Jahre.
3. Es muss ein neuer Anbau finanziert werden, da die Pädiatrie räumlich erweitert werden muss.
4. Die Klinik benötigt erstmalig einen Kernspintomographen.

16. Aufgabe

Welche der folgenden Kosten werden nicht grundsätzlich im Wege der öffentlichen Förderung übernommen?

1. Anschaffung neuer Bettwäsche, Nutzungsdauer drei Jahre
2. Ersatzinvestition einer Stationsküche
3. Erwerb eines neuen Grundstückes für den Erweiterungsbau der Pädiatrischen Klinik
4. Wiederbeschaffung eines Computertomographen

Die Wellmed GmbH möchte Ihre Ertragssituation und die Auslastung des Unternehmens kontrollieren. Seit die Erlöse durch Fallpauschalen abgegolten werden, existieren hierfür bestimmte Berechnungsmöglichkeiten.

17. Aufgabe

Eine Abteilung der Wellmed GmbH weist in einem Quartal folgende Fallzahlen auf:

Fallzahlen	Bewertungsrelationen
250	2,3
188	1,4
522	0,8

a) Ermitteln Sie den Case Mix.

b) Ermitteln Sie aus diesen Zahlen den Case Mix Index (auf zwei Stellen nach dem Komma gerundet).

c) Ermitteln Sie den durchschnittlichen Erlös eines Falles in dieser Abteilung. Der Landesbasisfallwert für Rheinland-Pfalz 2021 beträgt 3.851,85 €.

Leistungserbringer und Leistungsträger

18. Aufgabe

Unter welchen **zwei** Voraussetzungen hat ein Krankenhaus das Recht auf öffentliche Förderung von Investitionskosten?

1. Wenn es eine Stiftung ist.
2. Wenn es in die Landeskrankenhausplanung aufgenommen worden ist.
3. Wenn es von einem gemeinnützigen Träger betrieben wird.
4. Wenn es sich um eine AG handelt.
5. Wenn es in das Investitionsprogramm aufgenommen worden ist.

Bei der Erledigung Ihrer täglichen Verwaltungsaufgaben in der Wellmed GmbH haben Sie es mit vielen Institutionen des Gesundheits- und Sozialwesens zu tun. In den meisten Fällen geht es um die Beziehungen zwischen den Versicherten und den unterschiedlichen Trägern der Sozialversicherungen.

19. Aufgabe

Ordnen Sie zu, indem Sie die Kennziffern der Sozialgesetzbücher (1–6) den verschiedenen Sozialversicherungen zuweisen.

Sozialgesetzbücher:

1. SGB III
2. SGB V
3. SGB VI
4. SGB VIII
5. SGB IX
6. SGB XI

Sozialversicherungszweige:

a) Krankenversicherung ....
b) Rentenversicherung ....
c) Arbeitslosenversicherung ....
d) Pflegeversicherung ....
e) Rehabilitation und Teilhabe behinderter Menschen ....
f) Kinder- und Jugendhilfe ....

20. Aufgabe

Stellen Sie fest, in welcher Zeile alle Angaben zum gleichen Sozialversicherungszweig gehören.

	Sozialversicherungszweig	Träger	Leistung
1.	Arbeitslosenversicherung	Bundesanstalt für Arbeit	Kurleistungen
2.	Krankenversicherung	AOK	Heilungskosten
3.	Unfallversicherung	BEK	Erwerbsunfähigkeitsrente
4.	Pflegeversicherung	IKK	Kurzarbeitergeld

21. Aufgabe

Zu den gesetzlichen Versicherungen gehören unter anderem die gesetzliche Unfall- und die Pflegeversicherung. Welche **beiden** Bereiche gehören **nicht** zu den gesetzlichen Sozialversicherungen?

1. Rentenversicherung
2. Private Krankenversicherung
3. Arbeitslosenversicherung
4. Haftpflichtversicherung
5. Gesetzliche Krankenversicherung

22. Aufgabe

Im Zusammenhang mit der gesetzlichen Rentenversicherung spricht man vom sogenannten Generationenvertrag. Welche Aussage beschreibt dieses Prinzip korrekt?

1. Die Rente wird von allen Generationen getragen.
2. Jüngere Generationen zahlen noch keine Rentenversicherung.
3. Ältere Generationen zahlen Versicherungsbeiträge für die junge Generation.
4. Aus den momentan gezahlten Beiträgen werden die zu zahlenden Renten finanziert.

23. Aufgabe

In welchem der folgenden Sozialversicherungszweige bringt ausschließlich der Arbeitgeber die Beiträge auf?

1. gesetzliche Rentenversicherung
2. gesetzliche Unfallversicherung
3. gesetzliche Arbeitslosenversicherung
4. gesetzliche Krankenversicherung
5. gesetzliche Pflegeversicherung

24. Aufgabe

Die Beiträge zur gesetzlichen Unfallversicherung werden jährlich von den zuständigen Berufsgenossenschaften berechnet. Welche **zwei** Berechnungsgrundlagen müssen die Betriebe den Berufsgenossenschaften übermitteln?

1. die Quadratmeterzahl des Unternehmens
2. das Bruttoentgelt aller Mitarbeiter
3. die vorhandenen Etagen des Betriebes wegen der Stolpergefahr bei Treppen
4. die Betriebszeiten des Unternehmens

25. Aufgabe

Die Träger der gesetzlichen Sozialversicherungen sind gemäß SGB IV Körperschaften des öffentlichen Rechts mit Selbstverwaltung. Welche Aussage bezüglich der Handlungsweise von Sozialversicherungsträgern ist richtig?

1. Zur korrekten Erfüllung ihrer Aufgaben hat jeder Versicherungsträger vom Staat benannte Vorstände.
2. Die Versicherungsträger sind in der Rechtsform einer AG mit Vorstand als leitendem Organ gegründet.
3. Bei rechtlichen Auseinandersetzungen ist immer das zuständige Landgericht zuständig.
4. Die Sozialversicherungsträger erfüllen ihre Aufgaben in eigener Verantwortung, unterliegen aber der staatlichen Aufsicht.
5. Die Versicherungsträger benötigen keine eigene Satzung.

Sie werden in der Verwaltung der ambulanten und stationären Altenpflege der Wellmed GmbH eingesetzt. Um diese Tätigkeiten sachgerecht auszuführen, benötigen Sie ein fundiertes Wissen über die Inhalte des Sozialgesetzbuches, Buch XI, des Heimgesetzes sowie der Heimpersonalverordnung.

26. Aufgabe

Die Neuordnung der bisherigen drei Pflegestufen in fünf Pflegegrade wirft häufig Fragen auf. Welche der folgenden Definitionen beschreibt welchen der fünf Pflegegrade?

a) schwerste Beeinträchtigung der Selbstständigkeit
b) schwerste Beeinträchtigung der Selbstständigkeit mit besonderen Anforderungen an die pflegerische Versorgung
c) schwere Beeinträchtigung der Selbstständigkeit
d) geringe Beeinträchtigung der Selbstständigkeit
e) erhebliche Beeinträchtigung der Selbstständigkeit

27. Aufgabe

Eine Angehörige möchte die Wellmed GmbH mit der Pflege einer Verwandten beauftragen. Die Kundin möchte von Ihnen wissen, wer die Pflegebedürftigkeit prüft. Welche Aussage ist zutreffend?

1. Die Pflegebedürftigkeit wird von der Pflegedienstleitung der Wellmed GmbH überprüft und festgestellt.
2. Die Pflegebedürftigkeit wird von einem Arzt der Wellmed GmbH überprüft und festgestellt.
3. Der Medizinische Dienst prüft im Wohnbereich der Pflegebedürftigen, ob eine Pflegebedürftigkeit besteht.
4. Mitarbeiter der Landeskrankenhausgesellschaft überprüfen die Pflegebedürftigkeit.
5. Der behandelnde Hausarzt stellt in den Räumen des Antragstellers die Pflegebedürftigkeit fest.

28. Aufgabe

Welche **vier** der genannten Leistungsarten können durch die Pflegekassen getragen werden?

1. Versehrtenrente
2. Pflegegeld
3. Pflegeaufwand
4. teilstationäre Pflege
5. Betreuungsgeld
6. Pflegesachleistungen
7. vollstationäre Pflege

29. Aufgabe

Die Leitung des Pflegebereiches der Wellmed GmbH verhandelt mit der zuständigen Pflegeversicherung einen neuen Versorgungsvertrag. Die von der Wellmed GmbH vorgelegten Entgelte werden seitens des Leistungsträgers nicht akzeptiert. Wie verhält sich die Leitung der Wellmed GmbH richtig?

1. Die Kalkulation wird überprüft und neu vorgelegt.
2. Der Versorgungsvertrag wird zu alten Konditionen geschlossen.
3. Die Wellmed GmbH wendet sich an die zuständige Schiedsstelle, um eine Einigung zu erzielen.
4. Die Wellmed GmbH bietet den Leistungsträgern günstigere Preise an, da sie dazu gesetzlich verpflichtet ist.

30. Aufgabe

Nach der Grundsatzvorschrift des § 9 SGB XI sind die Bundesländer für eine leistungsfähige, ausreichende und wirtschaftliche Versorgungsstruktur verantwortlich. Welche **zwei** Auswirkungen kann dieser Grundsatz auf die Finanzierung von Pflegeeinrichtungen haben?

1. Investitionskosten werden immer gefördert.
2. Ist eine Pflegeeinrichtung in die Landespflegeplanung aufgenommen, können Investitionskosten durch das Land finanziert werden.
3. Investitionskosten werden nicht gefördert, wenn die Pflegeeinrichtung eine bestimmte Größe überschreitet.
4. Die öffentliche Förderung von Pflegeeinrichtungen liegt im Ermessen der Bundesländer.

31. Aufgabe

Nicht öffentlich geförderte Pflegeeinrichtungen müssen ihre Investitionen selbst finanzieren. Welche Auswirkung hat diese Tatsache auf die Rechnungserstellung dieser Pflegeeinrichtungen?

1. Die Investitionskosten müssen durch die Investoren finanziert werden und haben somit keine Auswirkung auf die Rechnungserstellung.
2. Pflegeeinrichtungen, die keine öffentliche Förderung in Anspruch nehmen, stellen den Pflegebedürftigen anteilige Investitionskostenbeiträge gesondert in Rechnung.
3. Pflegeinrichtungen, die keine öffentliche Förderung erhalten, müssen sich zur Finanzierung Sponsoren suchen.
4. Die Investitionskosten dürfen den Pflegebedürftigen nicht berechnet werden.

32. Aufgabe

Das SGB XI unterscheidet in § 71 ambulante, teilstationäre sowie stationäre Pflegeeinrichtungen. In welcher Aussage wird die teilstationäre Pflege zutreffend definiert?

1. Die zu pflegende Person schläft nachts in ihrem eigenen Zuhause. Tagsüber hält sie sich in einer Pflegeeinrichtung auf.
2. Bei der teilstationären Pflege bleibt die zu pflegende Person in ihrer Wohnung und wird dort gepflegt.
3. Wird eine pflegebedürftige Person nicht im eigenen Haushalt gepflegt, spricht man von teilstationärer Pflege.

4. Die zu pflegende Person erhält in ihrer Wohnung zweimal täglich Unterstützung durch eine Pflegekraft.

33. Aufgabe

In welchem Gesetz ist die Verpflichtung zur Einführung eines Qualitätsmanagement-Systems im Bereich der Altenpflege verankert?

1. SGB IX
2. SGB V
3. SGB XI
4. Heimgesetz
5. Landespflegeplanung

34. Aufgabe

Sie werden dazu eingesetzt, bei der Wahl des Heimbeirates mitzuwirken. In welchem Gesetz ist die Bildung eines Heimbeirates festgelegt?

1. Heimpersonalverordnung
2. SGB XI
3. Heimgesetz
4. SGB IX
5. SGB XII

35. Aufgabe

Wer legt die Personalanhaltszahlen für Pflege- und Altenheime fest?

1. Die Personalanhaltszahlen sind im SGB XI bundeseinheitlich vorgeschrieben.
2. Die Personalanhaltszahlen sind im Heimgesetz bundeseinheitlich festgelegt.
3. Die Personalanhaltszahlen sind nicht bundeseinheitlich festgelegt. Sie werden von den Verbänden der Leistungsanbieter und den zuständigen Sozialleistungsträgern auf Länderebene vereinbart.
4. Die Personalanhaltszahlen werden je nach Anzahl der Pflegebedürftigen von der Heimleitung festgelegt.

In einem Alten- und Pflegeheim dürfen betreuende Tätigkeiten nur durch Fachkräfte oder unter angemessener Beteiligung von Fachkräften durchgeführt werden.

Personalschlüssel für Altenheime, Pflegekennzahlen Rheinland-Pfalz.

Pflegegrad	Personalschlüssel
Pflegegrad 1	1 Pfleger/-in pro 7,00 Bewohner
Pflegegrad 2	1 Pfleger/-in pro 4,07 Bewohner
Pflegegrad 3	1 Pfleger/-in pro 3,23 Bewohner
Pflegegrad 4	1 Pfleger/-in pro 2,56 Bewohner
Pflegegrad 5	1 Pfleger/-in pro 1,80 Bewohner

36. Aufgabe

Folgende Bewohner befinden sich zurzeit im Alten- und Pflegeheim der Wellmed GmbH:

Pflegestufe	Anzahl der Bewohner
Pflegegrad 1	88
Pflegegrad 2	45
Pflegegrad 3	34
Pflegegrad 4	22
Pflegegrad 5	12

Wie viel Personal benötigt die Wellmed GmbH bei dieser Anzahl an Bewohnern?

Auszug aus der Heimpersonalverordnung:

Die nach § 5 Abs. 1 HeimPersV mindestens erforderliche Fachkraftquote von 50 % bedeutet, dass von zwei Kräften jeweils die erste Kraft Fachkraft sein muss.

37. Aufgabe

Wie viele examinierte Pflegekräfte benötigen sie?

Die Kassenärztliche Vereinigung

38. Aufgabe

Welche **drei** der angeführten Aufgaben übernimmt die Kassenärztliche Vereinigung?

1. Sie verwaltet die Approbationen der niedergelassenen Ärzte.
2. Sie sichert die ärztliche Versorgung der Bevölkerung.
3. Sie verhandelt die Berechnungsgrundlagen für die niedergelassenen Ärzte.
4. Sie verwaltet die Praxen der niedergelassenen Ärzte.
5. Sie regelt die Not- und Sonntagdienste der niedergelassenen Ärzte in deren Zuständigkeitsgebieten.

Abrechnungskatalog bei ambulanten Leistungen

39. Aufgabe
Sie sollen die Abrechnung der ambulanten Leistungen durchführen. Nach welchem Abrechnungssystem sind die erbrachten Leistungen für einen Versicherten der AOK abzurechnen?

1. DRG
2. BMÄ
3. GOÄ
4. GOZ
5. EGO

Abrechnungsprozedere bei kassenärztlichen Abrechnungen

40. Aufgabe
An welche Institution senden Sie die in Aufgabe 39 erstellte Rechnung?

1. an die zuständige AOK
2. an den Versicherten selbst
3. an die zuständige Kassenärztliche Vereinigung
4. an eine zentrale Verrechnungsstelle für Ärzte

„Das Gesundheitswesen soll transparenter werden!" Diese Forderung wird immer öfter erhoben. Nicht nur die Politik fordert Transparenz, auch Patienten werden aufgefordert, als gleichberechtigte Partner im Gesundheitswesen zu agieren. In diesem Zusammenhang sind viele Begriffe und Bezeichnungen zu erklären.

Fachbegriffe

41. Aufgabe
Ordnen Sie den unten aufgeführten Begriffen die richtigen Bedeutungen (1–3) zu.

Fachbegriffe:

a) Disease Management
b) Evidence-Based Medicine
c) Case Management

Bedeutungen:

1. vernetztes Behandlungsprogramm für einen einzelnen Patienten
2. Behandlungsleitlinien
3. vernetztes Behandlungsprogramm für eine Gruppe Patienten mit gleicher Erkrankung

42. Aufgabe

Im Sortiment von Apotheken wird der Anteil an OTC-Präparaten immer größer. Was sind OTC-Produkte?

1. Medikamente ohne Patentschutz
2. nicht verschreibungspflichtige Medikamente
3. Präparate mit englischem Beipackzettel
4. verschreibungspflichtige Medikamente

43. Aufgabe

Ordnen Sie den Fachbegriffen die jeweils richtige Bedeutung zu.

Fachbegriffe:

a) Palliativmedizin
b) geriatrische Medizin
c) kurative Medizin

Bedeutungen:

1. Das Ziel dieses speziellen Bereiches der Medizin ist die bestmögliche Heilung und Wiederherstellung der Patienten.
2. Hier handelt es sich um einen Bereich der Medizin, der sich hauptsächlich mit der Befreiung oder Linderung von Symptomen beschäftigt.
3. Dieser Bereich der Medizin befasst sich besonders mit den Leiden alter Menschen.

Gesundheitswesen

Qualitätsmanagement und Managementtechniken

Die Einrichtungen des Gesundheitswesens sind gesetzlich verpflichtet, ein Qualitätsmanagement einzuführen. Zu Ihren Aufgaben gehört es, den QM-Beauftragten der Wellmed GmbH bei der Implementierung eines Qualitätsmanagements zu unterstützen.

44. Aufgabe

Der Begriff „Qualität" wird häufig in deskriptiver (beschreibender) Form benutzt. Wie lautet die Definition des Begriffes Qualität nach DIN EN ISO 8402?

1. Qualität bedeutet eine angemessene Anwendbarkeit.
2. Qualität ist die Summe aller Anwendungsgebiete eines Produktes oder einer Dienstleistung.
3. Qualität ist die Gesamtheit der Merkmale und Merkmalseigenschaften eines Produktes oder einer Dienstleistung bezüglich ihrer Eignung, um festgelegte und vorausgesetzte Erfordernisse zu erfüllen.
4. Qualität ist ein allgemeiner Standard zur Zufriedenheit der externen Kunden.

45. Aufgabe

In welchem Jahr mussten Krankenhäuser lt. Gesetz mit der Einführung eines QM-Systems beginnen?

1. 2003
2. 2004
3. 2005
4. 2006
5. 2007

46. Aufgabe

In welchen Gesetzen ist die Verpflichtung zur Einführung eines Qualitätsmanagements für Unternehmen des Gesundheitswesens verankert?

1. SGB V
2. SGB VII
3. SGB IX
4. SGB XI
5. Heimpersonalverordnung
6. Heimgesetz

47. Aufgabe

Was sind die Hauptziele des Qualitätsmanagements im Gesundheitswesen? Welche **zwei** Antworten sind zutreffend?

1. Alle Beteiligten im Gesundheitswesen sollen in den gleichen Gebieten gleiche Leistungen erbringen.
2. Die Bereiche des Gesundheitswesens sollen für interne und externe Kunden transparent werden.
3. QM-Systeme sollen zusätzliche Kosten verursachen.
4. Institutionen mit identischen Aufgaben sollen miteinander vergleichbar werden.
5. Ärztliche Leistungen sollen gestrichen werden.

Situation zu den Aufgaben 48 und 49

Die Leitung der Wellmed GmbH hat im Zuge der Einführung des Qualitätsmanagements Leitlinien und ein Leitbild für das Unternehmen festgelegt. Diese haben die Funktion, Vorgehensweisen systematisch und angemessen zu regeln.

48. Aufgabe

Aus der SWER-Analyse kann das Leitbild eines Unternehmens abgeleitet werden. Welche **vier** Fragestellungen gehören zur SWER-Analyse?

1. Was sind unsere Schwächen?
2. Was sind unsere Stärken?
3. Welches sind unsere Verbesserungsbereiche?
4. Was erwarten Vorgesetzte von uns?
5. Was erwarten unsere Interessengruppen von uns?
6. Welche Risiken gehen von unseren Interessengruppen heute und in Zukunft aus?
7. Welche Berufsgruppen sind für das Unternehmen wichtig?

49. Aufgabe

Welche **zwei** Antworten beschreiben Vision und Mission eines Unternehmens?

1. Das Unternehmen ist an Visionen und besonderen Missionen beteiligt.
2. Was will unser Unternehmen in den nächsten drei bis fünf Jahren erreichen?
3. Visionen sind grundsätzlich schwierig in Missionen umzusetzen.
4. Was ist der Daseinszweck des Krankenhauses?
5. Missionen ergeben sich aus dem System des Gesundheitswesens.

50. Aufgabe

Viele Krankenhäuser entscheiden sich für eine Kombination aus EFQM und einem QM-System, das von mehreren Spitzenverbänden des deutschen Gesundheitswesens gemeinsam entwickelt wurde. Um welches QM-System handelt es sich?

1. DIN EN ISO
2. Procum Cert
3. KTQ
4. JCI
5. Malcom Baldrige Quality Award

51. Aufgabe

Das EFQM-Modell ist ein QM-System, das sich aus den sogenannten Befähigern und den Ergebnissen als Basis des Handelns zusammensetzt. Welche **vier** Nennungen gehören zu den Befähigern?

1. Kundenzufriedenheit
2. Partnerschaften und Ressourcen
3. Prozesse
4. Mitarbeiterzufriedenheit
5. Politik und Strategien des Unternehmens
6. Mitarbeiter

52. Aufgabe

Die Umsetzung des EFQM-Modells erfolgt durch eine Selbstbewertung. Dieser Ansatz bietet jedem Unternehmen einen großen Freiraum, um individuelle Lösungsmöglichkeiten zur Erfüllung der Kriterien zu finden. Um ein fundiertes Vorgehen der Abfrage und Bewertung zu sichern, wird die RADAR-Logik angewendet. Bringen Sie die folgenden Beschreibungen der einzelnen Bestandteile (1–4) in die richtige Reihenfolge.

Bestandteile:

a) Die Ergebnisse werden durch die Organisation des Unternehmens bewertet. ....
b) Anhand der Befähiger werden Ansätze zur Verbesserung der Ergebnisse gesucht. ....
c) Die gefundenen Ansätze werden in die Organisation eingebracht und umgesetzt. ....
d) Die Wirksamkeit der veränderten Prozesse und Strukturen wird überprüft. ....

Abkürzungen:

1. R
2. A
3. D
4. AR

53. Aufgabe

Es wird ein QM-Steuerkreis eingesetzt. Wie sollte dieser sinnvollerweise zusammengesetzt werden?

1. nur mit Mitgliedern des Vorstandes
2. durch den Aufsichtsrat, da er kontrollierendes Organ ist
3. berufsgruppen- und hierarchieübergreifend, um die Akzeptanz des Projektes auf allen Ebenen zu fördern
4. durch eine bestellte Unternehmensberatungsgruppe
5. nur durch die Chefärzte der einzelnen Abteilungen

54. Aufgabe

Bringen Sie die folgenden Schritte der Einführung eines QM-Systems in die richtige Reihenfolge, indem Sie die Ziffern 1–6 einsetzen.

a) Planung und Durchführung notwendiger Schulungen für die Projektmitglieder
b) Definition des Projektziels
c) Festlegung des Projektsteuerkreises
d) Festlegung des Projektplans mit Benchmarking
e) Zustimmung durch die Leitung des Krankenhauses zur Einführung eines Qualitätsmanagements
f) dokumentierte Selbstverpflichtung aller Beteiligten

55. Aufgabe

Welche beiden Zielformulierungen entsprechen **nicht** den Zielen eines Qualitätsmanagements?

1. Qualifizierung von Mitarbeitern
2. Prozesse optimal gestalten
3. interne Ausstattungsstrukturen verändern
4. Mitarbeiter, die nicht an einem QM-System interessiert sind, werden geringer entlohnt
5. kooperative Veränderungsprozesse
6. Aufbau eines kooperativen Führungsstils
7. Kosten einsparen durch Entlassung von Mitarbeitern

56. Aufgabe

Wenn die notwendigen Strukturen und Prozesse eines Unternehmens festgelegt sind, werden diese in Datenflussdiagrammen dargestellt. Alle festgelegten Informationen werden dokumentiert. Wie nennt sich diese „Sammlung"?

1. Prozessbroschüre
2. Handbuch
3. Hausprospekt
4. Prozesskatalog
5. Handhabung

57. Aufgabe

Der kontinuierliche Verbesserungsprozess (KVP) ist das Basisinstrument des Qualitätsmanagements. Fehler und Abweichungen in den einzelnen Arbeitsprozessen werden systematisch erfasst und behoben. Der KVP besteht nach Deming aus vier Phasen, die auch als PDCA-Zyklus bekannt sind. Ordnen Sie den Phasen die entsprechenden Inhalte zu.

a) Plan
b) Do
c) Check
d) Act

1. vorhandene Probleme eingrenzen und beschreiben
2. die Maßnahmen durchführen
3. mögliche Ergebnisse erfassen
4. einen Soll-Ist-Vergleich durchführen

58. Aufgabe

Nach erfolgreicher Einführung eines QM-Systems strebt das St.-Bonifatius-Hospital eine Zertifizierung an. Es sind unter anderem auch Qualitätskriterien für die seelsorgerischen Prozesse festgelegt worden. Welches Zertifizierungsunternehmen übernimmt die Zertifizierung für konfessionelle Träger?

1. KTQ
2. DIN EN ISO
3. proCum Cert
4. EFQM

Rehabilitation

Sie werden in der Aufnahme der stationären Reha-Abteilung der Wellmed GmbH eingesetzt. Sie müssen den Patienten Fragen zu Rehamaßnahmen und deren Durchführung beantworten.

59. Aufgabe

Welches Buch des Sozialgesetzbuches bildet die Grundlage für Rehabilitation und Teilhabe behinderter Menschen?

1. SGB X
2. SGB V
3. SGB VIII
4. SGB I
5. SGB IX

60. Aufgabe

Welche **drei** der genannten Leistungen sind Leistungen zur Teilhabe behinderter Menschen?

1. Leistungen zur medizinischen Rehabilitation
2. Leistungen zur Teilhabe am Leben in der Gemeinschaft
3. Leistungen zur Wiederherstellung der Gesundheit
4. Leistungen zur Teilhabe am Arbeitsleben

61. Aufgabe

Geeignete medizinische Rehamaßnahmen müssen durch die jeweiligen Träger genehmigt werden. In welchen **zwei** der aufgeführten Fälle wird eine Rehamaßnahme genehmigt?

1. bei Personen mit starker beruflicher Überlastung
2. bei chronischen oder schweren Krankheiten
3. bei Versicherten, die mindestens fünf Jahre Zugehörigkeit zu einer bestimmten Krankenkasse nachweisen können
4. bei häufigen Erkrankungen und stark beeinträchtigter Leistungsfähigkeit

Gesundheitswesen

62. Aufgabe
In der Reha-Abteilung der Wellmed GmbH werden stationäre sowie ambulante Rehabilitationsmaßnahmen durchgeführt. Was versteht man unter stationärer Rehabilitation?

1. Rehabilitation bei chronischer Erkrankung
2. Rehabilitation nach operativem Eingriff
3. Rehabilitation, bei der der Patient Unterkunft und Verpflegung in der Einrichtung erhält
4. Rehabilitation bei einer Krebserkrankung
5. Kinderrehabilitationsmaßnahme

63. Aufgabe
Eine häufig von Patienten gestellte Frage lautet: „Wie oft kann ich eine stationäre medizinische Rehamaßnahme durchführen lassen?"
Welche zutreffende Antwort geben Sie?

1. „Das kommt darauf an, in welcher gesundheitlichen Verfassung Sie sich befinden."
2. „Sie können alle zwei Jahre eine Rehamaßnahme beantragen."
3. „Grundsätzlich können Sie alle vier Jahre eine Rehamaßnahme beantragen."
4. „Sie können nach Ablauf eines Kalenderjahres eine neue Rehamaßnahme beantragen."

64. Aufgabe
Welche Regelung bezüglich der Dauer einer stationären Rehamaßnahme ist zutreffend?

1. Eine stationäre Rehamaßnahme dauert längstens vier Wochen.
2. Eine stationäre Rehamaßnahme ist nicht zeitlich begrenzt.
3. Eine stationäre Rehamaßnahme ist auf zwei Wochen beschränkt.
4. Eine stationäre Rehamaßnahme ist auf drei Wochen beschränkt, kann aber, falls medizinisch notwendig, verlängert werden.

65. Aufgabe
Welche der genannten Regelungen bezüglich der Zuzahlung zu einer stationären Rehamaßnahme ist zutreffend?

1. Die Zuzahlung beträgt pauschal 100,00 € pro Rehamaßnahme.
2. Die Zuzahlung beträgt 10,00 € pro Tag für maximal 28 Tage im Kalenderjahr.
3. Bei Rehamaßnahmen werden keine Zuzahlungen verlangt.
4. Die Zuzahlung ist abhängig von der geleisteten Rehamaßnahme.

Berufe im Gesundheitswesen

Zu den Aufgaben der Personalabteilung gehört auch die Bearbeitung der eingehenden Bewerbungen. Sie werden mit der Aufgabe betraut, die Bewerbungsunterlagen von Bewerbern und Bewerberinnen um einen Ausbildungsplatz zu sichten.

66. Aufgabe

Eine Bewerberin interessiert sich für die Ausbildung zur Gesundheitspflegerin. Sie ruft an und erkundigt sich nach den Voraussetzungen, um solch eine Ausbildung bei der Wellmed GmbH zu absolvieren. Welche Information ist zutreffend?

1. Sie muss als Schulabschluss das Abitur haben.
2. Sie muss die mittlere Reife besitzen oder eine abgeschlossene Berufsausbildung zum Hauptschulabschluss von mindestens zweijähriger Dauer nachweisen.
3. Sie muss mindestens 18 Jahre alt sein.
4. Sie muss mindestens 16 Jahre alt sein.
5. Sie muss mindestens 17 Jahre alt sein.

67. Aufgabe

Die Bewerberin fragt Sie nach der Dauer der Ausbildung und wie die Ausbildung gegliedert ist. Welche **zwei** Aussagen über die Ausbildung zur Gesundheitspflegerin sind zutreffend?

1. Die Ausbildung dauert ein Jahr.
2. Die Ausbildung dauert drei Jahre.
3. Die Ausbildung hat nur theoretische Anteile.
4. Die Ausbildung beinhaltet theoretische und praktische Anteile.

68. Aufgabe

Ein weiterer Bewerber möchte den Beruf des Gesundheitspflegehelfers erlernen. Wie lange dauert die Ausbildung zum Gesundheitspflegehelfer?

1. zwei Jahre
2. ein Jahr
3. drei Jahre
4. sechs Monate

Gesundheitswesen

69. Aufgabe

Während einer Unterhaltung über alternative Medizin fragt sie ein Kollege nach der Ausbildung zum Heilpraktiker. Welche **drei** Antworten bezüglich der Ausbildung zum Heilpraktiker sind zutreffend?

1. Die Ausbildung dauert grundsätzlich zwei Jahre und wird in theoretischer Form durchgeführt.
2. Die Ausbildung dauert sechs Jahre.
3. Die Unbedenklichkeitsprüfung wird vor einem Amtsarzt beim zuständigen Gesundheitsamt abgelegt.
4. Das Mindestalter bei Ablegung der Prüfung ist 25 Jahre.
5. Die Prüfung nimmt die zuständige Universität in Berlin ab.

70. Aufgabe

Welchem Berufsgebiet ordnen Sie den Beruf der/des Kaufmanns/-frau im Gesundheitswesen zu?

1. Gebiet der Pflegeberufe
2. Gebiet der nichtärztlichen medizinischen Berufe
3. Gebiet der unterstützenden kaufmännischen Berufe
4. Gebiet der akademischen Gesundheitsdienstberufe
5. Gebiet der gesundheitssichernden Berufe

71. Aufgabe

Welchen Beruf im Gesundheitswesen umschreibt folgende Aussage: „Die Ausbildung dauert drei Jahre und besteht aus theoretischen und praktischen Unterrichtseinheiten. Das Hauptaufgabengebiet ist die Behandlung von Stimm- und Sprachstörungen."

1. medizinisch-technische/-r Assistent/-in
2. Logopäde/Logopädin
3. pharmazeutisch-technische/-r Assistent/-in
4. Physiotherapeut/-in

Sozialgesetzbuch Fünftes Buch (SGB V)

Das SGB V regelt die Aufgaben und die Beziehungen der Beteiligten im Gesundheitswesen zueinander, sei es die Implementierung von qualitätssichernden Maßnahmen, Kooperationen im Gesundheitswesen oder die Zuständigkeit der Beteiligten. In § 12 SGB V ist das Wirtschaftlichkeitsgebot für Leistungen im Gesundheitswesen definiert. Nach diesem Gebot sind die Leistungen zu erbringen.

Qualitätsmanagement und Managementtechniken

72. Aufgabe

Wie lautet das Wirtschaftlichkeitsgebot nach § 12 SGB V?

1. Die Leistungen müssen ausreichend, zweckmäßig und wirtschaftlich sein; sie dürfen das Maß des Notwendigen nicht überschreiten.
2. Die Leistungen müssen zweckmäßig sein und die Wiederherstellung des Erkrankten garantieren.
3. Die Leistungen müssen den Anforderungen des Patienten sowie der Ärzteschaft gerecht werden.
4. Die Leistungen müssen ausreichend, zweckmäßig und wirtschaftlich sein; Ziel ist es, möglichst alle Patienten zufrieden zu stellen.

73. Aufgabe

Das SGB V regelt unter anderem, dass die Krankenkassen nur Krankenhausbehandlungen durch zugelassene Krankenhäuser erbringen lassen dürfen. Welche Krankenhäuser sind zugelassene Krankenhäuser nach § 108 SGB V?

1. Hochschulkliniken
2. Plankrankenhäuser
3. Privatkliniken
4. Krankenhäuser, die einen Versorgungsvertrag mit den Landesverbänden der Krankenkassen und den Verbänden der Ersatzkassen abgeschlossen haben

> Gemäß § 137c SGB V wurde ein Gemeinsamer Bundesausschuss gebildet, der unter anderem mit der Aufgabe betraut ist, Untersuchungs- und Behandlungsmethoden in Krankenhäusern hinsichtlich der Qualität und der Wirtschaftlichkeit zu bewerten.

74. Aufgabe

Der Gemeinsame Bundesausschuss setzt sich aus verschiedenen Gesellschaften zusammen. Welche drei gehören zu den Mitgliedern?

1. die Spitzenverbände der Krankenkassen
2. die Kassenärztliche Bundesvereinigung
3. die Deutsche Krankenhausgesellschaft
4. der Marburger Bund
5. die Bundesknappschaft

> Seit 1996 können gesetzlich Versicherte ihre Krankenkasse frei wählen. Es besteht eine Mindestzugehörigkeit in einer gewählten Krankenkasse von 18 Monaten.

75. Aufgabe

In welchem Fall ist eine vorzeitige Kündigung der Mitgliedschaft möglich?

1. Eine vorzeitige Kündigung ist möglich, wenn die Krankenkasse ihr Leistungsspektrum verändert.
2. Eine vorzeitige Kündigung ist möglich, wenn der Versicherte über 25 Jahre alt ist.
3. Eine vorzeitige Kündigung ist möglich, wenn die Krankenkasse einen neuen Vorstand wählt.
4. Eine vorzeitige Kündigung ist möglich, wenn die Krankenkasse ihren Beitragssatz ändert.

> Im 9. Kapitel des SGB V finden Sie die Regelungen bezüglich des Medizinischen Dienstes der Krankenversicherung.

76. Aufgabe

Welche **zwei** der genannten Aufgaben nimmt der Medizinische Dienst wahr?

1. die Überprüfung der Inhalte von ärztlichen Behandlungsplänen
2. die Prüfung der eingehenden Abrechnungen von zugelassenen Ärzten
3. die Untersuchung eines Antragstellers vor der Aufnahme in eine Krankenkasse
4. die Prüfung einer Kostenübernahme bei einer ärztlichen Behandlung im Ausland

77. Aufgabe

Mit dem § 140 a–d SGB V ist die Rechtsgrundlage für eine integrierte Versorgung geschaffen worden. Welches Ziel wird mit der integrierten Versorgung verfolgt?

1. Die Patienten sollen stärker in die Behandlung integriert werden.
2. Die Beteiligten im Gesundheitswesen sollen übergreifend arbeiten.
3. Schwerbehinderte sollen stärker in den Leistungsprozess integriert werden.
4. Die Integration der Mitbürger ohne Krankenversicherung soll gefördert werden.

Lösungen und Erläuterungen

Lösungen und Erläuterungen zu den Aufgaben des Prüfungsbereiches 1.1

Geschäfts- und Leistungsprozesse in Einrichtungen des Gesundheitswesens

Dienstleistungserstellung, Marketing, Kundenorientierung und Kommunikation

Dienstleistungserstellung, Marketing, Kundenorientierung und Kommunikation

Lösung zur Aufgabe 1

1. Product (Leistungen):
- Ausstattung der Zimmer
- Kleinwohnungen
- Menü-Auswahl
- besondere ärztliche Betreuung

2. Price (Preis):
- besondere Staffelung des monatlichen Entgeltes, je nach Einrichtung und Anzahl der Quadratmeter
- Kooperation mit anderen Altenheimen im Bereich Einkauf
- Kooperation im personellen Bereich
- Entgelte für weitere angebotene Dienstleistungen

3. Place (Distribution):
- gute Anbindung an öffentliche Verkehrsmittel
- (kostenfreie) Parkmöglichkeiten (evtl. Park and Ride)
- gute Verkehrsanbindung
- gute Ausschilderung/Wegbeschreibung (z. B. auch im Internet)
- Ruhige Lage der Einrichtung
- Fahrservice

4. Promotion (Werbung bzw. Öffentlichkeitsarbeit)
- Tag der offenen Tür
- besondere Beratungsgespräche
- Anzeigen in Tageszeitungen
- kulturelle Veranstaltungen wie Kammerkonzerte, die auch der Allgemeinheit offenstehen.

Die Reihenfolge der Ps ist unerheblich.

Erläuterung zur 1. Aufgabe

Der klassische Marketing-Mix nach McCarthy stützt sich auf vier Absatzinstrumente, auch bekannt als die „Vier Ps".

1. Product = Produktqualität
- Qualität
- Ausstattung
- Verpackung
- Programm/Sortiment
- Service/Kundendienst

2. Price = Preisgestaltung
- Preise
- Rabatte
- Konditionen
- Absatzfinanzierung

3. Place/Distribution
- Gebiete
- Organe
- Logistik
- Absatzkanäle

4. Promotion/Kommunikation
- Werbung
- Verkaufsförderung
- Public Relations

Jedes Basisinstrument umfasst eine Vielzahl von Einzelinstrumenten. Die Planung des Marketing-Mix beinhaltet die systematische Auswahl und Kombination von Marketinginstrumenten zur Erreichung der Absatzziele. Bei der Durchführung im Gesundheitswesen sind die Inhalte des Heilmittelwerbegesetzes zu beachten.

Lösungen und Erläuterungen zur 2. Aufgabe

Lösung zur Aufgabe 2.1

- Sind Sie mit der Zimmerausstattung zufrieden?
- Welche Einrichtungen unseres Hauses schätzen Sie besonders?
- Wie sind Sie mit der Betreuung durch das Pflegepersonal zufrieden?
- Schmecken Ihnen die Mahlzeiten und sind die Portionen ausreichend?
- Was gefällt Ihnen besonders an unserem Haus?
- Haben Sie Verbesserungsvorschläge?
- In welcher Art von Zimmer sind Sie untergebracht?
- Was vermissen Sie in Ihrem Zimmer?
- Gehen Sie ins Kino, Theater oder besuchen Sie andere kulturelle Einrichtungen?
- Kennen Sie den Heimbeirat?

Außerdem weitere Fragestellungen, die das Ziel verfolgen, Informationen über Ausstattung und Arbeitsprozesse zu bekommen.

Erläuterung zur 2. Aufgabe

Das wichtigste Instrument zur Ermittlung von Ist-Situationen ist der Fragebogen. Dieser wird, je nach Einsatzgebiet, den externen sowie den internen Kunden zur Beantwortung vorgelegt. Bei der Gestaltung der Fragen gibt es folgende Möglichkeiten:

Die Fragetechniken

1. Offene Fragen

Offene Fragen werden so gestellt, dass der Befragte **nicht** mit Ja oder Nein antworten kann. Die Beantwortung der offenen Fragen sowie deren Auswertung benötigen mehr Zeit. Die so gewonnenen Antworten sind aussagefähiger als bei einer geschlossenen Frage.

Beispiel
Frage: Welche Ausstattungsmerkmale vermissen Sie in Ihrem Zimmer?
Antwort: Ich vermisse ein Radio, einen Fernseher usw.

2. Geschlossene Fragen

Diese Art der Fragestellung lässt nur ein Ja oder ein Nein als Antwort zu. Die Beantwortung sowie die Auswertung von geschlossenen Fragen sind schnell durchzuführen. Geschlossene Fragen geben nur unzulängliche Informationen. Würde im folgenden Beispiel mit einem „Ja" geantwortet, hätten Sie die Information, dass der Befragte mit dem Essen zufrieden ist. Wäre die Antwort „Nein", wüssten Sie, dass der Befragte nicht zufrieden ist. Bei beiden Antworten hätten Sie keine Anhaltspunkte, warum der Befragte zufrieden oder nicht zufrieden ist.

Beispiel
Frage: Schmeckt Ihnen unser Essen?
Antwortmöglichkeit: Ja/Nein

3. Kombinierte Fragen

Die kombinierte Fragestellung ist in zwei Abschnitte oder Phasen unterteilt. In der ersten „Phase" wird eine geschlossene Frage gestellt, die mit Ja oder Nein beantwortet werden kann. Im Anschluss daran wird eine zusätzliche, offene Frage gestellt.

Beispiel
Frage: Sind Sie mit unserer Menüzusammenstellung zufrieden?

Antwortmöglichkeit: Ja/Nein

Wenn Sie mit Nein geantwortet haben, verraten Sie uns bitte, warum Sie nicht zufrieden sind.

4. Suggestivfragen

Suggestivfragen beinhalten bereits in der Fragestellung eine Antwort oder sollen mindestens Anreiz zur Abgabe einer erwünschten Antwort geben. Um möglichst objektive Informationen zu bekommen, sollten Suggestivfragen in einem Fragebogen vermieden werden.

Beispiel
Frage: Sind Sie nicht auch der Meinung, dass unsere Zimmer besonders gut ausgestattet sind?
Antwort: Ja, das stimmt.

5. Fragen mit Antwortskala

Hier findet eine Bewertung nach dem „Schulnotensystem" statt. Häufig wird auch mit Piktogrammen gearbeitet.
Fragen mit Antwortskala sind genau wie geschlossene Fragen schnell zu beantworten und schnell auszuwerten. Genau wie geschlossene Fragen geben Fragen mit Antwortskala aber nur unzulängliche Informationen.

Beispiel
Bewerten Sie bitte die Freundlichkeit unseres Pflegepersonals durch Ankreuzen der entsprechenden Bewertung.

Antwortmöglichkeit 1.:

Kreuzen Sie bitte an: 1 2 3 4 5 6
1 = sehr gut, 6 = ungenügend.

Antwortmöglichkeit 2.:

Kreuzen Sie bitte an:
☺ 😐 ☹

Lösung zur Aufgabe 2.2

a) gerundetes Ergebnis = 2,6 (2,59)

Erläuterung zur Aufgabe 2.2

Rechenweg:

Note		Anzahl der abgegebenen Noten		Ergebnis
1 = sehr gut	multipliziert mit	85	=	85
2 = gut		112	=	224
3 = befriedigend		145	=	435
4 = ausreichend		65	=	260
5 = mangelhaft		18	=	90
6 = ungenügend		2	=	12
Summen:		427		1.106

1.106 : 427 = 2,5901   gerundetes Ergebnis 2,6

Erläuterung zum Lösungsweg

1. Man ermittelt die Produkte aus den einzelnen Noten und den abgegebenen Beantwortungen.
2. Man addiert die Anzahl der abgegebenen Noten und Produkte aus 1.
3. Man teilt die Summe der Produkte durch die Summe aller abgegebenen Noten.

Lösung zur Aufgabe 2.3

b) Die Frage ist so gestaltet, dass es eine Note für die Ausstattung der Zimmer gibt. Bei einer schlechten Benotung ist nicht zu erfahren, was den Bewohnern nicht gefällt oder was sie stört.

Erläuterung zu Aufgabe 2.3

Beachten Sie den Lösungshinweis zur 2. Aufgabe (Fragen mit Antwortskala).

Lösungen und Erläuterungen zur 3. Aufgabe

Lösung zu Aufgabe 3.1

Sinnvolle Zielgruppen für eine Einladung zum „Tag der offenen Tür" eines Altenheimes sind:
- Bewohner und deren Angehörige
- ambulante Pflegedienste
- behandelnde Ärzte
- Pflegekassen
- Bekannte oder Verwandte, die bereits Angehörige im Heim haben
- Krankenkassen

Erläuterung zu Aufgabe 3.1

Bei einem „Tag der offenen Tür" handelt es sich um eine Maßnahme der Public Relations (Öffentlichkeitsarbeit). Die Öffentlichkeitsarbeit umfasst alle Maßnahmen eines Unternehmens, das sein Ansehen in der Öffentlichkeit pflegen oder verbessern möchte.

Maßnahmen der Public Relations (PR):
- Spenden
- Tag der offenen Tür
- Veranstaltungen wie Sommerfeste, Weihnachtsfeiern, bei denen kein Absatz (Verkauf) getätigt wird
- kostenlose Kundenzeitschrift
- Sponsoring

> **Slogan für PR: „Tue Gutes und sprich darüber!"**

Bei einer PR-Maßnahme muss festgelegt werden, an wen sich die Aktivitäten oder das geplante Event wenden soll. Zielgruppen sind potenzielle Kunden und Personen, die potenzielle Kunden hinsichtlich eines Heimaufenthaltes beraten.

Lösung zu Aufgabe 3.2

- Wochenende vs. Wochentag
- Ferienzeit vs. außerhalb der Ferienzeit

Erläuterung zu Aufgabe 3.2

Vorteile eines Wochentags
- Personaleinsatz ist einfacher und günstiger
- Besucher von Institutionen wie Pflege- oder Krankenkassen machen aus dem Besuch einen Geschäftstermin.

Vorteile eines Wochenendes
- Besucher haben Freizeit
- Familien können die Veranstaltung gemeinsam besuchen.

Vorteile der Durchführung während der Ferienzeit
- In den Ferien können mehr Besucher an Wochentagen zum geplanten Event kommen.
- Eltern können auch an Wochentagen ihre Kinder mitbringen.

Lösungen und Erläuterungen zur 4. Aufgabe

Lösung zu Aufgabe 4.1

Das Heilmittelwerbegesetz hat die Aufgabe, den Endverbraucher bzw. die Personen, die nicht zu dem sogenannten Fachkreis zählen, vor Missbrauch von Medikamenten und Hilfsmitteln und Selbstmedikation sowie vor irreführender Werbung zu schützen.

Lösung zu Aufgabe 4.2

Das Heilmittelwerbegesetz untersagt die Zusicherung von Erfolgen (§ 3 Abs. 2a).
Mit „garantierten Erfolgen" darf nicht geworben werden.
Es ist untersagt, mit Dankesschreiben oder Empfehlungen zu werben (§ 11 Abs. 11).
Die Aussage „Garantiert keine Nebenwirkungen" ist nicht erlaubt (§ 3 Abs. 2b).

Lösungen und Erläuterungen zur 5. Aufgabe

Lösung zu Aufgabe 5.1

Das Internet als Werbeträger bietet folgende Vorteile:
- Beim Zugriff auf die Homepage der Wellmed GmbH gibt es keine zeitliche Beschränkung. Die Homepage ist 24 Stunden am Tag zugänglich.
- Der Kreis der Internetnutzer wird immer größer, sodass ein Vorteil in der Streuung der Werbung liegt.
- Die Kosten eines Internetauftrittes, verbunden mit den vorher genannten Vorteilen, sind im Gegensatz zu Zeitungsanzeigen oder Werbespots in lokalen Radio- oder Fernsehsendern günstiger.

Lösung zu Aufgabe 5.2

Werbemittel:
- Anzeige
- Spot
- Film
- Plakat
- Homepage

Werbeträger:
- Zeitung
- Fernsehsender
- Rundfunksender
- Plakatwand
- Internet
- Bandenwerbung

Erläuterung zu Aufgabe 5.2

Werbemittel und Werbeträger

Den Werbenden steht eine Vielzahl von Werbemöglichkeiten zur Verfügung. Um den gewünschten Werbeerfolg zu erzielen, muss die Kombination der geeigneten Werbemittel und Werbeträger gefunden werden. Werbemittel und Werbeträger sind in der Regel eng miteinander verbunden.

- Werbemittel sind die Instrumente der Werbung
- Werbeträger sind die Medien, die benutzt werden, um die Werbebotschaft an den Kunden zu bringen.

Es gibt Werbemittel, die gleichzeitig Werbeträger sind. Hierzu gehören:

- Prospekte
- Handzettel
- Flyer
- Werbebriefe

Lösungen und Erläuterungen zur 6. Aufgabe

Lösung zu Aufgabe 6.1

Primärforschung = Field-Research

Primärforschung ist die erstmalige Erhebung von Informationen, d.h., hier werden die erforderlichen Informationen neu erhoben.

Beispiele: Es werden neue Umfragen durchgeführt oder ein neues Produkt wird auf einem Testmarkt erprobt.

Sekundärforschung = Desk Research

Marktforschung mithilfe von bereits vorhandenen Daten.

Beispiele: Die Umsatzzahlen des letzten Jahres dienen als Planungsvorlage für das kommende Jahr. Fachzeitschriften geben Auskünfte über eine bestimmte Marktsituation.

Lösung zu Aufgabe 6.2

Mögliche Instrumente der Primärforschung:
- Befragung
- Panel-Befragung
- Interview
- Experiment

Mögliche Instrumente der Sekundärforschung:
- eigene Zahlen aus dem Controlling
- Statistiken
- Fachberichte

Lösung zu Aufgabe 6.3

Ziel der Marktbeobachtung sowie der Marktanalyse ist die Marktprognose. Sie umfasst Vorhersagen zukünftiger Marktverhältnisse.

Erläuterungen zu den Aufgaben 6.1, 6.2 und 6.3

Marktforschung als Grundlage absatzpolitischer Entscheidungen und Strategien

Marktforschung ist die systematische Beschaffung und Aufbereitung von Informationen über einen bestimmten Markt.

Formen der Informationsgewinnung

Die Formen der Informationsgewinnung sind die Primär- und die Sekundärforschung. Bei der Primärforschung werden die erforderlichen Daten neu erhoben. Die möglichen Instrumente der Primärforschung sind die Befragung, die Panel-Befragung, das Interview und das Experiment. Der Vorteil der Primärforschung liegt in der Aktualität der Daten. Als Nachteil sind die hohen Kosten zu nennen.
Die Sekundärforschung stütz sich auf bereits vorhandene Daten, die meist für einen anderen Zweck als die der Marktforschung gewonnen wurden. Mögliche Instrumente sind eigene Zahlen aus dem Controlling, Fachberichte und Statistiken sowie Auftragsbücher und Berichte von Außendienstmitarbeitern. Einer der Vorteile der Sekundärforschung sind die geringen Kosten. Nachteil: Die verwendeten Datenquellen sind subjektiv aufbereitet und nicht aktuell.

Ziel der Marktbeobachtung sowie der Marktanalyse ist die Marktprognose. Die Marktprognose umfasst Vorhersagen zukünftiger Marktverhältnisse. Aus der Aufgabe, zukünftige Märkte oder Marktansprüche vorherzusagen, ergeben sich die Probleme der Marktprognose. Märkte verändern sich häufig durch nicht vorhersehbare Ereignisse wie Konjunkturschwankungen, Trends und Gesetzesänderungen.

Lösungen und Erläuterungen zur 7. Aufgabe

Lösung zu Aufgabe 7.1

Der Marketing-Mix ist die Auswahl und Kombination der einzelnen Marketinginstrumente, um den größtmöglichen Marketing-Erfolg zu erzielen.

Erläuterung zu Aufgabe 7.1

Bedeutung des Begriffes Marketing:

Marketing ist das Führen eines Unternehmens vom Markt her. Die absatzpolitischen Instrumente sind die „Werkzeuge" des Marketings.

Die absatzpolitischen Instrumente

Sortimentspolitik

Das Sortiment ist die Summe aller Waren oder Dienstleistungen, die ein Unternehmen anbietet. Alle Entscheidungen bezüglich der Zusammenstellung nennt man Sortimentspolitik.
Das Leistungsspektrum eines Krankenhauses ist als Sortiment zu bezeichnen. Anhand der unterschiedlichen Fachabteilungen und deren Kooperationen stellt das Krankenhaus sein Leistungsangebot zusammen.

Preispolitik

Im Rahmen der Preispolitik werden alle Entscheidungen bezüglich der Endpreise und möglicher Nachlässe getroffen.
Eine freie Preisgestaltung ist bei gesetzlichen Leistungen im Gesundheitswesen nicht möglich, da diese von den Verbänden der Krankenkassen und den Krankenhäusern ausgehandelt werden. Durch

die Einführung des neuen Abrechnungssystems, der Diagnosis Related Groups, ist die Entgeltgestaltung bezüglich der Leistungen noch stärker eingeschränkt. Daher ist hier eine subjektive Preisgestaltung nicht möglich. Bei den ärztlichen und nichtärztlichen Wahlleistungen können bis zu einem bestimmten Maße die Preise selbst gestaltet werden.

Servicepolitik

Dieses Instrument setzt sich mit allen Leistungen auseinander, die ein Unternehmen neben seiner Hauptleistung anbietet.

Da das Gesundheitswesen eine Dienstleistungsbranche ist, wird Service immer wichtiger. Durch die Einführung von Qualitätsmanagement und leistungsbezogenem Entgeltsystem wird der Druck auf die Krankenhäuser, einen kundenorientierten Service zu bieten, immer größer. Daher werden Dienstleistungen wie ein Wäscherei- oder Bademantelservice immer häufiger angeboten.

Kommunikationspolitik

Hierzu gehören:

Werbung

Alle Maßnahmen, die ein Produkt oder eine Dienstleistung bekannt machen sollen, sind Werbemaßnahmen, also Werbung.

Speziell Krankenhäuser haben bisher keine oder eher geringe Werbeaktivitäten gezeigt. Die Notwendigkeit, ein Krankenhaus werbewirksam darzustellen, bestand bisher nicht. Durch die Reformierung des Gesundheitswesens und die damit verbundenen Gesetzesänderungen (u. a. DRG, Fallzahlen) wird das Umwerben des Kunden aber zu einem zentralen Thema. Allerdings sind die Werbemöglichkeiten durch das Heilmittelwerbegesetz stark eingeschränkt. Daher fällt der Öffentlichkeitsarbeit die größere Bedeutung zu.

Public Relations = Öffentlichkeitsarbeit

Öffentlichkeitsarbeit umfasst alle Maßnahmen eines Unternehmens, die sein Ansehen in der Öffentlichkeit pflegen oder verbessern.

Das Image eines Krankenhauses ist von den erbrachten Leistungen, dem Personal und seiner Ausstattung abhängig. Die fachliche Beurteilung durch den Patienten ist problematisch, die Beurteilung der Ausstattung aber nicht. Daher ist ein Tag der offenen Tür eine wirksame Maßnahme, potenziellen Kunden ein Krankenhaus zu präsentieren. Eine weitere Möglichkeit sind Arzt-Patienten-Seminare, die zu bestimmten Themen angeboten werden.

Sales Promotion = Verkaufsförderung

Die Verkaufsförderung umfasst alle Maßnahmen, mit denen ein Produkt oder eine Dienstleistung dem Kunden so nahe wie möglich gebracht wird.

Der kostenlose Blutdruck-Check ist eine Maßnahme der Sales Promotion. Nicht zu vergessen sind die Schulungen der Mitarbeiter, sei es eine Schulung am neuen Computertomographen oder das Arzt-Arzt-Seminar.

Distributionspolitik = Verteilungspolitik

Wie kommt das Produkt vom Hersteller bzw. Erzeuger zum Endverbraucher? Dieser Weg wird in der Distributionspolitik festgelegt.

Apotheken müssen in der Lage sein, bestimmte Medikamente wie Salben oder Tinkturen selbst herzustellen. In solch einem Falle kann man von direktem Absatz reden, da das Produkt direkt vom Hersteller an den Endverbraucher verkauft wird.

Lösung zu Aufgabe 7.2

Das Heilmittelwerbegesetz findet Anwendung auf die Werbung für Arzneimittel, Medizinprodukte und andere Mittel. Es gilt für Verfahren sowie Behandlungen und Gegenstände, die der Erkennung und Beseitigung sowie der Linderung von Krankheiten und Körperschäden dienen.

Wellness-Anwendungen wie kosmetische Behandlungen, Sauna, Solarium oder Aromatherapien fallen nicht unter den Geltungsbereich des Heilmittelwerbegesetzes, da sich der Begriff Wellness auf das allgemeine Wohlbefinden des Menschen bezieht und nicht auf das Erkennen oder Beseitigen von Krankheiten.

Erläuterung zu Aufgabe 7.2

Heilmittelwerbegesetz

§ 1 Anwendungsbereich
Dieses Gesetz findet Anwendung auf die Werbung für
1. Arzneimittel im Sinne § 2 des Arzneimittelgesetzes,
1a. Medizinprodukte im Sinne des § 3 Medizinproduktegesetzes,
2. andere Mittel, Verfahren, Behandlungen und Gegenstände, soweit sich die Werbeaussage auf die Erkennung, Beseitigung oder Linderung von Krankheiten, Leiden, Körperschäden oder krankhaften Beschwerden bei Mensch oder Tier bezieht.

Lösungen und Erläuterungen zur 8. Aufgabe

Lösung zu Aufgabe 8.1

- offener Stand zur Gruppe
- deutliche und freundliche Sprache
- auf Fragen und Einwände der Gruppe eingehen

Lösung zu Aufgabe 8.2

- Beamer und PC
- Flipchart
- Meta-Wand
- Whiteboard

Erläuterung zu den Aufgaben 8.1 und 8.2

Bei einer Präsentation werden einem Publikum Sachverhalte oder Projekte vorgestellt. Im Gegensatz zu einer Rede wird eine Präsentation immer durch Medien unterstützt. Mögliche Medien sind Flipchart, Overheadprojektor, PC und Beamer. Der Inhalt einer Präsentation wird immer von der vortragenden Person vor- bzw. aufbereitet.

Informationen werden über unterschiedliche Kanäle aufgenommen.

- Ein visuell ausgeprägter Mensch nimmt mehr Informationen durch das Sehen auf.
- Auditiv ausgeprägte Menschen lernen besser durch Zuhören.
- Am intensivsten erreicht man ein Publikum, indem man die Gefühlsebene anspricht. Zu diesem Zweck verteilt man Proben, Muster oder auch Handouts.

Es sollten möglichst alle „Aufnahmekanäle" des Publikums genutzt werden. Der Moderator hält immer Augenkontakt zum angesprochenen Personenkreis. Damit signalisiert er Interesse und Zugehörigkeit sowie Aufmerksamkeit.

Der Körper ist immer dem Publikum zugewandt. Der Moderator vermittelt dadurch Präsenz und Standfestigkeit, auch im vorzutragenden Thema. Die Aussprache ist deutlich und in einem angemessenen Tempo. Er gibt den Zuhörern damit die Möglichkeit, dem Vortrag inhaltlich zu folgen. Gleichzeitig schafft sich der Vortragende selbst gedankliche Pausen. Der Moderator vermeidet den Einsatz von zu vielen oder nicht bekannten Fremdwörtern. Das schafft Akzeptanz und überfordert die zuhörende Personengruppe nicht.

Lösungen und Erläuterungen zur 9. Aufgabe

Lösung zur 9. Aufgabe

Die Auswahlantwort 2 ist richtig.

Erläuterung zur 9. Aufgabe

Ein Brainstorming ist eine „Stoffsammlung" zu einem vorher bestimmten Thema. Die Beteiligten nennen spontan alle Ideen zum Thema. Es gilt der Grundsatz: „Quantität vor Qualität". Sind alle Beiträge notiert, findet eine gemeinsame Diskussion hinsichtlich des Ergebnisses statt.

Lösungen und Erläuterungen zur 10. Aufgabe

Lösungen zu Aufgabe 10.1

Merkmale des Internets
- weltweites, internationales Netzwerk, bei dem alle Rechner miteinander verbunden sind
- für jeden erreichbar, der einen Internetzugang hat

Merkmale eines Intranets
- Netzwerk in einer Unternehmung
- Es können Zugriffsbeschränkungen im Unternehmen vergeben werden, sodass nicht jeder Mitarbeiter auf jede Information zugreifen kann.

Erläuterung zu Aufgabe 10.1

Das Internet

Das Internet ist die Gesamtheit aller weltweit zusammengeschlossenen Computer-Netzwerke, die nach einem standardisierten Verfahren miteinander kommunizieren. Dazu gehören einerseits die dauernd über Standleitungen verbundenen Knotenrechner und Server, von denen diejenigen, die die „Hauptverkehrs-Strecken" und überregionale Verbindungen darstellen, auch Backbones (Rückgrat) genannt werden. Auch die Computer der Internetnutzer, die nur zeitweise online sind, stellen einen Teil des Internets dar. Insgesamt waren ca. 94.265.900 Nutzer (1994) ständig verbunden und mehr als 580 Millionen (2002) zeitweise mit dem Internet verbunden. Allein in Deutschland waren im Jahr 2020 laut Statistischem Bundesamt 66,4 Millionen Menschen mit dem Internet verbunden.

Das Intranet

Bezeichnung für ein firmeninternes Computernetzwerk, welches dem Internet nachempfunden ist und dazu dient, den Mitarbeitern firmeninterne Inhalte zu vermitteln.

Das Extranet

Beim Extranet handelt es sich um ein Netzwerk, über das Mitarbeiter einer bestimmten Firma sowie deren Kunden und Dienstleister miteinander kommunizieren können.

Lösungen zu Aufgabe 10.2

Möglichkeiten der Datensicherung
- Sicherheitskopien erstellen
- externe Datenspeicher nutzen
- automatische Datensicherung, die im Hintergrund permanent läuft
- Back-ups in festgelegten zeitlichen Abständen

Möglichkeiten des Datenschutzes

Organisatorische Maßnahmen
- räumliche Zugangsbeschränkungen durch Code-Karten
- abschließbare Büros

Technische Maßnahmen
- Code- und/oder Passwort
- Verschlüsselung von Daten
- Protokollierung der Zugriffe
- Fingerabdrucksensoren
- Netzhautscanner

Erläuterung zu Aufgabe 10.2

Datensicherung

Der Begriff Datensicherung beschreibt den Vorgang, gesammelte und verarbeitete Daten vor Verlust zu schützen.

Möglichkeiten, Daten zu sichern:
- jede Datei doppelt speichern, z. B auf der Festplatte und auf einem externen Speichermedium wie Datenstick, externer Festplatte oder DVD
- Betriebsprogramme bieten ein so genanntes Back-up an. Dadurch werden alle wichtigen Daten ebenfalls komplett auf externe Speichermedien kopiert.
- Die meisten Betriebsprogramme verfügen über die Möglichkeit der automatischen Speicherung. In diesem Falle werden in gleichen zeitlichen Abständen Dateien gespeichert.

Datenschutz

Erstmals in den Fokus des öffentlichen Interesses geriet das Thema Datenschutz in den siebziger Jahren des vorigen Jahrhunderts. Grund war die zunehmend automatisierte Verarbeitung von personenbezogenen Daten.

Die vorrangige Aufgabe des Datenschutzes ist das Recht auf informationelle Selbstbestimmung der Bürger. Es soll jedem die Befugnis gegeben werden, grundsätzlich selbst über Preisgabe und Verwendung von Daten bezüglich seiner Person zu bestimmen. Basis ist das Persönlichkeitsrecht des Artikels 2 in Verbindung mit dem Schutz der Menschenwürde in Artikel 1 des Grundgesetzes. Mit personenbezogenen Daten darf nur unter einem Erlaubnisvorbehalt umgegangen werden. Personenbezogene Datenverarbeitung ist nur ausnahmsweise erlaubt, und zwar dann, wenn das Datenschutzgesetz oder eine andere Rechtsvorschrift dies vorsieht oder der betroffene Bürger in sie einwilligt.

Ziel aller Gesetze und Verordnungen ist es, mit den personenbezogenen Daten so umzugehen, dass sie nicht missbräuchlich verwendet werden. Die sachgerechte Verarbeitung ist durch technische und organisatorische Maßnahmen sicherzustellen.

Geltende Gesetze:
- Bundesdatenschutzgesetz
- Datenschutzgesetze der einzelnen Bundesländer
- Landeskrankenhausgesetze der Länder

Lösung zu Aufgabe 10.3

- direkter Zugriff aller Beteiligten
- direkte Informationswege
- Zugriffsbeschränkungen sind möglich

Erläuterung zu Aufgabe 10.3

Die digitale Patientenakte ist ein elektronisches Medium. Es können Dokumente sowie digitales Bildmaterial abgespeichert werden. Der Einsatz der digitalen Patientenakte bietet den Vorteil der schnellen Informationsmöglichkeit. Voraussetzung ist der Einsatz eines Netzwerkes (Intra- oder Extranet). Alle Berechtigten haben Zugriff auf die gesammelten Informationen. Durch Passwörter ist es möglich, den Zugriff auf bestimmte Informationen zu beschränken.

Lösungen und Erläuterungen zur 11. Aufgabe

Lösung zu Aufgabe 11.1

Unterscheidung der Wahlleistungen, § 17 Krankenhausentgeltgesetz (KHG)

Das Krankenhausentgeltgesetz unterscheidet Wahlleistungen in **wahlärztliche Leistungen** wie Chefarztbehandlung und in **nichtärztliche Wahlleistungen** wie die Art der Unterkunft, z. B. Zwei- oder Einbettzimmer.

Erläuterung zu Aufgabe 11.1

Die Wahlleistungen sind gesondert zu berechnen und müssen zwischen dem Patienten und dem Krankenhaus vereinbart werden (schriftlicher Vertrag). Die Wahlleistungen dürfen die allgemeinen Krankenhausleistungen nicht beeinträchtigen. Der Patient ist über die Höhe der Entgelte zu informieren.

Wahlärztliche Leistungen

Eine Vereinbarung über wahlärztliche Leistungen erstreckt sich auf alle an der Behandlung des Patienten beteiligten angestellten oder beamteten Ärzte des Krankenhauses, soweit diese zur gesonderten Berechnung ihrer Leistungen im Rahmen der vollstationären und teilstationären sowie einer vor- und nachstationären Behandlung berechtigt sind, einschließlich der von diesen Ärzten veranlassten Leistungen von Ärzten und ärztlich geleiteten Einrichtungen außerhalb des Krankenhauses. Darauf ist in der Vereinbarung hinzuweisen.

Nichtärztliche Wahlleistungen

Die nichtärztlichen Wahlleistungen betreffen die Unterkunft des Patienten. Die Deutsche Krankenhausgesellschaft und der Verband der privaten Krankenversicherungen können Empfehlungen zur Bemessung der Entgelte für nichtärztliche Wahlleistungen abgeben. Die Vereinbarung über eine gesondert berechenbare Unterkunft darf nicht von einer Vereinbarung über sonstige Wahlleistungen abhängig gemacht werden.

Lösung zu Aufgabe 11.2

IGeL = Individuelle Gesundheitsleistungen

Individuelle Gesundheitsleistungen sind Diagnose- und Behandlungsmethoden, die nicht zum Leistungskatalog der gesetzlichen Krankenversicherungen gehören. Diese Leistungen sind vom Versicherten selbst zu zahlen.

Erläuterung zu Aufgabe 11.2

Die sogenannte IGeL-Liste enthält Diagnose- und Behandlungsmethoden, die nicht zum Leistungskatalog der gesetzlichen Krankenversicherungen zählen. Diese Leistungen können nicht als kassenärztliche Leistung abgerechnet werden. Sämtliche Inhaltspunkte der IGeL-Liste sind daher vom Patienten privat zu zahlen. Diese Liste wurde Anfang 1998 von der Kassenärztlichen Bundesvereinigung und den freien ärztlichen Berufsverbänden vorgelegt. Die Spitzenverbände der gesetzlichen Krankenkassen lehnen diese Leistungen als nicht notwendig ab.

Lösung zu Aufgabe 11.3

Mögliche zusätzliche nichtärztliche Wahlleistungen:
- zusätzliche Menüwahl
- Internetanschluss im Zimmer
- Spielfilmauswahl (Pay-TV)
- Wäschereiservice
- Bademantel- und Handtuchservice

Erläuterung zu Aufgabe 11.3

Die Definitionen der unterschiedlichen Wahlleistungen sind bereits in den Erläuterungen zu Frage 11.1 wiedergegeben. Bei den nichtärztlichen Wahlleistungen bieten Krankenhäuser Dienstleistungen und Waren an, die den Aufenthalt eines Patienten angenehm gestalten sollen. Mögliche nichtärztliche Wahlleistungen sind die Unterbringung im Einzelzimmer, die tägliche Zeitung, zusätzliche Fernsehprogramme wie Pay-TV und der Wäschereiservice. Im Zuge der Kosteneinsparungen im Gesundheitswesen sind die Krankenhäuser darauf bedacht, möglichst viele Wahlleistungen anzubieten. Für ärztliche und bestimmte nichtärztliche Wahlleistungen wie Einzelzimmer können private Versicherungen abgeschlossen werden. 2018 haben ca. 25,5 Mio. gesetzlich Versicherte eine private Zusatzversicherung für Wahlleistungen abgeschlossen.

Lösungen und Erläuterungen zur 12. Aufgabe

Lösung zu Aufgabe 12.1

Die Kundin wird in ein separates Besprechungszimmer gebeten. Man bietet ihr einen Platz und etwas zu trinken an. Die Kundin soll in Ruhe und ausführlich die Beschwerde vorbringen. Zur weiteren Bearbeitung des Falles werden während des Gespräches schriftliche Aufzeichnungen gemacht. Der Kundin wird ein angemessener Lösungsvorschlag unterbreitet.

Erläuterung zu Aufgabe 12.1

Ein Beschwerdegespräch verläuft in zwei Phasen:
- Konflikt- oder Beschwerdeanalyse
- Konflikt- oder Beschwerdelösung

In der ersten Phase eines Beschwerdegespräches soll der beschwerdeführenden Person ermöglicht werden, den Vorgang, der zu der Beschwerde geführt hat, genauestens zu schildern. Der separate Raum, in dem das Gespräch stattfindet, ist gemütlich und ruhig. Keine Telefonate oder Anfragen von Kollegen dürfen das Gespräch stören. Um den Vorgang festzuhalten, macht sich der Beschwerdemanager Notizen. Die Regeln des aktiven Zuhörens sind anzuwenden, indem der Zuhörende den Redner nicht unterbricht, Augenkontakt hält und keine Zeichen einer Bewertung von sich gibt. Ist die

Beschwerde ausgesprochen, fasst der Beschwerdemanager die Aufzeichnungen zusammen und lässt sich die Zusammenfassung bestätigen. Dieser Vorgang beugt Missverständnissen vor und unterstreicht das aktive Zuhören.

Ist die Beschwerde klar definiert, gilt es, eine kundenfreundliche Lösung zu finden. Der Beschwerdemanager muss Verständnis für die Beschwerde und somit für den Kunden zeigen. Abschließend muss die Zusicherung erfolgen, sich um das Problem zu kümmern. Ist eine sofortige Lösung möglich, muss das Problem direkt behoben werden.

Lösung zu Aufgabe 12.2

Möglicher Lösungsvorschlag

Es wird ein Gespräch mit dem Pflegepersonal organisiert, in dem mögliche Missverständnisse ausgeräumt werden. Als weitere Entschuldigung für die Unannehmlichkeiten kann der Kundin z. B. ein Gutschein für das Restaurant im Hause überreicht werden.

Erläuterung zu Aufgabe 12.2

In diesem Fall sind unterschiedliche Lösungen möglich.

Organisieren Sie ein Gespräch mit dem Pflegepersonal, in dem der Vorgang besprochen wird. Oft sind subjektiv empfundene Vorgänge schnell zu entschärfen. In diesem Beispiel kann das Problem des falschen Menüs an der Küche gelegen haben (falsche Essenskarte am Menü). Wahrscheinlich hat das Personal auch gar nicht über die Kundin gelacht. Solch eine Situation ist schnell geklärt, wenn unmittelbar beteiligte Personen den Sachverhalt klären. Es ist wichtig, die Kundin nicht zu verlieren – hinter jeder Beschwerde steckt ein zukünftiger Stammkunde.

Lösungen und Erläuterungen zur 13. Aufgabe

Lösung zu Aufgabe 13.1

1. Zeitpunkt benennen
2. Dauer des Meetings angeben bzw. begrenzen
3. Räumlichkeit planen
4. Technische Ausstattung der Räumlichkeit festlegen
5. Evtl. Catering, Erfrischungen planen
6. Einzuladendes Kollegium festlegen
7. Agenda, Tagesordnungspunkte (TOPs) festlegen und abstimmen
8. Moderator festlegen
9. Visualisierung von Abläufen und/oder Ergebnissen
10. Sitzungsregeln festlegen

Die Reihenfolge der Nennungen muss nicht eingehalten werden.

Erläuterung zu Aufgabe 13.1

1. und 2. Zeitpunkt benennen und Dauer der Teamsitzung begrenzen

Den optimalen Zeitpunkt gibt es nicht, aber der Tag und der Zeitpunkt, an denen die meisten Teilnehmer abkömmlich sind, sollte gewählt werden. Legen Sie eine Dauer für das Meeting fest. Dadurch wird vermieden, dass sich die Teilnehmer in Inhalten „verlieren". Die **Verknappung der Zeit** diszipliniert Vielredner und sorgt für zügiges Abarbeiten der TOPs.

3. Geeignete Räumlichkeit planen
Legen Sie die Räumlichkeit nach der Anzahl der Teilnehmer fest.

4. Technische Ausstattung planen
Planen Sie die notwendigen und/oder vorhandenen Hilfsmittel für die Visualisierung mit ein. Dazu benötigen Sie entweder
- Flipchart,
- Whiteboard oder
- Beamer und PC.

5. Catering planen
Es ist sicherlich einer guten Atmosphäre zuträglich, wenn Sie ein angemessenes Catering anbieten. Sei es eine Tasse Kaffee oder Tee, das Mineralwasser oder eine erfrischende Limonade, bis hin zu Keksen und/oder Sandwiches, dem Termin angemessen.

6. Teilnehmerkreis festlegen
Bestimmen Sie den Personenkreis, der an der Teamsitzung teilnehmen soll und muss. Gehen Sie danach vor, wer in die zu erledigenden Aufgaben und Informationen involviert ist.

7. Agenda vorher abstimmen
Was kommt auf die Tagesordnung und was nicht? Diese Frage ist ein wichtiger Planungsschritt.
- Wenn Sie die Zeit der Sitzung einschränken, werden sich alle auf das Wichtigste beschränken.
- Überlegen Sie genau, ob ein Thema wirklich wichtig ist – denn alles, was nicht wirklich wichtig ist, wird ggf. nicht geklärt.

Legen Sie von vornherein klar fest, wer die Tagesordnung koordiniert.
Seien Sie sich sicher, dass derjenige
- den nötigen Überblick
- und den notwendigen Rückhalt im Team hat.

Es wird nur das besprochen, was wirklich alle angeht.

8. Benennung eines Moderators
Wenn möglich, sollte es einen Moderatorenwechsel geben, sodass sich jeder in diese Situation einfinden und die Rolle üben kann. Grundlagen der Moderation:

- Bereiten Sie sich gut vor.
- Beginnen Sie positiv.
- Legen Sie das Ziel fest.
- Seien Sie neutral.
- Führen Sie durch Fragen.
- Bleiben Sie beim Thema.
- Achten Sie auf konkrete Vereinbarungen.
- Schließen Sie positiv ab.
- Bereiten Sie das Meeting nach.

Straffe Moderation
Ob es das Abschweifen vom eigentlichen Thema ist oder ob Diskussionen einfach zu lange dauern – hier hilft eine Moderatorin/ein Moderator, die bzw. der seine Aufgabe ernst nimmt und für einen effizienten Ablauf der Teamsitzung sorgt.

Folgende Punkte sollten beachtet werden:
- Tagesordnung einhalten und abarbeiten
- Beschlüsse zusammenfassen und dokumentieren
- Zeit beachten
- Alle wesentlichen Beiträge sollten gehört werden
- auf die Einhaltung der Sitzungsregeln achten

9. Visualisierung von Ablauf und Ergebnissen
- eine Visualisierung der Tagesordnung sorgt für Orientierung
- Visualisieren Sie die Vereinbarungen, Ergebnisse und Beschlüsse. Dies ist eine weitere Möglichkeit, strukturiert zu agieren und es zeigt, was bereits alles erledigt ist.
- Die Aufzeichnungen dienen gleichzeitig als Grundlage für ein Protokoll.

Dazu benötigen Sie wie unter Nummer 4 bereits erwähnt entweder
- Flipchart,
- Whiteboard oder
- Beamer und PC.

Die Verfügbarkeit muss ggf. bei der Planung berücksichtigt werden.

10. Sitzungsregeln festlegen
Folgende Punkte können/sollten als Sitzungsregeln festgelegt werden:
- Mobiltelefone bitte abschalten.
- Wer führt Protokoll?
- Einbringung von weiteren TOPs
- Einbringung von Sitzungsregeln usw.

Auch diese Punkte sollten mindestens einmal visualisiert werden.

Lösung zu Aufgabe 13.2

Beachten Sie die Grundlagen der Kommunikation wie:
- aktiv zuhören und teilnehmen
- allen Beteiligten gegenüber höflich bleiben
- ausreden lassen
- wenn Kritik geübt wird, dann konstruktiv
- angemessene Körperhaltung
- wenn man etwas nicht verstanden hat: nachfragen, paraphrasieren
- Vermeiden Sie Störungen.

Erläuterung zu Aufgabe 13.2

Wenn Sie die oben genannten Grundregeln einhalten, sollte eine gute Kommunikation untereinander herrschen. Gehen Sie immer vorbereitet in eine Besprechung. Wenn Sie die Themen kennen, können Sie in einer Diskussion mit Wissen punkten. Problematisch ist es, wenn eine teilnehmende Person nicht auf den Punkt kommt. Vom Grundsatz ist es unhöflich, andere zu unterbrechen. Hier bleibt einem nur, die Person ausreden zu lassen oder mit konkreten Zwischenfragen den Monolog zu unterbrechen. Zeigen Sie durch ein zustimmendes Nicken, dass Sie aktiv zuhören.

Vermeiden Sie unnötige Störungen wie z.B. ein klingelndes Handy. Zum korrekten Verhalten zählt auch die Körper- bzw. Sitzhaltung. Sie sollten sich nicht auf dem Stuhl herumlümmeln oder gelangweilt aus dem Fenster schauen, sondern sich aufrecht hinsetzen. Das zeigt, dass Sie an dem Thema interessiert sind und sorgt für einen guten Eindruck.

Lösungen und Erläuterungen zur 14. Aufgabe

Lösung zu Aufgabe 14.1

- Bekanntheitsgrad wird erhöht
- Imagegewinn, -verbesserung
- Gewinnung von Kompetenzen und Wissen
- Ideenschmiede
- Vorteil für die eigene Personalentwicklung
- zusätzliche Einnahmequelle

Erläuterung zu Aufgabe 14.1

Durch die Schaffung einer Abteilung für den Bereich der Personalentwicklung, die das eigene Personal und externe Teilnehmer weiterbilden soll, kann eine Ideenschmiede im eigenen Unternehmen entstehen. Wissen durch Fachdozenten oder Symposien zu verschiedenen Themen bringen Fachwissen direkt ins Unternehmen, wo es auf Dauer ggf. erforscht, erprobt und/oder in den Ablauf des Unternehmens implementiert werden kann.

Für die eigene Darstellung des Unternehmens und die Personalpolitik kann es nur von Vorteil sein, wenn sich eine Weiterbildungsmöglichkeit im eigenen Hause befindet. Eine solche Einrichtung erhöht den Bekanntheitsgrad und bei gutem Gelingen das Image und den Bekanntheitsgrad eines Unternehmens. Darüber hinaus kann damit eine weitere Einnahmequelle geschaffen werden.

Lösung zur Aufgabe 14.2

- verbesserte Kommunikation untereinander
- erhöhte Transparenz
- effizienter und schonender Umgang mit personellen und finanziellen Ressourcen
- Synergieeffekte können genutzt werden
- gemeinsame Entwicklung von Qualitätsstandards
- Kooperation verbessern
- gegebenenfalls Schaffung von weiteren Kooperationen

Erläuterung zu Aufgabe 14.2

Dadurch, dass die Kooperationspartner die Weiterbildungsstätte ebenfalls nutzen können, wird die Kommunikation unter den einzelnen Mitarbeiterin sicherlich verbessert und so auch die Kommunikation insgesamt. Sitzen viele Mitarbeiter der teilnehmenden Unternehmen öfter an einem Tisch, wird die Transparenz der einzelnen Aufgaben und Unternehmen größer. Es könnten gemeinsame Leitlinien, Qualitätsstandards und Kooperationen verbessert werden, gemeinsame Ressourcen genutzt und Synergien geschaffen werden.

Lösung zu Aufgabe 14.3

- Fachärzte
- Fachpflegepersonal
- Selbsthilfegruppen
- Apotheker
- Sozialpädagogen
- Psychologen
- Ökotrophologen, Ernährungsberater
- Krankenkassenmitarbeiter

Erläuterung zu Aufgabe 14.3

Beim Case-Management (Fallmanagement) geht es um die Schaffung von individuellen Hilfen für einen einzelnen Fall und, wo es möglich ist, auch um Schaffung von Leitlinien für eine größere Gruppe mit der gleichen Erkrankung.

> Zöliakie ist eine chronische Erkrankung des Dünndarms, die auf einer lebenslangen Unverträglichkeit gegenüber dem Klebereiweiß Gluten bzw. der Unterfraktion Gliadin beruht. Beim Gesunden wird die aufgenommene Nahrung im Dünndarm in ihre Bestandteile zerlegt und gelangt über die Schleimhaut in den Körper. Um eine möglichst große Oberfläche zur Nährstoffaufnahme zu erhalten, ist der Darm mit vielen Falten, den sogenannten Zotten, ausgekleidet. Bei Zöliakiebetroffenen führt die Zufuhr von Gluten zu einer Entzündung in der Darmschleimhaut. Dies hat zur Folge, dass die Zotten sich zurückbilden. Da sich die Oberfläche des Dünndarms verringert, können nicht mehr genügend Nährstoffe aufgenommen werden. So entstehen im Laufe der Erkrankung Nährstoffdefizite, die eine Reihe von Beschwerden auslösen können. Manche der Krankheitszeichen entstehen aber vermutlich auch durch entzündliche Prozesse unabhängig von Nährstoffdefiziten. Da die Zöliakie sich nicht nur auf den Darm beschränkt, wird sie auch eher als Erkrankung des gesamten Körpers, also als eine Systemerkrankung angesehen. (vgl. Deutsche Zöliakie-Gesellschaft e. V.)

Zielgruppe für ein Seminar Case-Management für Zöliakie-Patienten sind somit alle

- spezialisierten Ärzte wie Gastroenterologen
- Fachpflegepersonal
- Leitungen von Selbsthilfegruppen als direkt Betroffene
- Ökotrophologen/Ernährungsberater
- Apotheker

Da durch chronische Erkrankungen die betroffenen Patienten oft psychisch stark leiden, sollten auch

- Psychologen und
- Sozialpädagogen

mit in ein solches Vorhaben eingebunden werden. So kann ein ganzheitlicher Ansatz im Case-Management erfolgen.

Lösung zu Aufgabe 14.4

a) Niedrigpreispolitik

Um das neue Angebot bekannt zu machen und eine möglichst hohe Teilnehmerzahl zu ermöglichen und damit den Bekanntheitsgrad zu erhöhen, bietet sich die Niedrigpreispolitik an. Im Anschluss ist es allerdings nicht leicht, höhere Preise zu verlangen.

b) Hochpreispolitik

Bei dieser Preispolitik muss die hohe Qualität der angebotenen Leistung besonders hervorgehoben werden. Damit wird sofort die Besonderheit des Angebotenen dargestellt. Problematisch kann sein, dass sich nicht genügend Teilnehmer anmelden. Dann ist es recht unglaubwürdig, die Preise im Nachhinein zu senken.

Lösungen und Erläuterungen zur 15. Aufgabe

Lösung zu Aufgabe 15.1

Es müssen 1.200 Mahlzeiten monatlich produziert und verkauft werden.

Erläuterung zu Aufgabe 15.1

Berechnung der Gewinn-Nutzen-Schwelle (Break-even-Point):

Fixe Kosten : Deckungsbeitrag = Gewinn-Nutzen-Schwelle

5.520 : (8,90 – 4,30) = 1.200 → 5.520 : 4,60 = 1.200 Stück, bzw. Mahlzeiten

Gegenrechnung:

	Monatliche Kosten bei 1.200 Mahlzeiten	Einnahmen bei 1.200 Mahlzeiten
Fixe Kosten	5.520,00 €	
Variable Kosten	4,30 € x 1.200 = 5.160,00 €	8,90 € x 1.200 =
Gesamtkosten	10.680,00 €	10.680,00 €

Bei einer Stückzahl von 1.200 Essen pro Monat arbeitet das Unternehmen gesamtkostendeckend. Ab einem Essen mehr tritt das Unternehmen in die Gewinnzone ein, wird ein Essen weniger verkauft, befindet es sich noch in der Verlustzone.

Lösung zu Aufgabe 15.2

Unterschiede sind unter anderem:

	Handlungsreisender	Handelsvertreter
1	kaufmännischer Angestellter	selbstständiger Kaufmann
2	Entlohnung: Fixum plus Provision	nur Provision
3	weisungsgebunden	nicht weisungsgebunden
4	definierte Arbeitszeiten	freie Arbeitszeitgestaltung
5	Kündigungsfrist ist gesetzlich geregelt	Kündigung und damit verbundene Fristen müssen vertraglich geregelt werden

Erläuterung zu Aufgabe 15.2

- **Handlungsreisender**

sowie

- **Handelsvertreter**

gehören wie der

- **Handelsmakler**

und der

- **Kommissionär**

zu den sogenannten Absatzmittlern. Diese unterstützen das Unternehmen beim Vertrieb der Waren und/oder Dienstleistungen.

Der gravierende Unterschied zwischen Handlungsreisendem und Handelsvertreter ist die rechtliche Stellung des ersten als Angestellter und den damit verbundenen grundsätzlichen Rechten und Pflichten und beim Handelsvertreter die Tatsache, dass es sich um einen selbstständigen Kaufmann handelt, mit dem alle Regelungen vertraglich definiert werden müssen. Beide vermitteln Verträge in fremden Namen und auf fremde Rechnung.

Lösungen und Erläuterungen zu Aufgabe 15.3

Vorteile beim Einsatz des Handlungsreisenden:

Durch die Existenz eines Arbeitsvertrages ist der Handlungsreisende an **Weisungen gebunden.** Die Arbeitszeiten sind grundsätzlich fest definiert. Er ist auch nur **für das eine Unternehmen tätig** und hat dadurch keine Probleme mit sich evtl. überschneidenden Angeboten durch die Vertretung eines weiteren Unternehmens. Seine **Arbeitsweise ist unternehmensorientiert.** Der **Einsatz** kann in **bestimmten Situationen kostengünstiger** als der des Handelsvertreters sein.

Vorteile beim Einsatz des Handelsvertreters:

Der Handelsvertreter erhält **Provision nur dann, wenn er Verträge abschließt.** Bei „Erkundung" **neuer Absatzgebiete** kann ein Handelsvertreter sehr hilfreich sein, wenn er bereits in diesem Gebiet tätig ist. Er hat dann **bestehende Kontakte** zu **Unternehmen** und einzelnen **Personen,** die **absatztechnisch von Nutzen** sein können. Je nach **Einsatzgebiet** kennt er die **kaufmännischen Gepflogenheiten,** die vor Ort herrschen. Es ist möglich, dass er **Komplementärgüter vertreibt,** was den eigenen Umsatz unterstützen kann. Der **Einsatz** kann in **bestimmten Situationen kostengünstiger** als der des Handlungsreisenden sein.

Lösung und Erläuterung zu Aufgabe 15.4

Berechnung des kritischen Umsatzes:

Monatliches Fixum:

Differenz der Provisionssätze zwischen Handlungsreisendem und Handelsvertreter = 1 % des kritischen Umsatzes

1.400 : (10 – 3) = 1 % des kritischen Umsatzes

1.400 : 7 = 1 %

1 % = 200

100 % = 20.000,00 €

Der kritische Umsatz beträgt 20.000,00 € Bei diesem Umsatz sind die Kosten für den Absatzmittler identisch. Über diesem Umsatz ist der Einsatz des Handlungsreisenden günstiger.

Gegenrechnung:

Kosten Handlungsreisender		Kosten Handelsvertreter	
Fixum	1.400,00 €	Fixum	–
3 % Provision bei einem Umsatz von 20.000,00 €	600,00 €	10 % bei einem Umsatz von 20.000,00 €	2.000,00 €
Gesamtkosten bei einem Umsatz von 20.000,0 €	2.000,00 €		2.000,00 €

Lösungen und Erläuterungen zu den Aufgaben des Prüfungsbereiches 1.2

Leistungsprozesse in Unternehmen des Gesundheitswesens

Organisation, Leistungsabrechnung, Beschaffung und Materialwirtschaft, kaufmännische Steuerung und Kontrolle

Betriebliche Organisation

Aufbauorganisation

Lösung zur 1. Aufgabe

Organisation und EDV	3
Medizinische Leitung	2
Geschäftsführer	1
Kaufmännische Leitung	2

Erläuterungen zur 1. Aufgabe

Es handelt sich um die Darstellung der Aufbauorganisation in Form eines Organisationsdiagramms. Die Aufbauorganisation stellt den betrieblichen Rahmen dar, ist statisch und differenzierend. Die Ergebnisse der Aufbauorganisation (Stellen, Gruppen, Abteilungen, leitende Organe) werden in einem Organigramm dargestellt.

Ein Organisationsdiagramm (abgekürzt Organigramm) zeigt in bildlicher Darstellung die verschiedenen Stellen und ihre Beziehung im Rahmen einer umfassenden Organisation. Bei der vertikalen Darstellung wird die Hierarchie durch über- oder untergeordnete Rechtecke dargestellt.

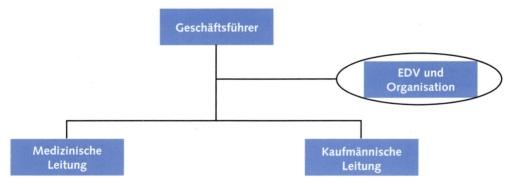

Da es sich bei der Wellmed um die Rechtsform einer GmbH handelt, ist die Gesellschafterversammlung als beschließendes Organ in diese Organisation eingebunden. Der Aufsichtsrat ist das kontrollierende Organ (zwingend vorgeschrieben ab 501 Mitarbeitern). In dieser Funktion überwacht der Aufsichtsrat den/die Geschäftsführer.

Die medizinische sowie die kaufmännische Leitung sind dem Geschäftsführer nachgelagert und somit unterstellt. Als Stabsstelle fungiert die Abteilung Organisation und EDV. Sie ist dem leitenden Organ in beratender Funktion direkt untergeordnet.

Lösung zur 2. Aufgabe

Die Auswahlantwort 2 ist richtig.

Betriebliche Organisation

Erläuterungen zur 2. Aufgabe

Stabsstellen

Stabsstellen sind Stellen mit beratender Funktion. Sie haben keine Weisungsbefugnis und sind in den meisten Fällen der Geschäftsleitung unterstellt.

Mögliche Stabsstellen sind:
- Rechtsabteilung
- EDV und Organisation
- Qualitätsmanagement

Lösung zur 3. Aufgabe

a) 2
b) 1
c) 3

Erläuterungen zur 3. Aufgabe

Substitutionsprinzip der Organisation

Der Begriff Organisation

Die Regelungen einer Unternehmung, die sich in gleicher Weise wiederholen, sind als organisiert zu bezeichnen. Organisation kann als System genereller Regelungen bezeichnet werden.

Beispiel: Arbeitsbeginn ist für jeden Mitarbeiter 7.30 Uhr.

Der Begriff Disposition

Disposition ist die Regelung eines Vorganges bis zu seiner Beendigung.
Eine Disposition besteht zum großen Teil aus organisatorischen Komponenten. Bestimmte Anteile eines solchen Vorgangs sind fallweise zu regeln (dispositive Faktoren).

Beispiel:
Es ist klar geregelt, bei welchem Lieferanten ein bestimmtes Produkt bestellt wird. Die zu bestellende Menge wird am Tag des Bestellvorganges ermittelt. Die Bestellmenge ist in diesem Beispiel der dispositive Faktor.

Der Begriff Improvisation

Die Improvisation ist die Regelung eines nicht vorhersehbaren Falles.

Beispiel:
Ein Mitarbeiter/eine Mitarbeiterin erkrankt und es muss schnellstmöglich ein Ersatz beschafft werden. Dieser Vorgang unterliegt keiner klaren Regelung und muss aus der Situation heraus gelöst werden.

Lösung zur 4. Aufgabe

Die Auswahlantwort 2 ist richtig.

Erläuterungen zur 4. Aufgabe

Leitungssysteme

Die Struktur eines Unternehmens ist in ihrem Aufbau grundsätzlich durch die Aufgabenverteilung und durch das Leitungssystem gekennzeichnet.

Die Leitungssysteme stellen die vorhandenen Dienstwege und die Instanzen (jeweils nächsthöhere Stelle mit Weisungsbefugnis) dar.

Es werden fünf Leitungskonzeptionen unterschieden:
- Einliniensystem
- Mehrliniensystem, auch Funktionalsystem
- Stabliniensystem
- Spartenorganisation
- Matrixorganisation

Ablauforganisation

Lösung zur 5. Aufgabe

Die Auswahlantworten 1 und 4 sind richtig.

Erläuterungen zur 5. Aufgabe

Die Ablauforganisation stellt das betriebliche Geschehen dar, ist also dynamisch (beweglich) und integrierend (verbindend). Arbeitsabläufe werden mit allen notwendigen Komponenten geplant. Das Ziel der Ablauforganisation ist die Optimierung von Arbeitsprozessen.

Lösung zur 6. Aufgabe

Die Auswahlantworten 1, 2 und 4 sind richtig.

Erläuterungen zur 6. Aufgabe

Hilfsmittel der Ablauforganisation

Um betriebliche Prozesse zu planen und zu koordinieren, gibt es ablauforganisatorische Hilfsmittel.

Mögliche Hilfsmittel der Ablauforganisation sind:
- Raumbelegungsplan
- Maschinenbelegungsplan
- Netzplan
- Urlaubsplan
- Personaleinsatzplan

Bei diesen Hilfsmitteln handelt es sich um schriftliche und/oder optische Darstellungen.

Leistungsabrechnung, medizinische Dokumentation und Berichtswesen

Lösung zur 7. Aufgabe

Die richtige Reihenfolge lautet:

Aufnahme der persönlichen Daten	2
Klärung der Krankenkassenzugehörigkeit	1
Aufnahme der Einweisungsdiagnose	3
Begleitung des Patienten/der Patientin auf die zuständige Abteilung	4
Ärztliche Untersuchung zur Feststellung der Aufnahmediagnose	5

Erläuterungen zur 7. Aufgabe

Der Prozess der stationären Aufnahme von Patienten ist in der Regel wie folgt organisiert:

Im ersten Schritt des Prozesses werden die Daten zur Krankenversicherung geklärt. Dieser Vorgang wird in der Regel durch die Versichertenkarte elektronisch durchgeführt. Ist der aufzunehmende Patient privat versichert, werden die persönlichen Daten als Rechnungsdaten aufgenommen.

Der zweite Schritt ist die Aufnahme von notwendigen persönlichen Daten des Patienten. Mit diesen Daten werden in den meisten Krankenhäusern Klebeetiketten gedruckt, die auf alle medizinisch notwendigen Entnahmen (Blutentnahmen, Urinproben) angebracht werden. Dies erleichtert die Identifikation der Präparate.

Nun muss die Einweisungsdiagnose, die durch den einweisenden Arzt diagnostiziert wurde, aufgenommen werden. Seit Einführung der G-DRGs muss dem „Fall" eine Diagnose zugewiesen werden. Die Zuweisung übernimmt eine Software, der Grouper. Eine Zuordnung des Falles kann nachträglich noch geändert werden, falls sich die Einweisungsdiagnose nicht mit der Aufnahmediagnose deckt.

Nach den Aufnahmeformalitäten wird der Patient auf die zuständige Station begleitet. Hat sich der Patient in seinem Zimmer eingerichtet, erfolgt die Aufnahmeuntersuchung.

German Diagnosis Related Groups (G-DRG) und Krankenhausentgeltgesetz (KHEntgG)

Lösung zur 8. Aufgabe

Die Auswahlantwort 2 ist richtig.

Lösung zur 9. Aufgabe

Die Auswahlantworten 2 und 4 sind richtig.

Erläuterungen zur 8. und 9. Aufgabe

Die German Diagnosis Related Groups (G-DRG) bilden die Grundlage für eine leistungsorientierte Vergütung der Krankenhausleistungen. Alle Behandlungsfälle werden nach pauschalierten Entgelten vergütet. Bei den G-DRG handelt es sich um ein Patientenklassifizierungssystem, das anhand bestimmter Kriterien die Patienten zu Fallgruppen zusammenfasst.

Zur Bestimmung der Kriterien eines jeden Behandlungsfalles bzw. der jeweiligen Diagnose wird ein Diagnoseschlüssel verwendet.

Dieser Diagnoseschlüssel ist der ICD-Schlüssel (ICD-10). Er beinhaltet unter anderem folgende Kriterien:

- Schweregrad der Behandlung
- Alter des Patienten
- Komplikationen
- Entlassungsgrund

Der Therapieschlüssel ist der OPS-301. Dieser Schlüssel enthält unterschiedliche Therapieformen. Die Zuweisung eines Behandlungsfalles zu einer Fallgruppe erfolgt durch ein festgelegtes Verfahren. Es werden solche Behandlungsfälle zusammengefasst, die hinsichtlich des Behandlungsaufwands möglichst homogen, also gleichartig sind.

Informationen aus dem Krankenhausentgeltgesetz (KHEntgG)

Aufgrund des § 17 Abs. 1 KHEntgG ist für die Vergütung der allgemeinen Krankenhausleistungen ein
- durchgängiges,
- leistungsorientiertes
- und pauschaliertes

Vergütungssystem einzuführen. Ziel der Fallpauschalen ist die Verbesserung der Transparenz, der Qualität und der Wirtschaftlichkeit der stationären Versorgung. Es handelt sich um ein ärztlich-ökonomisches Patientenklassifikationssystem. Für jeden Fall gibt es nur eine DRG. Für die Zuordnung eines Falles in den Katalog ist die Hauptdiagnose relevant. Eine weitere Differenzierung erfolgt anhand von Schweregraden, Nebendiagnosen und Komplikationen. Zusätzlich werden im Einzelfall zur Differenzierung Kriterien wie das Alter, das Geschlecht oder das Geburtsgewicht berücksichtigt. Zurzeit existieren ca. 800 Fallpauschalen. Allerdings ist der Katalog nicht vollständig. Erweiterungen müssen permanent möglich sein, um neue Behandlungsmethoden oder neue Erkenntnisse über Therapien hinzufügen zu können. Zur Zuweisung in eine DRG steht ein PC-Programm zur Verfügung (Grouper).

Lösung zur 10. Aufgabe

Die Auswahlantworten 1 und 4 sind richtig.

Erläuterungen zur 10. Aufgabe

Berechnung der Vergütung

Dem Basisfallwert wird ein landesweit gültiger Kostenwert (Base Rate) zugeordnet. Die Vergütungshöhe ergibt sich, indem die Bewertungsrelation (festgelegt in der Fallpauschalenverordnung von 2004) mit dem Basisfallwert multipliziert wird.

Beispiel:
Gehen Sie von einem landesweiten Basisfallwert (Rheinland-Pfalz 2021) von 3.851,85 € aus. Hieraus würden sich folgende Vergütungen ergeben (Bewertungsrelation multipliziert mit Basisfallwert):

DRG	Bezeichnung	Bewertungs-relation	Fallpauschale (vorläufiger Abrechnungsbetrag)
D61Z	Gleichgewichtsstörungen (Schwindel)	0,437	1.683,26 €
G07A	Appendektomie bei Peritonitis mit äußerst schweren CC	1,872	7.210,66 €
F03B	Herzklappeneingriff mit Herz-Lungen-Maschine mit invasiver kardiologischer Diagnostik, Alter > 16 Jahre, ohne äußerst schwere CC	7,087	27.298,06 €

Lösung zur 11. Aufgabe

Die Auswahlantwort 3 ist richtig.

Erläuterungen zur 11. Aufgabe

Kann einem Fall keine DRG zugeordnet werden, so ist der Fall einer sogenannten Fehler-DRG zuzuordnen. Wie bereits erwähnt, kann ein Katalog dieser Art nie vollständig sein, da es immer neue Diagnosen und Therapiemöglichkeiten geben wird. Für diese Fälle sind Sonderentgelte für neue Diagnosen und Therapien festgelegt.

Lösung zur 12. Aufgabe

Die Auswahlantworten 2, 3 und 4 sind richtig.

Erläuterungen zur 12. Aufgabe

Weitere mögliche Zusatzentgelte (§ 7 KHEntgG)
- Zusatzentgelte nach dem auf Bundesebene vereinbarten Entgeltkatalog
- ergänzende Entgelte bei Überschreitung der Grenzverweildauer
- Zuschlag für Ausbildungsstätten und Ausbildungsvergütungen
- Entgelte für Leistungen, die nicht durch den DRG-Katalog erfasst sind
- Entgelte für neue Untersuchungs- und Behandlungsmethoden, die noch nicht im DRG-Katalog aufgenommen sind
- Qualitätssicherungszuschläge und Qualitätssicherungsabschläge
- DRG-Systemzuschlag (Zuschlag für PC-System „Grouper")
- Qualitätsmanagement-Zuschlag

Lösung zur 13. Aufgabe

Die Auswahlantwort 3 ist richtig.

Erläuterungen zur 13. Aufgabe

Berechnung der Entgelte (§ 8 Abs. 5 KHEntgG)
Wird ein Patient, für den zuvor eine Fallpauschale berechnet wurde, im Zeitraum von der Entlassung bis zur Grenzverweildauer der abgerechneten Fallpauschale wegen einer Komplikation im Zusammenhang mit der durchgeführten Leistung wieder in dasselbe Krankenhaus aufgenommen, darf eine Fallpauschale nicht erneut berechnet werden. Nach Überschreitung der oberen Grenzverweildauer dürfen die entsprechenden belegungstagbezogenen Entgelte berechnet werden.

Lösung zur 14. Aufgabe

Die Auswahlantwort 2 ist richtig.

Erläuterungen zur 14. Aufgabe

Berechnung der Entgelte (§ 8 Abs. 6 KHEntgG)
Werden die mit einer Fallpauschale vergüteten Leistungen ohne Verlegung des Patienten durch mehrere Krankenhäuser erbracht, wird die Fallpauschale durch das Krankenhaus berechnet, das den Patienten stationär aufgenommen hat.

Lösung zur 15. Aufgabe

Die Auswahlantwort 2 ist richtig.

Erläuterungen zur 15. Aufgabe

Jeder Patient, der stationär aufgenommen wird, muss einer eingehenden Aufnahmeuntersuchung unterzogen werden. Diese Untersuchung dient der Zuordnung des Falles in eine DRG. Nicht nur die Hauptdiagnose, auch eventuelle Nebendiagnosen sind festzustellen.

Lösung zur 16. Aufgabe

Der abzurechnende Erlös lautet: 3.046,81 €.

Erläuterung der Berechnung

Bei dieser vereinfachten Berechnung ist die Bewertungsrelation G23B zu wählen, da der Patient älter als 9 Jahre ist und es keine weiteren Erkrankungen (Komorbiditäten) oder Komplikationen gibt.

Multipliziert man die Bewertungsrelation von 0,791 mit dem Basisfallwert von 3.851,85 €, ergibt dies einen zu berechnenden Endbetrag von 3.046,81 €.

Lösung zur 17. Aufgabe

Der vorläufig abzurechnende Erlös beträgt 3.909,63 €.

Erläuterungen zur 17. Aufgabe

Feststellungen:

- Die Patientin ist 53 Jahre alt.
- Diagnose: Multiple Sklerose, DRG bei Hauptabteilung B68 A
- Aufnahme am 11. April d. J.
- Verlegung am 21. April d. J.
- Der Basisfallwert beträgt 3.851,85 €
- Bewertungsrelation: 1,659

Daraus ergibt sich folgende Berechnung:

Verweildauer in unserem Hause = 11 Tage – 1 Verlegungstag = 10 Tage
Mittlere Verweildauer der DRG = 16,6 Tage, lt. Angabe auf ganze Tage runden = 17 Tage
Zu berechnen sind somit 10 Tage als Verweildauer.

Im DRG B 68 A finden wir unter der Spalte Nr. 11, Externe Verlegung, einen Abschlag pro Tag mit dem Wert 0,092

Der Wert 0,092 wird mit dem Wert 7 (Verlegung nach 10 Tagen = 7 Tage unter der mittleren Verweildauer), multipliziert. Das ergibt einen Abschlag von 0,644, der von der Bewertungsrelation 1,659 subtrahiert wird.

0,092 x 7 = 0,644
1,659 – 0,644 = 1,015

Somit gilt folgende Berechnung für das Entgelt:
1,015 x 3.851,85 € = 3.909,63 €

Lösung zur 18. Aufgabe

Der Betrag für die Zuzahlung für den Aufenthalt vom 10.05. bis 25.05. d. J. lautet 120,00 €.

Erläuterungen zur 18. Aufgabe

- Die gesetzliche Zuzahlung für stationäre Leistungen für ein Kalenderjahr ist für max. 28 Tage à 10,00 € zu zahlen. Das ergibt eine jährliche Zahlung von maximal 280,00 €.

Berechnung für das Beispiel:

1. Aufenthalt: 12. – 17.01. d. J.	5 Kalendertage	5 x 10 € =	50,00 €
2. Aufenthalt: 10. – 20.02. d. J.	11 Tage	11 x 10 € =	110,00 €
		Zwischensumme	160,00 €
3. Aufenthalt: 10. – 25.05. d. J.	16 Tage	16 x 10 € =	160,00 €
		Summe	320,00 €

Da Frau Berthold nur 280,00 € im Jahr an Zuzahlung zu leisten hat, zahlt sie bei ihrem letzten stationären Aufenthalt nur noch die Differenz zwischen 160,00 und der Maximalzahlung von 280,00 also 120,00 €.

Lösung zur 19. Aufgabe

Die Zuzahlung beträgt in diesem Beispiel 17,59 €.

Erläuterungen zur 19. Aufgabe

Berechnung im Beispiel:

	Artikel	Preis	Zuzahlung	Begründung
1	Ciprobay® 500 mg Filmtabletten	38,51 €	5,00 €	da 10 % des Wertes weniger als 5,00 € sind
2	Advantan® Creme 100 g	26,68 €	5,00 €	da 10 % des Wertes weniger als 5,00 € sind
3	Keltican® forte	75,90 €	7,59 €	da 10 % des Wertes zwischen 5,00 € und 10,00 € liegen, also 10 % von 75,90 €
		Summe	17,59 €	

Für alle Produkte, die Sie selbst kaufen können – ohne ein Rezept einzureichen –, zahlen Sie den vollen Preis. Für verschreibungspflichtige Medikamente erhalten Sie ein Rezept vom Arzt und zahlen nur die Zuzahlung von zehn Prozent des Warenwerts, mindestens 5 Euro, höchstens 10 Euro. Das bedeutet beispielsweise:

- Preis des Medikaments: 10 Euro, Zuzahlung: 5 Euro
- Preis des Medikaments: 75 Euro, Zuzahlung: 7,50 Euro
- Preis des Medikaments: 400 Euro, Zuzahlung: 10 Euro
- Preis des Medikaments: 4,75 Euro, Zuzahlung: 4,75 Euro

Auch nicht verschreibungspflichtige Medikamente können per Rezept verordnet werden. Hier gelten die gleichen Zuzahlungsregeln. Durch Rabattverträge und andere Vereinbarungen kann es – je nach Krankenkasse – zu Abweichungen und Sonderfällen kommen. Gesetzliche Regelungen wie die Begrenzung der Zuzahlung auf 2 Prozent des Bruttoeinkommens bzw. bei chronisch Kranken auf 1 % des Bruttoeinkommens machen eine pauschale Berechnung der Zuzahlung schwierig.

Belegärzte und deren Leistungen (§18 KHEntgG)

Lösung zur 20. Aufgabe

Die Auswahlantwort 2 ist richtig.

Erläuterungen zur 20. Aufgabe

§ 18 KHEntgG, Abs.1

Belegärzte im Sinne dieses Gesetzes sind nicht am Krankenhaus angestellte Vertragsärzte, die berechtigt sind, ihre Patienten (Belegpatienten) im Krankenhaus unter Inanspruchnahme der hierfür bereitgestellten Dienste, Einrichtungen und Mittel stationär oder teilstationär zu behandeln. Die Belegärzte erhalten keine Vergütung vom Krankenhaus.

Die Leistungen der Belegärzte:

1. die persönlichen Leistungen der Belegärzte
2. der ärztliche Bereitschaftsdienst für Belegpatienten
3. die von einem Belegarzt veranlassten Leistungen nachgeordneter Ärzte des Krankenhauses, die bei der Behandlung seiner Belegpatienten in demselben Fachgebiet wie der Belegarzt tätig werden
4. die vom Belegarzt veranlassten Leistungen von Ärzten oder ärztlich geleiteten Einrichtungen außerhalb des Krankenhauses

Erläuterung zur 3. Leistungsdefinition:

Ist ein Belegarzt nicht in der Lage, seine Patienten zu betreuen, kann er einen angestellten Arzt des Krankenhauses (nachgeordneter Arzt) mit der Betreuung beauftragen. Diese Leistung wird abrechnungstechnisch dem Belegarzt zugeschrieben. Alle Leistungen des Krankenhauses, welche der Belegarzt in Anspruch nimmt, werden dem Belegarzt in Rechnung gestellt. Hierüber schließen die beiden Parteien einen Vertrag. Das Krankenhaus selbst stellt dem Patienten bzw. der zuständigen Krankenkasse die Pflege- und Hotelleistungen in Rechnung.
Für die belegärztlichen Leistungen gibt es gesonderte Fallpauschalen (belegärztliche DRG).

Erläuterung zur 4. Leistungsdefinition:

Werden im Auftrag eines Belegarztes Gewebeproben zwecks histologischer Untersuchungen an ein externes Labor weitergegeben, ist diese Leistung ebenfalls eine belegärztliche Leistung.

Ärztliche und nichtärztliche Wahlleistungen

Lösung zur 21. Aufgabe

Die Auswahlantworten 3 und 5 sind richtig.

Erläuterungen zur 21. Aufgabe

Gesondert berechenbare ärztliche und andere Leistungen (§ 17 KHEntgG)

Neben den Entgelten für die voll- und teilstationäre Behandlung dürfen andere als die allgemeinen Krankenhausleistungen als Wahlleistungen gesondert berechnet werden. Die Wahlleistungen dürfen die allgemeinen Krankenhausleistungen nicht beeinträchtigen. Die Wahlleistungen müssen gesondert vereinbart und berechnet werden. Wahlleistungen werden in ärztliche und nichtärztliche Wahlleistungen unterschieden.

Die ärztlichen Wahlleistungen werden als Chefarztbehandlung bezeichnet und beinhalten außer den direkten Leistungen des Chefarztes alle weiteren Konsultationen im Auftrag des behandelnden Chefarztes.

Die nichtärztlichen Wahlleistungen beziehen sich im Wesentlichen auf die Art der Unterkunft, wie z. B. die Unterbringung in einem Einzelzimmer.

Lösung zur 22. Aufgabe

Die Auswahlantworten 2, 3, 4 und 5 sind richtig.

Lösung zur 23. Aufgabe

Die Auswahlantwort 2 ist richtig.

Erläuterungen zur 22. und 23. Aufgabe

§ 18 KHEntgG, Abs. 2

Wahlleistungen sind vor der Erbringung schriftlich zu vereinbaren. Der Patient muss schriftlich über die Entgelte der Wahlleistungen und deren Inhalt informiert werden.

§ 18 KHEntgG, Abs. 3

Die Vereinbarung über wahlärztliche Leistungen erstreckt sich auf alle an der Behandlung des Patienten beteiligten angestellten oder beamteten Ärzte des Krankenhauses, soweit diese zur gesonderten Berechnung ihrer Leistungen im Rahmen der voll- und teilstationären sowie einer vor- und nachstationären Behandlung berechtigt sind. Veranlassen Chefärzte eine Leistung von Ärzten und ärztlich geleiteten Einrichtungen außerhalb des Krankenhauses, sind diese ebenfalls zur Liquidation (gesonderte Berechnung) berechtigt. Dieser Sachverhalt ist dem Patienten mitzuteilen.

§ 18 KHEntgG, Abs. 4

Eine Vereinbarung über eine gesondert berechenbare Unterkunft (z. B. Einzelzimmer) darf nicht von einer Vereinbarung über sonstige Wahlleistungen abhängig gemacht werden.

Entgelte und Entgeltberechnungen im ambulanten Bereich

Lösung zur 24. Aufgabe

1. Fall = die Berufsgenossenschaft 3
2. Fall = die gesetzliche Krankenkasse 1
3. Fall = der Patient selbst 4

Lösung zur 25. Aufgabe

1. Fall = UV-GOÄ 5
2. Fall = EBM 3
3. Fall = GOÄ 2

Erläuterungen zur 24. und 25. Aufgabe

Zur Abrechnung von ärztlichen Leistungen stehen unterschiedliche Berechnungskataloge zur Verfügung. Die Abrechnungsgrundlagen unterscheiden sich hinsichtlich der Versicherungsart und der Art des Vorganges.

Im **1. Fall** handelt es sich um einen Unfall auf dem Weg zur Arbeit. Die zu erbringende Leistung des Arztes ist durch die gesetzliche Unfallversicherung zu tragen. Der hierfür zugrunde gelegte Abrechnungskatalog ist die Gebührenordnung für Ärzte der Unfallversicherung (UV-GOÄ).

Im **2. Fall** handelt es sich um eine Leistung, die durch die zuständige Krankenkasse des Versicherten erbracht werden muss. Zur Abrechnung der erbrachten Leistung des Arztes wird der einheitliche Bewertungsmaßstab (EBM) zugrunde gelegt. Bei Versicherten einer gesetzlichen Krankenkasse (z. B. AOK) ist es der Bewertungsmaßstab für Ärzte (BMÄ). Handelt es ich um einen Versicherten einer Ersatzkasse (z. B. Barmer) gilt die Ersatzkassen-Gebührenordnung (EGO).

Im **3. Fall** handelt es sich um eine privat versicherte Patientin. Die Rechnung über die erbrachten Leistungen gehen an die versicherte Person selbst. Als Berechnungsgrundlage dient hier die Gebührenordnung für Ärzte (GOÄ).

Lösung zur 26. Aufgabe

Die Auswahlantwort 3 ist richtig.

Lösung zur 27. Aufgabe

Die Auswahlantworten 1, 2 und 4 sind richtig.

Erläuterungen zur 26. und 27. Aufgabe

Das Vergütungssystem PEPP wurde 2009 vorgestellt und implementiert. Die erste Ausgestaltung ging 2013 an den Start, einige Einrichtungen haben auch direkt mit der Anwendung begonnen. Eine große Anzahl an Einrichtungen zögerte aus unterschiedlichen Gründen. Manche meinten, dass das System für die praktische Anwendung nicht genügend ausgereift sei, zu viele untragbare Fehlanreize beinhalte und in vielen Bereichen nicht sachgerecht sei. Daraufhin reagierte der Gesetzgeber 2016 mit der Umsetzung des PsychVVG auf die anhaltende Kritik an wesentlichen Systembestandteilen.

Folgende Ziele werden verfolgt:
- durchgängig pauschalierend
- Abbildung des Behandlungsaufwandes bestimmter medizinisch unterscheidbarer Patientengruppen
- leistungsorientiert
- tagesbezogene (verweildauerabhängige) Entgelt-Orientierung an der (degressiven) Behandlungsintensität im zeitlichen Verlauf
- verursachungsgerechte Mittelverteilung
- mehr Erlös für ressourcenverzehrende, komplizierte Behandlungsfälle
- wenig(er) Erlös für ressourcenschonende, unkomplizierte Behandlungsfälle
- Schaffung von Transparenz
- Anwendung eines einheitlichen und veröffentlichten Entgeltkatalogs zur Fallabrechnung
- öffentlicher Krankenhausvergleich
- lernendes System
- jährliche Systemweiterentwicklung durch Anpassung der Klassifikationssysteme OPS und ICD sowie der Fallgruppendefinitionen und des PEPP-Entgeltkatalogs
- qualitätssteigernd und -sichernd
- Vorgaben zur Personalausstattung, die sich an den Maßstäben gültiger S3-Leitlinien oder vergleichbarer Dokumente orientieren

Das neue System soll einen tagesaktuellen Bezug haben, anders als das DRG-System der somatischen Medizin, das komplette Fälle abbildet. Es soll transparent sein und sich durch den realen Einsatz in den Kliniken und den dort gemachten Erfahrungen fortlaufend weiterentwickeln.

2018 musste jedes psychiatrische und psychosomatische Krankenhaus bzw. jede Einrichtung mit entsprechender Fachabteilung auf das neue System umsteigen. Bis Ende 2019 entstanden den Einrichtungen durch den Wechsel keine Gewinne oder Verluste, da die Umsetzung bis dahin budgetneutral blieb. Ab 2020 entfaltete das neue Vergütungssystem seine ökonomische Wirkung. Die Vergütung nach Bundespflegesatzverordnung ist ab dem Jahr 2004 auf Leistungen von psychiatrischen Häusern, Einrichtungen der Psychosomatik und der psychotherapeutischen Medizin anzuwenden.

Krankenhausstatistik

Lösung zur 28. Aufgabe

Die Fallzahl der chirurgischen Abteilung beträgt 5.350.

Berechnung der Fallzahl

Die Anzahl der Aufnahmen und die Anzahl der Entlassungen werden addiert.
5.300 + 5.400 = 10.700

Die Summe wird durch 2 geteilt:
10.700 / 2 = 5.350

Lösung zur 29. Aufgabe

Die Verweildauer betrug im Durchschnitt 7,12 Tage.

Berechnung der durchschnittlichen Verweildauer

Es befanden sich an 38.100 Pflegetagen 5.350 Fälle in der Abteilung.

Die Pflegetage (38.100) werden durch die Fallzahl (5.350) dividiert.

38.100 / 5.350 = 7,12 Tage

Lösung zur 30. Aufgabe

Die prozentuale Auslastung beträgt 94,89 %.

Berechnung der prozentualen Auslastung

365 Tage / Jahr (nicht kaufmännisch 360) kann die Wellmed GmbH ihre 110 Betten belegen.

365 x 110 = 40.150. Dieses Ergebnis ist die Sollauslastung von 100 %.

Die tatsächliche Auslastung beträgt 38.100 Pflegetage.

Somit kann folgender Dreisatz aufgestellt werden:

40.150 = 100 %
38.100 = X %

Lösungsweg:

$$\frac{38.100 \times 100}{40.150}$$
Ergebnis: 94,89 %

Medizinische Dokumentation, Berichtswesen und Datenschutz im Gesundheitswesen

Lösung zur 31. Aufgabe

Die Auswahlantworten 1, 3 und 4 sind richtig.

Erläuterungen zur 31. Aufgabe

Einsichtsrecht des Patienten

Grundsätzlich hat jeder Patient ohne Angabe von Gründen das Recht, Einsicht in seine Akte zu nehmen. Es können Kopien der Unterlagen (ggf. Kostenerstattung für die Kopien) verlangt werden. Bei Röntgenbildern kann die Herausgabe zur Ansicht verlangt werden. In solchen Fällen werden der Ausgabetermin sowie das Rückgabedatum dokumentiert.

Lösung zur 32. Aufgabe

Die Auswahlantworten 2 und 4 sind richtig.

Erläuterungen zur 32. Aufgabe

Ärztliche Dokumentationspflicht

Zweck der Dokumentation

Die ärztliche Dokumentation dient unter anderem zur Sicherstellung einer ordnungsgemäßen Behandlung bzw. einer ordnungsgemäßen Behandlungsfortführung. Es gilt die Regel, dass ein Arzt der gleichen Fachrichtung den Patienten nach kurzer Durchsicht der Dokumentation weiter behandeln kann. Ein weiterer Grund sind die Belange der Beweissicherung.

Lösung zur 33. Aufgabe

Die Auswahlantwort 2 ist richtig.

Erläuterungen zur 33. Aufgabe

Zeitpunkt der Dokumentation

Die Dokumentation ist zeitnah zu erstellen, also in unmittelbarem Zusammenhang zur konkreten Behandlung.
Davon zu unterscheiden sind Eingriffe, z.B. Operationen. „Zeitnah" kann dabei durchaus die Erstellung eines Berichtes am Abend der OP oder auch am nächsten Morgen bedeuten. Handelt es sich um eine komplizierte OP, wird diese jedoch üblicherweise sofort dokumentiert.

Im Stationsdienst

Im Stationsbereich oder beim behandelnden Arzt bedeutet „zeitnah" unmittelbar. Bezogen auf die medizinische Ablaufsicherheit kommt es darauf an, auch in arbeitsteiligen Prozessen den Verlauf und Fortgang klar für jeden Nach- und Mitbehandelnden zu beschreiben.

Lösung zur 34. Aufgabe

Die Auswahlantwort 2 ist richtig.

Erläuterungen zur 34. Aufgabe

Die Informationen über den volljährigen Sohn fallen unter den Datenschutz. Um solch einer Situation vorzubeugen, muss der Patient eine Person benennen, die Informationen über seinen Zustand erhalten darf.

Der Beginn des Datenschutzes liegt in den siebziger Jahren des letzten Jahrhunderts. Grund dafür war die zunehmende Arbeit mit elektronisch verarbeiteten, personenbezogenen Daten. Der Datenschutz umfasst alle Bereiche des gesellschaftlichen Lebens.

Vorrangige Aufgabe des Datenschutzes ist das Recht auf informationelle Selbstbestimmung. Jede Person soll selbst über die Preisgabe und Verwendung ihrer Daten bestimmen können.

Die ärztliche Schweigepflicht

Die Angaben über die gesundheitliche Disposition einer Person gehören zu den intimsten Daten. Durch unzulässige Weitergabe kann es zu Ausgrenzung und existenzieller Bedrohung kommen. Diese Gefahr hat bereits Hippokrates vor mehr als zweitausend Jahren erkannt und seine Schüler unter anderem schwören lassen:

„Was ich in meiner Praxis sehe und höre und außerhalb dieser im Verkehr mit Menschen erfahre, was niemals anderen Menschen mitgeteilt werden darf, darüber werde ich schweigen in der Überzeugung, dass man solche Dinge stets geheim halten muss."

Der Inhalt des hippokratischen Eides hat Eingang in die Berufsordnung der Ärzte gefunden. Alle Ärztinnen und Ärzte müssen ein in der Berufsordnung enthaltenes Gelöbnis ablegen und sich unter anderem dazu verpflichten, alle anvertrauten Geheimnisse auch über den Tod des Patienten hinaus zu wahren.

Lösung zur 35. Aufgabe

Die Auswahlantwort 2 ist richtig.

Erläuterungen zur 35. Aufgabe

Einsichtsrecht des Patienten

Der Patient hat grundsätzlich das Recht auf Einsichtnahme in seine Patientenakte. Subjektive Wertungen, die persönliche Eindrücke vom Patienten und seiner Umwelt darstellen, sind allerdings nicht für den Patienten bestimmt.

Hierzu gehören vorläufige Verdachtsdiagnosen und emotionale Bemerkungen des Arztes.

Durch die Art der Aufzeichnung sind solche Angaben häufig mit den einsehbar zu machenden Aussagen textlich verbunden. In solchen Fällen sind die Passagen abzudecken, was allerdings häufig den Eindruck erweckt, der Arzt wolle etwas verbergen. Deshalb wird zu einer dualen Aufzeichnung geraten.

Lösung zur 36. Aufgabe

Die Auswahlantwort 3 ist richtig.

Erläuterungen zur 36. Aufgabe

Einsichtsrecht des Patienten

Das Recht auf Einsicht in die ärztliche Dokumentation kann auch auf einen Rechtsanwalt übertragen werden (Vollmacht). In einem solchen Falle bedarf es der Entbindung von der Schweigepflicht.

Beschaffung und Materialwirtschaft

Lösung und Erläuterung zur 37. Aufgabe

Lösung: 3, 5, 1, 2, 4, 6

Korrekte Reihenfolge der Arbeitsschritte bei der Annahme von Arzneimitteln:
1. Prüfung der Versandpapiere, insbesondere Empfängeranschrift und Verpackung
2. Bestätigen des Empfangs durch Unterschrift
3. Auspacken der Ware und Überprüfung auf Mängel
4. Erfassen der Ware in der Lagerkartei/-datei
5. Abheften des Lieferscheins in den Ordner „laufende Einkaufsvorgänge"
6. Weiterleiten der Arzneimittel an das Lager der Krankenhausapotheke

Lösung zur 38. Aufgabe

Eiserner Bestand: 3
Umschlagshäufigkeit: 6
Meldebestand: 1

Erläuterung zur 38. Aufgabe

Sachverhalte:
1. = Berechnungsformel für den Meldebestand
2. = Berechnungsformel für den monatlichen durchschnittlichen Lagerbestand
3. = Beschreibung des Eisernen Bestandes (auch: Mindestbestand)
4. = Bei der permanenten Inventur werden die Zugänge (Einkäufe) und Abgänge (Materialentnahmescheine) ständig (permanent) buchmäßig in der Lagerbuchführung erfasst.
5. = Berechnungsformel für den Lagerzinssatz
6. = Berechnungsformel für die Umschlagshäufigkeit. Das Ziel ist ein möglichst hoher Umschlag (= Absatz). Ergebnis der Berechnung: Tage pro Jahr, in denen der komplette Materialbestand das Lager erreicht und wieder verlässt.

Lösung zur 39. Aufgabe

Die Auswahlantwort 5 ist richtig

Erläuterung zur 39. Aufgabe

siehe Erläuterungen zur 38. Aufgabe

Lösung zur 40. Aufgabe

Die Auswahlantwort 4 ist richtig.

Erläuterung zur 40. Aufgabe

Der Sollbestand ist der Bestand, der in der Lagerbuchführung „buchmäßig" durch Zugänge und Abgänge erfasst wird. Der Istbestand ist immer der durch Inventur ermittelte Bestand, der beim Buchhaltungsabschluss auch bilanziert werden muss. Der Buchbestand (Sollbestand) ist hier also durch einen Materialentnahmeschein mit entsprechendem Vermerk an den Istbestand anzupassen.

Beschaffung und Materialwirtschaft

Lösung und Erläuterung zur 41. Aufgabe

Lösung: 7, 3, 2, 1, 5, 4, 6

Korrekte Reihenfolge der Tätigkeiten bei der Einkaufsabwicklung:

1. den genauen Bedarf ermitteln
2. Bezugsquellen ermitteln
3. bei verschiedenen Lieferanten anfragen
4. einen Angebotsvergleich durchführen
5. den geeigneten Lieferanten auswählen
6. die Bestellung schreiben
7. den Wareneingang überprüfen

Lösung zur 42. Aufgabe

Die Auswahlantwort 4 ist richtig.

Den Auftrag erhält Lieferant B, weil er von den beiden Lieferanten, die fristgemäß (innerhalb von 60 Tagen) liefern können, der preisgünstigere ist.

Erläuterungen zum Angebotsvergleich:

	Lieferant A	Lieferant B	Lieferant C
Listenpreis	50 x 712,00 = 35.600,00 €	50 x 674,00 = 33.700,00 €	50 x 635,00 = 31.750,00 €
./. Rabatt	12 % = 4.272,00 €	15 % = 5.055,00 €	16 % = 5.080,00 €
= Zieleinkaufspreis	31.328,00 €	28.645,00 €	26.670,00 €
./. Skonto	2 % Skonto = 626,56 €	3 % = 859,35 €	1,5 % Skonto = 400,05 €
= Bareinkaufspreis	30.701,44 €	27.785,65 €	26.269,95 €
+ Bezugskosten	Bahnfracht = 1.078,80 € ./. 2/3 Verp.-GS = 719,20 € Verpackung = 986,00 €	Rollgeld = 174,00 € Verpackung = 580,00 €	Verpackung = 725,00 €
= Bezugspreis	32.047,04 €	28.539,65 €	26.994,95 €
Bezugspreis/Bett	: 50 = 640,94 €	: 50 = 570,79 €	: 50 = 539,90 €

Lösungen und Erläuterungen zur 43. Aufgabe

a)

	Angebot A	Angebot B
Listeneinkaufspreis	50 Decken x 24,50 € = 1.225,00 €	50 Decken x 27,60 = 1.380,00 €
Rabatt	1.225,00 € : 55 = 22,27 €	12 % von 1.380 € = 165,60 € 1.380 € − 165,60 € = 1.214,40 €
Einstandspreis	1.113,50 € für 50 Stück	1.214,40 € für 50 Stück
Einstandspreis pro Stück	22,27 €	24,29 €
Differenz:	1.214,40 € − 1.113,50 € = 100,90 €	

Angebot A ist günstiger. Der Einstandspreis für eine Decke beträgt 22,27 €.

b)

	Angebot A
Listeneinkaufspreis	1.225,00 €
Rabatt	1.113,50 €
Einstandspreis	111,50 €

$$\frac{111{,}50 \times 100}{1.225{,}00}$$ Ergebnis: 9,102 %, **gerundet 9,1 %**

Lösung zur 44. Aufgabe

Die Auswahlantworten 3, 4 und 6 sind richtig.

Erläuterungen zur 44. Aufgabe

Der günstigste Preis (berechnet aus preispolitischen Argumenten) ist nicht in jedem Fall das ausschlaggebende Argument für die Auftragsvergabe. Auch qualitative Argumente wie hier: Umweltfreundlichkeit der Produkte, Gewährleistung/Kulanz und langjährige Geschäftsbeziehungen sind bei den Überlegungen für die Auftragsvergabe mit einzubeziehen.

Lösung zur 45. Aufgabe

ab Werk:	2
frei Haus:	1
unfrei:	4

Erläuterungen zur 45. Aufgabe

Lieferbedingungen sind Bestandteil der kaufvertraglichen Vereinbarungen.
Rechtsgrundsatz im Vertragsrecht: Vertragliche Vereinbarungen gehen immer vor gesetzlichen Bestimmungen, wenn sie nicht gegen bestehende Gesetze oder den Grundsatz von Treu und Glauben oder gegen die guten Sitten verstoßen.

Gesetzliche Regelung zu den Lieferbedingungen (§ 448 BGB):

Ist nichts vereinbart und besteht kein besonderer Handelsbrauch, sind
- die Kosten der Übergabe, insbesondere die Kosten des Messens und des Wiegens, vom Verkäufer,
- die Kosten der Abnahme und der Versendung nach einem anderen Ort als dem Erfüllungsort vom Käufer

zu tragen.

Es kann vertraglich auch abweichend vereinbart werden:
- der Käufer trägt alle Versandkosten = ab Werk, ab Lager
- der Verkäufer trägt alle Versandkosten = frei Haus, frei Lager, frei Werk
- Käufer und Verkäufer teilen sich die Kosten:
  - Verkäufer übernimmt die Kosten für die Anfuhr bis zum Versandunternehmen = unfrei, ab hier, ab Bahnhof hier
  - Verkäufer übernimmt die Kosten für Anfuhr, Verladung und Fracht = frei, frachtfrei, frei Bahnhof dort

Beschaffung und Materialwirtschaft

Im Folgenden zusammengefasst die benötigten Berechnungsformeln für Berechnungen und Auswertungen im Beschaffungsbereich:

- Berechnung des durchschnittlichen Lagerbestandes:

    – Jahresdurchschnitt: $\dfrac{\text{Anfangsbestand + Schlussbestand}}{2}$

    – Monatsdurchschnitt: $\dfrac{\text{Anfangsbestand + 12 Monatsbestände}}{13}$

- Berechnung der Umschlagshäufigkeit: $\dfrac{\text{Stoffe-Einsatz}}{\varnothing\text{-Lagerbestand}}$

- Berechnung der durchschnittlichen Lagerdauer: $\dfrac{360}{\text{Umschlagshäufigkeit}}$

- Berechnung des Stoffe-Einsatzes:

```
  Stoffe-Einkauf
+ Bezugskosten
− Lieferantenskonti
− Nachlässe
− Lieferantenboni
+ Lagerminderung
− Lagermehrung
= Stoffe-Einsatz
```

Lösung und Erläuterungen zur 46. Aufgabe

Bei der Überschlagsrechnung mithilfe des Dreisatzes wird der Skontosatz in den Jahreszinssatz p. a. (= per anno) umgerechnet. Der Zeitraum des Lieferantenkredits ist dabei die Differenz zwischen den Skonto- und dem Netto-Zahlungsziel:

15 Tage $\triangleq$ 2 % $\dfrac{2 \times 360}{15}$ Ergebnis: **48 % p. a.**
360 Tage $\triangleq$?

Lösung und Erläuterungen zur 47. Aufgabe

Berechnung des effektiven Zinssatzes bei Inanspruchnahme von Skonto:

1. tatsächliche Zahlung: Rechnungsbetrag   15.080,00 €
                           ./. 2 % Skonto   301,60 €
                                              14.778,40 €

2. Die Zinsformel $Z = \dfrac{K \times p \times T}{100 \times 360}$ umgestellt nach p: $p = \dfrac{\text{Zinsen} \times 100 \times 360}{\text{Kapital} \times \text{Tage}}$

$\dfrac{301{,}60 \times 100 \times 360}{14.778{,}40 \times 15}$ Ergebnis: **48,98 % effektiver Zinssatz**

Lösung und Erläuterungen zur 48. Aufgabe

Die Bank rechnet für die Inanspruchnahme des Kontokorrentkredits Sollzinsen wie folgt ab:
14.778,40 Kapitalbedarf für 15 Tage x 12 % p. a.:

$\dfrac{14.778{,}40 \times 12 \times 15}{100 \times 360} = 73{,}89\ \text{€ Sollzinsen}$

Berechnung des Finanzierungsgewinns:

Skontoabzug (2 % von 15.080,00 €)	301,60 €
Kreditzinsen (siehe oben)	73,89 €
Finanzierungsgewinn bzw. -vorteil	**227,71 €**

(da das Krankenhaus nicht umsatzsteuerpflichtig ist, erfolgt keine Vorsteuerberichtigung beim Skonto)

Die Bezahlung der Rechnung abzüglich Skonto lohnt sich. Selbst bei Inanspruchnahme des eigenen Kontokorrentkredits ergibt sich ein Finanzierungsvorteil. Bei Nichtinanspruchnahme von Skonto, also bei Zahlung der Rechnung ohne Abzug, zahlt die Wellmed GmbH entsprechend hohe Zinsen für den eingeräumten Warenkredit.

Erläuterungen zur 46. bis 48. Aufgabe

Die Zahlungsbedingungen sind ebenfalls Bestandteile der kaufvertraglichen Vereinbarungen. Dabei gewährt der Lieferant dem Käufer Skonto bei vorzeitiger Zahlung. Nimmt der Käufer den Skonto in Anspruch, erwirtschaftet er einen Skontoertrag, zahlt er „ohne Abzug" oder „netto", verdient der Lieferant den von ihm in seiner Verkaufskalkulation kalkulierten Skonto für den eingeräumten Warenkredit. Meist lohnt es sich für den Käufer, die Skontozahlung zu nutzen und dafür unter Umständen sogar den von der Bank eingeräumten Kontokorrentkredit in Anspruch zu nehmen.

Betriebliches Rechnungswesen

Lösung zur 49. Aufgabe

Zutreffend: 2, 4, 6, 7, 8

Erläuterungen zur 49. Aufgabe

1. Nicht zutreffend. Die Bilanz ist kurz gefasst und in Kontenform aufgestellt; ausführlich aufgeführt sind Vermögen und Schulden im Inventar.
2. Zutreffend. Berechnungsformel für die Anlagendeckung II: $\frac{(EK + langfr.\ FK) \times 100}{Anlagevermögen}$
3. Nicht zutreffend. Auch nach Krankenhausbuchführungsverordnung (KHBV) und Pflegebuchführungsverordnung (PBV) gelten die Vorschriften des HGB, d. h. Aktiva geordnet nach der Liquidität, Passiva geordnet nach Fälligkeit.
4. Zutreffend (vgl. Inventurverfahren: Stichtagsinventur, verlegte Inventur, permanente Inventur).
5. Nicht zutreffend. Die zeitnahe – oder Stichtagsinventur – erfolgt bis maximal zehn Tage vor oder nach dem Bilanzstichtag.
6. Zutreffend. „Zweckbetriebe" einer Körperschaft sind steuerbegünstigt, wenn mind. 40 % der jährlichen Pflegetage nach der Bundespflegesatzverordnung (BPflV) bzw. nach der Fallpauschalenverordnung für Krankenhäuser 2004 (KFPV 2004) abgerechnet werden. Als Zweckbetriebe sind dies im Bereich der Krankenhäuser und Pflegeeinrichtungen gem. § 4 UStG Krankenhäuser und Kurkliniken mit „üblichen Leistungen" (bedeutet: die Unterbringung muss notwendig und zweckmäßig sein); nach § 4.17 a+b UStG die Lieferung von menschlichen Organen, menschlichem Blut und Frauenmilch; die Beförderung von kranken und verletzten Personen mit Fahrzeugen, die hierfür eingerichtet sind; Alten-, Altenwohn-, Pflegeheime und ambulante Pflegebetriebe; Leistungen der amtlich anerkannten Verbände der freien Wohlfahrtspflege, wenn die Leistungen ausschließlich und unmittelbar gemeinnützigen, mildtätigen und kirchlichen Zwecken dienen; ferner: die Umsätze aus der Tätigkeit als Arzt, Zahnarzt, Heilpraktiker, Physiotherapeut, Hebamme.

7. Zutreffend. Die Hauptbuchkonten der doppelten Buchführung sind nach „sachlichen" Gesichtspunkten organisiert. Aktive und passive Bestandskonten bilden mit den Erfolgskonten die Sachkonten des Hauptbuches.
8. Zutreffend. Nach dem Krankenhausfinanzierungsgesetz (KHG) setzt „öffentliche Förderung" voraus: ärztliche und pflegerische Hilfeleistungen, Feststellung, Heilung oder Linderung von Krankheiten, Leiden oder Körperschäden und Geburtshilfe, Möglichkeit der Unterbringung und Verpflegung. Die erweiterte Buchführungspflicht verlangt die doppelte Buchführung nach dem Musterkontenrahmen der Anlage 4 der KHBV.

Lösung und Erläuterungen zur 50. Aufgabe

Lösung zu 1:

	Eigenkapital am 31.12.20xx	Vermögen 691.000,00 € – Schulden 255.000,00 €	436.000,00 €
./.	Eigenkapital am 01.01.20xx		320.000,00 €
=	Eigenkapital		116.000,00 €
+	Privatentnahmen		60.000,00 €
–	Privateinlagen		120.000,00 €
=	steuerpfl. Gewinn des Geschäftsjahres		**56.000,00 €**

Lösung zu 2:

Der Inhaber der Privatklinik erklärt den Gewinn der Buchführung in seiner privaten ESt-Erklärung als **„Einkünfte aus Gewerbebetrieb"**.

Für den privaten Klinikbetreiber bedeutet dies die Handelsregister-Eintragung und Führung eines Handelsgewerbes. Die Buchführungspflicht ist nach HGB geregelt, d. h., es besteht „Bilanzierungspflicht" und die Pflicht zur „doppelten Buchführung". Ein Privatkonto führt er, weil er als natürliche Person keinen Arbeitsvertrag hat und seinen Lohn aus dem Gewinn bestreiten muss. Nach den Vorschriften des EStG ermittelt er seinen Gewinn durch „Betriebsvermögensvergleich".

Lösung und Erläuterungen zur 51. Aufgabe

1.	1 (erfolgswirksam)	Büromaterial = Aufwandskonto
2.	9 (nicht erfolgswirksam)	Buchung erfolgt nur auf Bestandskonten.
3.	1 (erfolgswirksam)	Kfz-Steuer = Aufwandskonto
4.	1 (erfolgswirksam)	Versicherungsprämie = Aufwandskonto
5.	1 (erfolgswirksam)	berechnete Pflegeleistungen = Ertrag
6.	1 (erfolgswirksam)	Telekomrechnung = Aufwandskonto
7.	1 (erfolgswirksam)	Verbrauch med. Bedarf = Aufwandskonto
8.	9 (nicht erfolgswirksam)	Buchung erfolgt nur auf Bestandskonten.
9.	9 (nicht erfolgswirksam)	Buchung erfolgt nur auf Bestandskonten.
10.	9 (nicht erfolgswirksam)	Buchung erfolgt nur auf Bestandskonten.
11.	1 (erfolgswirksam)	Zinserträge = Ertragskonto
12.	9 (nicht erfolgswirksam)	Begleichung der Verbindlichkeit

Lösung zur 52. Aufgabe

Sachverhalte	
Die Reihenfolge der Passiva in der Jahresbilanz nach den Vorschriften des HGB/KHBV/PBV	7
mengen- und wertmäßige Bestandsaufnahmen aller Vermögensteile und Schulden	1
Unterschiedsbetrag zwischen Soll- und Habenumsatz eines Kontos	5
die Fähigkeit des Unternehmens, seinen fälligen Verpflichtungen fristgerecht nachzukommen	2
die kurz gefasste, kontenmäßige Gegenüberstellung von Vermögen und Schulden	6
die Verwendung der beschafften Finanzmittel zur Anschaffung neuer Vermögensteile	3
die Kapitalbeschaffung durch Aufnahme eines langfristigen Darlehens	8
Verzeichnis, das alle Vermögensteile und Schulden nach Art, Menge und Wert ausweist	4

Lösung zur 53. Aufgabe

Geschäftsvorfälle	
Berechnung der Pflegeleistung an die Pflegekasse	3
Banküberweisung zum Ausgleich einer Lieferantenrechnung	4
Zieleinkauf von medizinischem Bedarf	1
Quittungsbeleg für den Einkauf von Büromaterial	2
Buchung der Jahres-AfA für abnutzbares Anlagevermögen	5

Lösung zur 54. Aufgabe

Buchhaltungskonto	
Instandhaltung (72)	3
Betriebsbauten (011)	1
Vorräte des medizinischen Bedarfs (101)	1
Erhaltene Anzahlungen (360)	2
Forderungen nach KHG (150)	1
Gesetzliche Sozialabgaben (61)	3
Verbindlichkeiten gegenüber Kreditinstituten (340)	2
Geringwertige Gebrauchsgüter (0761)	1
Pensionsrückstellungen (27)	2
Verbrauch Verwaltungsbedarf (690)	3
Erlöse aus Wahlleistungen (410)	4
Geleistete Anzahlungen (110)	1

Betriebliches Rechnungswesen

Erläuterungen zur 54. Aufgabe

Im Prüfungsbogen der Kaufleute im Gesundheitswesen werden die Kontenbezeichnungen und die Kontonummern nach Anlage 4 Krankenhausbuchführungsverordnung (KHBV) verwendet.

Hinweis: Ein Auszug aus dem Kontenplan nach Krankenhausbuchführungsverordnung (KHBV) befindet sich im Anhang des Lösungs- und Erläuterungsteils.

Lösungen zur

	55. Aufgabe		56. Aufgabe		57. Aufgabe	
	Soll	Haben	Soll	Haben	Soll	Haben
	4	6	4	7	2	1

Lösungen zur

	58. Aufgabe		59. Aufgabe		60. Aufgabe	
	Soll	Haben	Soll	Haben	Soll	Haben
	6	2	4	2	2 5	7

Erläuterungen zur 60. Aufgabe

Der Lieferantenskonto vermindert eigentlich die Anschaffungskosten der Vorräte des Wirtschaftsbedarfs (2 an 5+4), wird aber im Prüfungsbogen über das Konto „571 Skontierträge" gebucht.

Lösungen zur

	61. Aufgabe		62. Aufgabe		63. Aufgabe	
	Soll	Haben	Soll	Haben	Soll	Haben
	2	4	2	5	5	1

Erläuterungen zur 62. Aufgabe

Die vom Kunden erhaltene Anzahlung beinhaltet noch eine Verpflichtung zur Leistungserbringung. Das Konto „Erhaltene Anzahlungen" ist bei Erstellung und Buchung der Ausgangsrechnung wieder aufzulösen oder aber am Bilanzstichtag zu passivieren.

Informationen zur 64. bis 68. Aufgabe

Nach der Abgrenzungsverordnung (AbgrV) zur Krankenhausbuchführungsverordnung (KHBV) werden bei der „dualen Finanzierung" die kurz-, mittel- und langfristigen Anlagegüter, aber auch die Gebrauchsgüter über 410 € bzw. bis 410 € Anschaffungskosten über Einzelförderung bzw. Pauschalförderung durch Fördermittel der Länder finanziert. Die wiederzubeschaffenden Gebrauchsgüter wie auch die Verbrauchsgüter müssen dagegen über die Pflegesätze finanziert werden.
Der Krankenhausanbau fällt somit unter die Einzelförderung durch das Land. Die Fördermittel müssen beim Land beantragt und bewilligt werden.

Lösung und Erläuterungen zur 64. Aufgabe

Soll	Haben
3	8

Die Fördermittel werden vom Land bewilligt. Dem Krankenhaus liegt für die Buchung ein Bewilligungsbescheid vor. Die Buchung im ersten Schritt lautet:
150 Forderung nach KHG 10.000.000,00 €
   an 46 Erträge aus Fördermitteln nach KHG 10.000.000,00 €

Lösung und Erläuterungen zur 65. Aufgabe

Soll	Haben
5	7

Umbuchung bedeutet: Die Fördermittel werden erfolgsneutralisiert und auf Verbindlichkeiten umgebucht, weil sie noch nicht verwendet wurden und im Falle einer Nicht-Verwendung der Rückzahlungspflicht unterliegen. Die Buchung im zweiten Schritt lautet:
752 Zuführung der Fördermittel nach KHG zu Verbindlichkeiten 10.000.000,00 €
   an 350 Verbindlichkeiten nach KHG 10.000.000,00 €

Lösung und Erläuterungen zur 66. Aufgabe

Soll	Haben
2	3

Die Fördermittel für den ersten Bauabschnitt werden ausgezahlt und dem Bankkonto gutgeschrieben. Die Buchung im dritten Schritt lautet:
135 Guthaben bei Kreditinstituten 900.000,00 €
   an 150 Forderungen nach KHG 900.000,00 €

Lösung und Erläuterungen zur 67. Aufgabe

Soll	Haben
1	2

Die Fördermittel werden verwendet, d.h., der Betriebsbau wird „aktiviert" und damit zum Anlagevermögen, die Zahlungsausgänge werden gebucht. Die Buchung im vierten Schritt lautet:
011 Betriebsbauten 900.000,00 €
   an 135 Guthaben bei Kreditinstituten 900.000,00 €

Lösung und Erläuterungen zur 68. Aufgabe

Soll	Haben
7	4

Die Verbindlichkeiten nach KHG werden aufgelöst und den Sonderposten zugeführt. Dabei bildet der Bilanzposten „Sonderposten aus Fördermitteln nach KHG" auf der Passivaseite der Fördermittelbilanz das „Eigenkapital" aus der investitionsgeförderten Finanzierung. Die Buchung im fünften Schritt lautet:
350 Verbindlichkeiten nach KHG 900.000,00 €
   an 22 Sonderposten aus Fördermitteln nach KHG 900.000,00 €

Lösung und Erläuterungen zur 69. Aufgabe

Die Januar-Umsätze des Getränkelieferanten berechnen sich aus den Eingangsrechnungen des Januars abzüglich eventueller Gutschriften, beispielsweise für Mängelrügen oder Verpackungsgutschriften.

Zu den Januar-Umsätzen der Holzer OHG gehören:

ER 01.113		5.870,00 €
ER 01.295		8.325,00 €
G 007	./.	575,00 €
ER 01.583		9.727,00 €
		23.347,00 €

Lösung zur 70. Aufgabe

Noch nicht bezahlte Rechnungen lt. Kreditorenkonto:

ER 01.295	8.325,00 €
ER 01.583	9.727,00 €
	18.052,00 €

Erläuterungen zur 69. und 70. Aufgabe

Die Kontokorrentbuchhaltung erledigt die eigentliche „Tagesarbeit" in der Finanzbuchhaltung. Als Nebenbuch erläutern die Personenkonten die entsprechenden Hauptbuchkonten, die Debitorenkonten (= Kundenkonten) das Sachkonto „Forderungen aLL", die Kreditorenkonten (= Lieferantenkonten) das Sachkonto „Verbindlichkeiten aLL".

So werden auf den Kundenkonten Ausgangsrechnungen, Gutschriften und Zahlungseingänge gebucht. Mit diesen Informationen sind die Kundenkonten Grundlage für die Durchführung des betrieblichen Mahnwesens. Die Lieferantenkonten erfassen die eingehenden Rechnungen und Gutschriften und sind Grundlage für die Durchführung des ausgehenden Zahlungsverkehrs. Die „Kontenpflege" und Abstimmung zwischen Personenkonten und Hauptbuchkonten erfolgt in der EDV-Buchführung über „Offene-Posten-Listen".

Betriebliches Controlling

Bei der „betriebswirtschaftlichen Auswertung" (BWA) der Buchführung sollen zunehmend auch Einrichtungen des Gesundheitswesens wie Unternehmen geführt werden. Kontrolle spielt dabei natürlich eine besondere Rolle, genauso wie die Auswertung und Planung. Diese Aktionen werden heute in der Betriebswirtschaft, auch unter Einbeziehung der Kosten- und Leistungsrechnung, als „Controlling" bezeichnet.

Ein Bereich des Controllings ist die „Kennzahlenrechnung". Hier wird ein sogenanntes betriebliches Frühwarnsystem aufgebaut, die interne Entwicklung fortgeschrieben und analysiert und an bestimmten „Merkpunkten" werden entsprechende betriebswirtschaftliche Maßnahmen eingeleitet, wenn die betriebliche Situation langfristig (strategisch) oder kurzfristig (operativ) verbessert werden muss.

Unter dem Dach des Controllings spielt heute neben der Bilanzanalyse auch die Analyse der Erfolgsrechnung eine große Rolle. Dabei sind die Bereiche Leistungen, Kosten, Personal, Erfolg, Absatz, Finanzwirtschaft, das Lager und die Fertigung auch in Einrichtungen des Gesundheitswesens von zunehmender Bedeutung.

Banken benutzen das gleiche Auswertungssystem, das „Rating", bekannt unter dem Namen „Basel II", um die Kreditwürdigkeit ihrer Kunden zu beurteilen.

Lösung und Erläuterungen zur 71. Aufgabe

$$\frac{7.135 \times 100}{18.263}$$

Ergebnis: **39,07 %**

Die 50:50-Regel ist zwar nicht erfüllt, die Berechnung ergibt aber eine durchaus zufriedenstellende Eigenkapital-Quote (zum Vergleich: der Durchschnitt der gesamten deutschen Industrie beträgt ca. 18 %).

Formel für die Berechnung der Eigenkapital-Quote: $\dfrac{\text{Eigenkapital} \times 100}{\text{Bilanzsumme}}$

Bedeutung:
Der Eigenkapital-Anteil eines Unternehmens berechnet das Eigenkapital in % des Gesamtkapitals bzw. der Bilanzsumme. Es zeigt das Verhältnis der Eigenfinanzierung zur Fremdfinanzierung an und damit den Grad der finanziellen Unabhängigkeit. Dabei ist betriebswirtschaftliches Arbeiten mit hohen Fremdkapitalanteilen durchaus nicht unmöglich (bei Existenzgründern beläuft sich die Eigenkapital-Quote oft auf gerade einmal 10 %), aber die Risiken sind enorm, denn bei hohen „Zinsdiensten", die aus dem Gewinn erwirtschaftet werden müssen, verlangt dies eine gute Auslastung und stabile Gewinnsituation.

Das Ideal wird in der BWA definiert als „50:50-Regel".

Lösung und Erläuterungen zur 72. Aufgabe

$$\frac{11.128 \times 100}{18.263}$$

Ergebnis: **60,93 %**

Formel für die Berechnung der Fremdkapital-Quote: $\dfrac{\text{Fremdkapital} \times 100}{\text{Bilanzsumme}}$

Bedeutung:
Die Fremdkapital-Quote ist die Differenz zwischen Eigenkapital-Quote in % und der Bilanzsumme = 100 %. Man kann sie natürlich auch mit der obigen Formel berechnen. Darüber hinaus ist in der Kennziffernberechnung – mit den Werten aus Eigenkapital und Fremdkapital – die Berechnung des sogenannten Verschuldungsgrades üblich, der das Fremdkapital durch das Eigenkapital dividiert. Wichtig ist aber auch hier die Fortschreibung und damit die Entwicklung der Kennzahl.

Lösung und Erläuterungen zur 73. Aufgabe

Fälligkeitsdarlehen: 3
Ratendarlehen: 1
Annuitätendarlehen: 2

Nach der Tilgung unterscheidet man grundsätzlich drei Darlehensarten bei den Geldkrediten:

- Beim **Fälligkeitsdarlehen** wird das Darlehen am Ende der vereinbarten Laufzeit in einer Summe zurückgezahlt. Die Zinsbelastung ist über die gesamte Laufzeit immer gleich hoch.
- Das **Ratendarlehen** (auch: Abzahlungsdarlehen) wird in jährlich gleichen Raten zurückgezahlt (getilgt). Die Zinsbelastung nimmt dabei aufgrund der geringer werdenden Restschuld ab.
- Bei einem **Annuitätendarlehen** ist die jährliche Summe aus Tilgung und Zinsen (= Annuität) stets gleich hoch. Während die Tilgungsrate zunimmt, nimmt die Zinsbelastung aufgrund der geringer werdenden Restschuld ab.

Lösung zur 74. Aufgabe

Antwort 4 ist richtig.

Erläuterungen zur 74. Aufgabe

Selbstfinanzierung ist eine Eigenfinanzierungsart, die man als „Innenfinanzierung" bezeichnet, d. h., nicht entnommene bzw. nicht ausgeschüttete Gewinne verbleiben im Unternehmen, stärken so die Eigenkapitalbasis und können für Investitionszwecke (Ersatz- oder Neuinvestitionen) wieder verwendet werden (vgl. Anlagendeckungsberechnung I, Selbstfinanzierung durch Abschreibung und Abschreibungskreislauf).

Lösung zur 75. Aufgabe

$$\frac{7.135 \times 100}{15.237}$$
Ergebnis: **46,83 %**

Erläuterungen zur 75. Aufgabe

Die Regel der Anlagendeckung I ist nicht erfüllt, d. h., das Anlagevermögen ist durch Eigenkapital nicht ausreichend gedeckt. Berechnung II ist notwendig.

Bedeutung:
Die Anlagendeckung berechnet die langfristige Finanzierung des Anlagevermögens. Dabei gilt die Faustregel:

Langfristiges Vermögen wird immer mit langfristigem Kapital finanziert!

Praktisch wird die Anlagendeckung II immer dann berechnet, wenn die Anlagendeckung I nicht gegeben ist. Bedingung ist dann, dass die Regel II Deckung ergeben muss, sonst wären Teile des Anlagevermögens mit kurzfristigem Kapital finanziert.

Berechnungsformeln:

$$\text{Anlagendeckung I} = \frac{\text{Eigenkapital} \times 100}{\text{Anlagevermögen}}$$

Beurteilung: Die Regel I ist erfüllt, wenn das Eigenkapital das Anlagevermögen deckt (100 % oder Kennzahl 1).

$$\text{Anlagendeckung II} = \frac{(\text{Eigenkapital} + \text{langfr. Fremdkapital}) \times 100}{\text{Anlagevermögen}}$$

Beurteilung: Die Regel II ist erfüllt, wenn das Eigenkapital und das langfristige Fremdkapital das Anlagevermögen decken (mind. 100 % oder Kennzahl 1).

Lösung und Erläuterungen zur 76. Aufgabe

$$\frac{(7.135 + 8.798) \times 100}{15.237}$$
Ergebnis: **104,57 %**

Berechnungsformel siehe Aufgabe 75

Berechnung des langfristigen Fremdkapitals: 9.411 – 613 = 8.798

Beurteilung: Die Anlagendeckung II ergibt ausreichende Deckung, d. h., Eigenkapital und langfristiges Fremdkapital decken das AV, das langfristige Kapital deckt also das langfristige Vermögen.

Informationen zur Liquiditätsberechnung (Aufgaben 77 und 78)

Die Liquiditätsberechnung ist eine absolut kurzfristige und zeitpunktbezogene Feststellung der Zahlungsfähigkeit eines Unternehmens, hier des Krankenhauses bzw. der Pflegeeinrichtung. Die sogenannte statische Liquidität sagt nichts über zukünftige Zahlungsfähigkeit aus, hierfür wäre die Aufstellung eines Finanzplans erforderlich. In der Praxis wird der Liquiditätsstatus in drei Liquiditätsgraden berechnet. Zur Beurteilung hat das Bank-Rating sogenannte Bankregeln formuliert: Liquidität 1. Grades = mind. 20 % (Kennzahl 0,2), Liquidität 2. Grades = mind. 100 % (Kennzahl 1) und Liquidität 3. Grades = mind. 200 % (Kennzahl 2).

Berechnungsformeln:

$$\text{Liquidität I} = \frac{\text{Barmittel} \times 100}{\text{kurzfr. Verbindl.}}$$

$$\text{Liquidität II} = \frac{(\text{Barmittel} + \text{Forderungen}) \times 100}{\text{kurzfristige Verbindl.}}$$

$$\text{Liquidität III} = \frac{\text{gesamtes Umlaufvermögen} \times 100}{\text{kurzfristige Verbindl.}}$$

Anmerkung zur Lösung:

Die prüfungsrelevante Berechnung für Kaufleute im Gesundheitswesen bezieht die Verbindlichkeiten mit einer Laufzeit bis zu einem Jahr mit in die Berechnung ein. Das ist zwar betriebswirtschaftlich richtig, denn der Kredit mit einer Laufzeit bis zu einem Jahr ist noch kurzfristig. Diese Berechnung ist in der Praxis der BWA und des Ratings jedoch nicht üblich – hier werden bei der Liquiditätsberechnung nur die Verbindlichkeiten mit einer maximalen Laufzeit von 90 Tagen eingerechnet.

Trotzdem gilt: Die Verbindlichkeiten in der Bilanz mit einer Laufzeit bis zu einem Jahr müssen im Prüfungsbogen bei der Berechnung der Liquidität mit berücksichtigt werden!

Lösung und Erläuterungen zur 77. Aufgabe

kurzfristige Mittel I: 1.513 + 63 = 1.576
kurzfristige Verbindl.:   613 + 494 + 1.223 = 2.330

$$\frac{1.576 \times 100}{2.330} \qquad \text{Ergebnis: } \mathbf{67{,}64\,\%}$$

Beurteilung: Die Berechnung ergibt eine Unterdeckung, die Bankregel (mind. 20 %) ist jedoch erfüllt.

Lösung und Erläuterungen zur 78. Aufgabe

Berechnungsformeln siehe Aufgabe 77

Kurzfristige Mittel 2. Grades: 878 + 1.513 + 63 = 2.454
Kurzfristige Verbindlichkeiten: 613 + 494 + 1.223 = 2.330

$$\frac{2.454 \times 100}{2.330} \qquad \text{Ergebnis: } \mathbf{105{,}32\,\%}$$

Beurteilung: Die Berechnung ergibt eine Überdeckung, die Bankregel (mind. 100 %) ist erfüllt, d. h., das Krankenhaus bzw. die Pflegeeinrichtung ist zum Zeitpunkt der Berechnung zahlungsfähig.

Betriebliches Controlling

Informationen zur Lagerhaltung (Aufgabe 79)

Die Analyse des Lagers ist immer dann von Bedeutung, wenn Vorratshaltung (Mindestbestände) und damit verbundene Lagerkosten (Vorfinanzierung der Bestände, Zinsen, Verwaltung) eine Rolle spielen. Hier bekommt dann die Überwachung der Wirtschaftlichkeit des Lagers eine besondere Bedeutung. Neben den vielen Möglichkeiten, das Lager zu berechnen, ist dies für Kaufleute im Gesundheitswesen prüfungsrelevant für die Stoffe-Bestände der Vorräte an Lebensmitteln, *Vorräte des medizinischen Bedarfs und der Vorräte des Wirtschafts- und Verwaltungsbedarfs.*

Berechnungsformeln für die Lagerumschlagshäufigkeit:

1. Durchschnittlicher Lagerbestand = $\dfrac{AB + SB}{2}$

2. Lagerumschlagshäufigkeit = $\dfrac{\text{Stoffeverbrauch}}{\varnothing\text{-Lagerbestand}}$

3. Durchschnittliche Lagerdauer = $\dfrac{360}{\text{Lagerumschlagshäufigkeit}}$

Lösung und Erläuterungen zur 79. Aufgabe

Durchschnittlicher Lagerbestand:

(42.560 + 35.240) : 2 = 38.900

Lagerumschlagshäufigkeit

Berechnung des Stoffeinsatzes (= Stoffeverbrauch):

Stoffe-Einkauf	226.390,00	
+ Bezugskosten	8.677,00	(gehören mit zu den Anschaffungskosten)
– Lieferskonti	4.998,00	(sind Anschaffungsminderungskosten)
+ Bestandsveränderungen	7.320,00	(Lagerminderbestand; berechnet aus SB – AB)
Stoffeinsatz	237.389,00	

$\dfrac{237.389}{38.900}$ Ergebnis: **6,1**

Das bedeutet:
Das Stoffe-Lager „medizinischer Bedarf" hat sich im laufenden Jahr 6,1-mal umgeschlagen.

Durchschnittliche Lagerdauer

360 : 6,1 = 59,02 = **60 Tage**

Das bedeutet:
Das Stoffe-Lager „medizinischer Bedarf" hat sich im laufenden Jahr alle 60 Tage umgeschlagen.

Buchhalterische Darstellung der Lösung:

S	101 Vorr. med. Bedarf		H
EBK	42.560,00	SBK	35.240,00
		660	7.320,00
	42.560,00		42.560,00

S	660 Verbr. med. Bedarf		H
Eink.	226.390,00	6602	4.998,00
101	7.320,00	G+V	237.389,00
6601	8.677,00		
	242.387,00		242.387,00

S	6601 Bezugskosten		H
Eink.	8.677,00	660	8.677,00

S	6602 Lieferantenskonti		H
660	4.998,00	Eink.	4.998,00

S	851 SBK		H
101	35.240,00		

S	852 G+V		H
Eink.	237.389,00		

Information und Erläuterungen zur Kosten- und Leistungsrechnung (Aufgaben 80 bis 84)

Die kaufmännische Kalkulation von Unternehmen auf Einrichtungen im Gesundheitswesen zu übertragen, ist zumindest problematisch, weil sich „Pflegesätze" bzw. „Fallpauschalen" nicht unmittelbar durch kaufmännische Vor- und Nachkalkulation ergeben, sondern Erst- und Wiederbeschaffung von bestimmten Wirtschaftsgütern des Anlagevermögens (siehe Abgrenzungsverordnung zur Krankenhausbuchführungsverordnung) durch die „duale Finanzierung" der Krankenhäuser und damit durch Fördermittel der Länder finanziert werden, während die sogenannten Betriebskosten durch den Patienten bzw. seine Krankenversicherung getragen werden müssen.

Pflegesatzfähig sind somit alle Kosten, die bei wirtschaftlicher Betriebsführung anfallen und deren Berücksichtigung im Krankenhausfinanzierungsgesetz (KHG) nicht ausgeschlossen ist. So sind Leistungen, die nicht der stationären oder teilstationären Krankenhausversorgung dienen (z. B. ambulante Behandlungen, vor- und nachstationäre Behandlungen, Kosten für die Personalunterkunft, Kosten für Forschung und Lehre und Grundstückskosten) nicht pflegesatzfähig.

Trotzdem wird die Kostenrechnung zukünftig für Einrichtungen im Gesundheitswesen ein wichtiger Bestandteil sein, wobei man unterstellen kann, dass sogenannte krankenhausindividuelle Selbstkosten unter Berücksichtigung krankenhausindividueller Verhältnisse, bedarfsgerechter Versorgung und wirtschaftlicher Betriebsführung zu ermitteln sein müssen.

Lösung und Erläuterungen zur 80. Aufgabe

Kosten:	7
Neutraler Aufwand:	6
Leistung:	3
Neutraler Ertrag:	4

„Sachliche Abgrenzung" bedeutet, die Zahlen der Finanzbuchhaltung für die Kosten- und Leistungsrechnung aufzubereiten. Dabei sind die Aufwendungen der Finanzbuchhaltung (Fibu) zu trennen in:

- *neutrale Aufwendungen* (betriebsfremd, betrieblich außerordentlich, periodenfremd); sie sind für die Kalkulation ungeeignet, sind also dem „Betriebsergebnis" gegenüber „neutral"
- *Kostenarten;* sie sind kalkulatorisch geeignet, weil sie „betriebsbedingt" entstanden sind, müssen aber in der Kostenartenrechnung (= Erfassung der Kosten) noch ergänzt oder anders berechnet werden
- *kalkulatorische Kosten,* z. B. kalkulatorische Abschreibungen, kalkulatorische Zinsen

Die Erträge der Finanzbuchhaltung werden sachlich abgegrenzt in:
- *neutrale Erträge* (betriebsfremd, betrieblich außerordentlich, periodenfremd); sie sind für die Leistungsverrechnung ungeeignet, also auch dem „Betriebsergebnis" gegenüber „neutral".
- *Leistungen* (z. B. Erlöse aus Krankenhausleistungen oder Pflegeleistungen); diese gehen in die Leistungsverrechnung als „betriebsbedingt" ein.

Der Abgrenzungsfilter zwischen Finanzbuchhaltung und Kosten- und Leistungsrechnung ergibt somit eine Aufteilung des Gesamtergebnisses der Finanzbuchhaltung in das
- *Betriebsergebnis* (wird für die Kosten- und Leistungsrechnung verrechnet) und in das
- *neutrale Ergebnis* (wird für die Kosten- und Leistungsrechnung nicht verrechnet).

Lösung und Erläuterungen zur 81. Aufgabe

Die Auswahlantwort 4 ist richtig.

Während die Kostenartenrechnung in der Vollkostenrechnung die angefallenen Kosten erfasst als
- die dem Kostenträger direkt zurechenbaren Kosten (= *Einzelkosten*) und
- die dem Kostenträger nur indirekt zurechenbaren Kosten (= *Gemeinkosten*),

verteilt die Kostenstellenrechnung die angefallenen Gemeinkosten auf Kostenstellen, z. B. auf *Hauptkostenstellen* (z. B. die Krankenhaus-Abteilungen), auf *Hilfskostenstellen* (z. B. das Stoffe-Lager) oder auf *allgemeine Kostenstellen* (z. B. der Fahrdienst).

In der kaufmännischen Praxis geschieht dies meist mit einer Hilfsrechnung, dem *Betriebsabrechnungsbogen* (BAB). Das Ziel der Verteilung ist die genaue, das heißt „verursachungsgerechte" Zuordnung der angefallenen Kosten auf Kostenstellen, um so möglichst genaue Gemeinkostenzuschläge für die Leistungsverrechnung, auch für Einrichtungen des Gesundheitswesens, zu bekommen.

Lösung zur 82. Aufgabe

Gehälter für den Pflegedienst:	2
Zinsen für Eigenkapital:	3
Bewertung der noch in Behandlung befindlichen Patienten:	4
Verbrauch von Hüftgelenksprothesen bei Hüftgelenksoperationen:	1

Erläuterung zur 82. Aufgabe: siehe auch Erläuterung zur Aufgabe 81

Bewertung zu Herstellungskosten

In der Produktionsbuchführung sind beim Buchhaltungsabschluss die „auf Lager gearbeiteten Erzeugnisse" wie die „zusätzlich vom Lager verkauften Erzeugnisse" als Bestandsveränderungen zu „Herstellungskosten" zu bewerten. Genauso werden in der Krankenhaus- und Pflegebuchführung die „unfertigen Leistungen" – also die behandelten, aber noch nicht abgerechneten Patienten – wie Herstellungskosten bewertet.

Dabei ist der „Herstellungsaufwand" zu erfassen. Die noch in Behandlung befindlichen Patienten sind in der Bilanz zu bewerten.

Lösung und Erläuterungen zur 83. Aufgabe

Lebensmittelverbrauch: 2
Versicherungen: 1
Instandhaltung: 1
Verbrauch an medizinischem Bedarf: 2

Fixe und variable Kosten sind Begriffe aus der Teilkostenrechnung. Anders als in der Vollkostenrechnung, in der die gesamten angefallenen Kosten verrechnet und auch realisiert werden müssen, errechnet die Teilkostenrechnung eher „marktorientiert" über die erzielbaren Umsatzerlöse sogenannte Deckungsbeiträge, die die Fixkosten decken und darüber hinaus Gewinn erwirtschaften sollen.

Für die kaufmännische Praxis der Unternehmung bedeutet dies, dass z. B. Zusatzaufträge bei fehlender Auslastung dann Sinn ergeben, wenn die Erlöse mindestens die variablen Kosten decken (= absolute Preisuntergrenze). Wird ein positiver Deckungsbeitrag erwirtschaftet, ergibt sich der Effekt der „Fixkostendegression", was bedeutet, dass die stückbezogenen Fixkosten sinken.

Berechnungsschema der Teilkostenrechnung:

  Verkaufserlöse
./. variable Kosten (beschäftigungsabhängig)
= Deckungsbeitrag
./. Fixkosten (beschäftigungsunabhängig)
= Betriebsergebnis (DB > Fixkosten = Gewinn / DB < Fixkosten = Verlust)

Lösung und Erläuterungen zur 84. Aufgabe

	Rohstoffkosten	2,15 €	
+	80 % GK-Zuschlag	1,72 €	
=	Selbstkosten	3,87 €	
+	25 % Gewinn	0,97 €	
=	Barverkaufspreis	4,84 €	
+	19 % Umsatzsteuer	0,92 €	USt an den Endverbraucher ist auszuzeichnen
=	**Verkaufspreis***	**5,76 €**	= Inklusivpreis

* Das ist der kalkulierte Verkaufspreis, preisoptisch wird er möglicherweise mit 5,75 € oder vielleicht auch mit 5,80 € ausgezeichnet.

Lösung und Erläuterungen zur 85. Aufgabe

Formel für die Berechnung der Wirtschaftlichkeit: $\dfrac{\text{Erträge}}{\text{Aufwendungen}}$

$\dfrac{2.903}{2.366}$ Ergebnis: **1,2270**

Bedeutung: Ist die Kennziffer > 1, handelt es sich bei dem Ergebnis um Gewinn, ist die Kennziffer < 1, handelt es sich bei dem Ergebnis um Verlust.

Lösung und Erläuterungen zur 86. Aufgabe

$$\frac{537 \times 100}{2.366}$$ Ergebnis: **22,70 %** Gewinnzuschlag der Nachkalkulation

Der Gewinnzuschlag der Nachkalkulation wird, wie in der Angebotskalkulation, in Prozent berechnet und auf die Selbstkosten bezogen. Die Selbstkosten sind in der Gewinn- und Verlustrechnung die gesamten Aufwendungen.

Lösung und Erläuterungen zur 87. Aufgabe

Formel für die Berechnung der Eigenkapital-Rentabilität: $$\frac{\text{Gewinn} \times 100}{\text{Eigenkapital am 1.1.}}$$

Eigenkapital am 1.1.:   EK lt. Bilanz am 31.12.   =   6.305
                         – Gewinn lt. GuV   =   537   5.768

$$\frac{537 \times 100}{5.768}$$ Ergebnis: **9,31 %** Eigenkapital-Rentabilität p. a.

Bedeutung: Die Eigenkapital-Rentabilität berechnet die p. a.-Verzinsung des eingesetzten Eigenkapitals. Durch die Berechnung lässt sich im kaufmännischen Betrieb kontrollieren, ob der in der Angebotskalkulation verwendete Wagnis- und Gewinnzuschlag (Risikoprämie) realisiert wurde oder nicht.

Lösung und Erläuterungen zur 88. Aufgabe

Formel für die Berechnung der Gesamtkapitalrentabilität:

$$\frac{(\text{Gewinn} + \text{Fremdkapitalzinsen}) \times 100}{\text{Gesamtkapital am 1.1.}}$$

Gesamtkapital am 1.1. (Zusatzangabe in der Bilanz):   15.148 T€ (= Bilanzsumme)
Fremdkapitalzinsen = Zinsaufwendungen der GuV: 82 T€

$$\frac{(537 + 82) \times 100}{15.148}$$ Ergebnis: **4,09 %** Gesamtkapitalrentabilität p. a.

Bedeutung: Die Gesamtkapital-Verzinsung berechnet die Rendite des eingesetzten Gesamtkapitals, wobei nicht nur die Eigenkapitalzinsen, sondern auch die Fremdkapitalzinsen durch die Erstellung der betrieblichen Leistung erwirtschaftet werden müssen.

Lösung und Erläuterungen zur 89. Aufgabe

Formel für die Berechnung der Umsatzrentabilität: $$\frac{\text{Gewinn} \times 100}{\text{Umsatz}}$$

Der Umsatz ist die Verkaufsleistung, hier also die Erlöse aus Krankenhausleistungen bzw. aus Pflegeleistungen oder Wahlleistungen.

$$\frac{537 \times 100}{2.674}$$ Ergebnis: **20,08 %** Umsatzrentabilität

Bedeutung: Die Berechnung der Umsatzrentabilität ist eine wichtige Erfolgskennziffer im kaufmännischen Betrieb. Sie berechnet als „Umsatzverdienstrate", wie viel € Gewinn pro 100 € Umsatz ins Unternehmen zurückfließen.

Hinweis:
Die Fortschreibung und damit die Feststellung der Tendenz ist im *internen* Vergleich wichtig, in der kaufmännischen Praxis sind aber auch *Branchenvergleiche* wichtig, also der Vergleich des eigenen Ergebnisses mit den Ergebnissen der Branche. Auch in Einrichtungen des Gesundheitswesens ist dieser Vergleich vorstellbar, allerdings aus Gründen der Vergleichbarkeit nur zwischen Einrichtungen der gleichen Größenordnung.

Lösung und Erläuterungen zur 90. Aufgabe

Formel für die Berechnung: $\dfrac{\text{Personalaufwendungen} \times 10}{\text{gesamte Aufwendungen}}$

Personalaufwendungen:

	Löhne + Gehälter	482
	Gesetzliche Sozialabgaben	76
	Aufw. f. Altersversorgung	32
		590

$\dfrac{590 \times 100}{2.366}$ Ergebnis: **24,94 %**

Personalwirtschaft

Lösung und Erläuterungen zur 91. Aufgabe

Soll	Haben
3	1

Der Vorschuss ist buchungstechnisch bis zur eigentlichen Fälligkeit zum Monatsende eine Forderung des Arbeitgebers an den Arbeitnehmer und wird brutto für netto ausgezahlt (siehe spätere Einbehaltung in der Lohnabrechnung).

Lösung zur 92. Aufgabe

Bruttogehalt	1.980,00 €
Lohnsteuer lt. Tabelle	161,08 €
Kirchensteuer (Rheinland-Pfalz) 9 % der LSt	14,50 €
Steuern insgesamt	**175,58 €**
Krankenversicherung AN-Anteil von 7,30 % + 0,65 %	157,41 €
Pflegeversicherung AN-Anteil 1,525 % + 0,25 %	35,15 €
Rentenversicherung AN-Anteil 9,3 %	184,14 €
Arbeitslosenversicherung AN-Anteil 1,2 %	23,76 €
Sozialversicherung insgesamt	**400,46 €**
Nettogehalt	**1.403,96 €**
abzgl. ausgezahlter Vorschuss	150,00 €
Auszuzahlender Betrag/Überweisungsbetrag	**1.253,96 €**

Erläuterungen zur 92. Aufgabe

Den Bruttolohn plus Zulagen muss der Arbeitgeber aufwenden. Er behält aufgrund der steuerlichen Merkmale „zu treuen Händen" Lohnsteuer, Solidaritätszuschlag und die Kirchensteuer vom Arbeitnehmer ein und verpflichtet sich, diese Beträge bis zum 10. des Folgemonats an das Finanzamt abzuführen (amtliches Formular ist die Lohnsteuer-Anmeldung). Für 90 Prozent der heutigen Zahler entfällt der Solidaritätszuschlag übrigens vollständig, denn seit dem 1. Januar 2021 gelten neue Freigrenzen.

Schon im Jahr 2019 hat der Gesetzgeber zahlreiche Veränderungen der Beitragssätze zur Sozialversicherung beschlossen, um die Arbeitnehmer zu entlasten.

Im Jahr 2005 hatte man beschlossen, den Beitrag zur Krankenversicherung (GKV) bei 14,6 % festzuschreiben, um die Lohnnebenkosten unabhängig von der wirtschaftlichen Entwicklung für die Arbeitgeber nicht weiter ansteigen zu lassen. Damit die Kosten der Krankenkassen aber weiterhin gedeckt werden konnten, erhoben die Kassen einen individuell festgesetzten Zusatzbeitrag, der nur durch den Arbeitnehmer zu tragen war.

Mit Wirkung zum 1. Januar 2019 ist der Gesetzgeber in diesem Fall jedoch zum sogenannten „Paritätsprinzip" zurückgekehrt und verpflichtet jetzt auch wieder den Arbeitgeber dazu, die Hälfte der Zusatzbeiträge zur Krankenversicherung zu übernehmen. Dieser wurde für 2021 auf durchschnittlich 1,3 % festgelegt. Hierbei handelt es sich jedoch nur um einen Richtwert für die Krankenkassen, sodass Abweichungen bei den einzelnen Krankenversicherungen vorkommen können.

Der allgemeine Krankenversicherungsbeitrag bleibt in 2021, wie in den Vorjahren auch, bei 14,6 % und ist derzeit keiner Veränderung unterworfen.

Zum 1. Januar 2021 wurde der Beitrag zur Arbeitslosenversicherung auf 2,4 % gesenkt.

Da die Leistungen der Pflegeversicherung immer mehr in Anspruch genommen werden und der Personalmangel in der Pflege beseitigt werden soll, steigen auch die Kosten der Versicherungsträger. Daher hat der Gesetzgeber zum 1. Januar 2019 den Beitrag zur Pflegeversicherung (PV) auf 3,05 % angehoben. Auch im Jahr 2021 bleibt es bei diesem Wert.

Der seit dem 1. Januar 2005 geltende Zuschlag für Kinderlose ab dem vollendeten 23. Lebensjahr bleibt ebenfalls weiterhin bestehen und beträgt 0,25 %. Dieser Zuschlag ist *vom Arbeitnehmer allein zu tragen*, sodass der Beitrag für kinderlose Arbeitnehmer auf 1,775 % steigt. Der Gesamtbeitrag zur Pflegeversicherung bei kinderlosen Arbeitnehmern über 23 Jahre steigt somit (Arbeitgeber- und Arbeitnehmeranteil zusammen) auf 3,3 % (3,05 % + 0,25 %).

Diese ebenfalls vom Arbeitgeber einbehaltenen Beiträge zur Sozialversicherung führt der Arbeitgeber zuzüglich seines eigenen Anteils seit dem 1. Januar 2006 noch im laufenden Abrechnungsmonat (bis zum drittletzten Bankarbeitstag) an den Sozialversicherungspool ab, bei dem der Arbeitnehmer jeweils krankenversichert ist. Die Krankenkassen fungieren also als „Einzugsstelle der Sozialversicherungsbeiträge" (Abrechnungsformular ist der *Beitragsnachweis*). Die Beiträge zur Kranken- und Pflegeversicherung behält die Krankenkasse ein, die Beiträge für die Rentenversicherung überweist sie an die Deutsche Rentenversicherungsanstalt, die Arbeitslosenversicherungsbeiträge an die Bundesagentur für Arbeit.

Hinweis:
Bitte beachten Sie, dass der Arbeitgeber-Anteil zur gesetzlichen Sozialversicherung **außerhalb der Lohnabrechnung** zusätzlich erfasst wird, zum einen als Arbeitgeber-Aufwand (Konto 61), zum anderen als SV-Verbindlichkeit (Konto 3741).

Die Auszahlungs- bzw. Überweisungsbeträge an den Arbeitnehmer sind im Prüfungsbogen immer **direkt über das Bankkonto** (Konto 135) zu buchen.

Lösungen zur 93. Aufgabe

Soll					Haben
6			2	3	4

Lösungen zur 94. Aufgabe

Soll	Haben
5	
7	4

Sind im Kontierungskästchen mehrere Soll- oder Habenkonten möglich, ist die Reihenfolge der Eintragung beliebig.

Erläuterungen zur 93. Aufgabe

Buchungssatz:

Löhne	1.980,00	
an Guth. b. Kreditinst.		1.253,96
an Verb. Finanzbeh.		175,58
an Verb. Soz.-Versich.		400,46
an Forder. an Mitarb.		150,00

* AG-Anteil zur gesetzl. SV: • KV 157,41 • PV 30,20 • RV 184,14 • AV 23,76

Erläuterungen zur 94. Aufgabe

Buchungssatz*:

Ges. Soz.-Abg.	395,51	
an Verb. Soz.-Vers.		395,51

Lösung zur 95. Aufgabe

Zusammenstellung des **Beitragsnachweises** an die Krankenkasse für Kai-Uwe Hennes:

	KV	PV	RV	AV	Gesamt
AN-Anteile	157,41	35,15	184,14	23,76	400,46
AG-Anteile	157,41	30,20	184,14	23,76	395,51
Gesamt	314,82	65,35	368,28	47,52	795,97

Lösung zur 96. Aufgabe

Zusammenstellung der **Lohnsteuer-Anmeldung** an das Finanzamt für Kai-Uwe Hennes:

Lohnsteuer	Kirchensteuer	Gesamt
161,08 €	14,50 €	175,58 €

Lösungen zur 97. Aufgabe

Soll				Haben		
2			3	4	5	6

Lösungen zur 98. Aufgabe

Soll	Haben
1	5

Sind im Kontierungskästchen mehrere Soll- oder Habenkonten möglich, ist die Reihenfolge der Eintragung beliebig.

Erläuterungen zur 97. Aufgabe

Buchungssatz:

Gehälter	245.817,12	
an Guth. b. Kreditinst.		138.931,21
an Verb. Finanzbeh.		52.577,51
an Verb. Soz.-Versich.		52.858,40
an Forder. an Mitarb.		1.450,00

Erläuterungen zur 98. Aufgabe

Buchungssatz:

Ges. Soz.-Abg.	47.058,40	
an Verb. Soz.-Vers.		47.058,40

Lösung zur 99. Aufgabe

Soll	Haben
5	6

Lösung zur 100. Aufgabe

Soll	Haben
3	6

Jahresabschluss

Informationen zur zeitlichen Abgrenzung der Erfolgsrechnung (Aufgaben 101 bis 107):

Im betrieblichen „Normalfall" werden die den Jahresabschluss vorbereitenden Abschlussbuchungen von der steuerlichen Beratung erledigt. Da für Sie als angehende Kaufleute im Gesundheitswesen dieses Thema aber prüfungsrelevant ist, sollen Sie, sozusagen in Vertretung des Steuerbüros, das Wesentliche über die „zeitliche Abgrenzung" der Erfolgsrechnung erläutern können.

Grund für Abgrenzungen in der Erfolgsrechnung ist eine steuerliche Vorschrift, nämlich die *periodengerechte Erfolgsermittlung*. Das bedeutet, dass alle Aufwendungen und Erträge dahingehend überprüft werden müssen, ob der Aufwand bzw. der Ertrag wirtschaftlich gesehen dem alten oder dem neuen Geschäftsjahr zugeordnet werden muss – unabhängig davon, ob die Zahlungen im alten oder im neuen Geschäftsjahr erfolgten.

Es werden zwei grundsätzliche Abgrenzungsfälle unterschieden:

- Der Aufwand bzw. der Ertrag ist am 31.12. noch ungebucht, betrifft aber das alte Jahr, die Zahlung, Einnahme oder Ausgabe liegt im neuen Jahr. Da man normalerweise erst bucht, wenn bezahlt wird, muss man den Aufwand bzw. den Ertrag noch dem alten Wirtschaftsjahr zuordnen. Der Steuerberater spricht von „antizipativen Posten der Jahresrechnung" (lat. antizipieren = etwas vorher erfassen).
- Der Aufwand bzw. der Ertrag ist bereits im alten Jahr gebucht, weil er bezahlt wurde. Er betrifft aber ganz oder teilweise das neue Geschäftsjahr. Der Berater spricht von „transitorischen Posten der Jahresrechnung" (lat. transire = hinüberführen).

Eine **Buchungshilfe** bei der Lösung der Fälle soll die folgende Übersicht geben:		
• am 31.12. ungebuchter Aufwand	→	Buchung: Aufwandskonto an Sonstige Verbindlichkeiten
• am 31.12. ungebuchter Ertrag	→	Buchung: Sonstige Forderungen an Ertragskonto
• am 31.12. bereits gebuchter Aufwand	→	Buchung: Aktive Rechnungsabgrenzung an Aufwandskonto
• am 31.12. bereits gebuchter Ertrag	→	Buchung: Ertragskonto an Passive Rechnungsabgrenzung.

Eine besondere Form der Abgrenzung ist die **Bildung von Rückstellungen**. Sie werden am 31.12. in der Jahresschlussbilanz passiviert für ungewisse Verbindlichkeiten, deren Höhe und Zeitpunkt der Inanspruchnahme noch nicht genau feststehen. Diese Verbindlichkeiten können eintreten und müssen im Zweifelsfall realistisch geschätzt werden.

Die wichtigsten Gründe für die Bildung von Rückstellungen sind:

- Garantieverpflichtungen
- unterlassene, aber notwendige Instandhaltung
- schwebende Prozesse
- betriebliche Altersversorgung (Pensionen)

Die Buchung für die Bildung von Rückstellungen zum 31.12. lautet immer:

Aufwandskonto an Rückstellungen

Wurde die gebildete Rückstellung zu niedrig geschätzt, muss der Aufwand im neuen Geschäftsjahr noch nachträglich erfasst werden: → periodenfremde Aufwendungen (793).
Periodenfremd bedeutet: Der Aufwand wird für die Kostenrechnung des laufenden Jahres neutralisiert.
Wurde die gebildete Rückstellung nicht oder nur teilweise in Anspruch genommen, muss sie im neuen Geschäftsjahr erfolgswirksam wieder aufgelöst werden (neutralisiert als periodenfremde Leistung): → Erträge aus der Auflösung von Rückstellungen (540).

Lösung zur 101. Aufgabe

Der Aufwand ist am Bilanzstichtag ungebucht, gehört aber ins alte Jahr.	2
Die Einnahme erfolgt im alten Jahr, der Ertrag gehört aber ins neue Jahr.	4
Der Aufwand wird im alten Jahr für ungewisse Verbindlichkeiten passiviert.	5
Der Ertrag ist ungebucht und muss für das alte Jahr noch erfasst werden.	1
Der Aufwand ist bereits gebucht und muss für das neue Jahr abgegrenzt werden.	3

Lösung und Erläuterungen zur 102. Aufgabe

Soll	Haben	
8	7	Der Aufwand ist am 31.12. ungebucht, wird aber für das alte Jahr noch erfasst; Abgrenzungskonto: Sonstige Verbindlichkeiten.

Lösung und Erläuterungen zur 103. Aufgabe

Soll	Haben	
8	3	Steuerlicher Grund für die Bildung einer Rückstellung: unterlassene, aber notwendige Instandhaltung **Anmerkung:** Mit der Reparatur muss in den **ersten drei Monaten des neuen Jahres** begonnen werden, sonst ist die Rückstellung erfolgswirksam wieder aufzulösen.

Lösung und Erläuterungen zur 104. Aufgabe

Soll	Haben	
6	8	Der Ertrag ist noch dem alten Geschäftsjahr zuzuordnen, das bilanzielle Abgrenzungskonto ist hier: Sonstige Forderungen. Das Konto „Lebensmittelverbrauch" wird hier wie ein Ertragskonto (im Haben gebucht) behandelt.

Lösung und Erläuterungen zur 105. Aufgabe

Soll	Haben
4	8

Das bilanzielle Abgrenzungskonto ist das Konto „Aktive Rechnungsabgrenzung".
Der Kfz-Aufwand wurde im alten Jahr gebucht, betrifft aber teilweise das neue Jahr (4 Monate alt = 2.860,00 €, 8 Monate neu = 5.720,00 €). Wird auf dem Konto „Kfz-Steuern" die Abgrenzung mit 5.720,00 € im Haben gebucht, wird das Konto in der GuV mit 2.860,00 € abgeschlossen, das ist dann genau der Kfz-Steuer-Aufwand für 4 Monate des alten Jahres.

Lösung und Erläuterungen zur 106. Aufgabe

Soll	Haben
8	5

Das Konto „Zinserträge" wurde im alten Jahr mit 1.500,00 € gebucht. Der Ertrag betrifft aber nur mit 500,00 € das alte Jahr, 1.000,00 € müssen aus dem alten Jahr ins neue Jahr über das Konto „Passive Rechnungsabgrenzung" abgegrenzt werden. Das Konto „Zinserträge" wird somit in der Erfolgsrechnung des alten Jahres mit 500,00 € ausgewiesen.

Lösung und Erläuterungen zur 107. Aufgabe

Soll		Haben	
3		2	8

Der nicht in Anspruch genommene Teil der im Vorjahr gebildeten Rückstellung muss erfolgswirksam wieder aufgelöst werden.
Buchung:
281 Sonst. Rückstellungen   20.000,00 €
an 135 Guthaben bei Kreditinstituten   9.200,00 €
an 540 Erträge a. d. Aufl. v. Rückst. 10.800,00 €

Lösung und Erläuterungen zur 108. Aufgabe

AfA-Plan/Fahrzeug:

Anschaffungskosten, netto	33.000,00 €
+ 19 % Umsatzsteuer	6.270,00 €
Anschaffungskosten, brutto	**39.270,00 €**
AfA 1. Nutzungsjahr	6.545,00 €
Buchwert im 2. Nutzungsjahr	32.725,00 €
AfA 2. Nutzungsjahr	6.545,00 €
Buchwert im 3. Nutzungsjahr	26.180,00 €
AfA 3. Nutzungsjahr	6.545,00 €
Buchwert im 4. Nutzungsjahr	19.635,00 €
AfA 4. Nutzungsjahr	6.545,00 €
Buchwert im 5. Nutzungsjahr	13.090,00 €
AfA 5. Nutzungsjahr	6.545,00 €
Buchwert im 6. Nutzungsjahr	6.545,00 €
AfA 6. Nutzungsjahr	6.544,00 €
Buchwert danach	1,00 €

Die Umsatzsteuer gehört beim Zweckbetrieb mit zu den Anschaffungskosten; auch das Sonderzubehör ist aktivierungspflichtig.

Lineare AfA = 100 : Nutzung = 16,67 %
oder: 39.270,00 : 6 = 6.545,00 € Jahres-AfA

1,00 € Erinnerungswert bedeutet: das Anlagegut ist steuerlich abgeschrieben, wird aber noch genutzt.

Lösung und Erläuterungen zur 109. Aufgabe

Soll	Haben
7	2

Buchung:
761 Abschreibungen auf Sachanlagen   6.545,00 €
an 0701 Fuhrpark   6.545,00 €

Lösung zur 110. Aufgabe

Berechnungsansatz:

Die Anschaffungskosten werden multipliziert mit einem Wiederbeschaffungsfaktor. Dieser berechnet sich aus den zu erwartenden Preissteigerungen während der Nutzung eines Anlagegutes. Da man diese im Voraus noch nicht genau wissen kann, nimmt man den *Preisindex für Investitionsgüter* zu Hilfe, der die voraussichtliche Preissteigerung statistisch ermittelt.

Der Wiederbeschaffungsfaktor von 1,12 bedeutet: 100 % Anschaffungskosten und 12 % aufgelaufene (kumulierte) Preissteigerungsrate während der vierjährigen voraussichtlichen Nutzungsdauer.

Also: 39.270,00 € Anschaffungskosten x 1,12 Wiederbeschaffungsfaktor =

   43.982,40 € Wiederbeschaffungskosten : 4 Jahre =

   10.995,60 € jährliche kalkulatorische Abschreibungen

Sie werden als kalkulatorische Kostenart (Anderskosten) in der Angebotskalkulation verrechnet.

Erläuterungen zur 110. Aufgabe

Die kalkulatorischen Abschreibungen gehören zu den kalkulatorischen Kostenarten, die in der Kosten- und Leistungsrechnung zusätzlich verrechnet werden (Zusatzkosten) oder mit anderen Wertansätzen verrechnet werden (Anderskosten).

Bei den Abschreibungen wird unterschieden in:

- bilanzielle Abschreibungen

Hierbei handelt es sich um steuerliche Abschreibungen in der Finanzbuchhaltung. Es werden die Anschaffungskosten auf die in der amtlichen AfA-Tabelle festgelegte Nutzungsdauer verteilt und dann linear oder degressiv nach steuerlichen Vorschriften abgeschrieben.

- kalkulatorische Abschreibungen

Hierbei handelt es sich um Abschreibungen in der Kosten- und Leistungsrechnung. Es werden die Wiederbeschaffungskosten angesetzt, also die Anschaffungskosten, die die Ersatzbeschaffung nach Ablauf der tatsächlichen Nutzungsdauer mit freien zur Verfügung stehenden Finanzmitteln ermöglichen. Es handelt sich hier um das Finanzierungsmodell „Selbstfinanzierung durch Abschreibung", wobei die kalkulierten Wiederbeschaffungskosten über die Umsatzerlöse und damit den Geldmittelbeständen des Unternehmens wieder zufließen und (modellhaft) die hundertprozentige Selbstfinanzierung, also die Neuanschaffung ausschließlich mit Eigenkapital ermöglichen. In der BWA wird dies durch die Berechnung der Anlagendeckung I nachträglich bestätigt, wenn das Anlagevermögen ausschließlich mit Eigenkapital finanziert wurde.

Hinweis: Dies ist der kaufmännische, also der betriebswirtschaftliche Rechenansatz. Inwieweit es möglich ist, in Zweckbetrieben der Einrichtungen im Gesundheitswesen kalkulatorische Abschreibungen, genauso wie andere kalkulatorische Kostenarten, z.B. kalkulatorische Zinsen, kalkulatorische Miete oder Wagnisse in Pflegesätzen oder in DRGs unterzubringen, bleibt erst einmal unbeantwortet. Aber wie bereits festgestellt wurde, muss es längerfristig möglich sein, kaufmännische Kalkulationen mit dem Ziel der Ermittlung krankenhausindividueller bzw. pflegeindividueller Selbstkosten durchzuführen.

Lösung zur 111. Aufgabe

78.880 : 350.000 km = 0,23 € pro km Abschreibungsbetrag
98.900 km Jahresfahrleistung x 0,23 €/km = **22.747,00 € Jahres-AfA.**
(Buchung: Abschreibungen auf Sachanlagen an Fuhrpark)

Erläuterungen zur 111. Aufgabe

Abschreibung „nach Maßgabe der Leistung" wird in der kaufmännischen Praxis bei Wirtschaftsgütern häufig dann vorgenommen, wenn die Leistung erheblich von der „Normalleistung" abweicht. Das ist beispielsweise in Produktionsbetrieben mit Mehrschichtsystem oder eben auch im Krankenhaus oder in der Pflegeeinrichtung häufig der Fall. Es kann dann steuerlich eine „Abschreibung nach Leistungseinheiten" vorgenommen werden, wenn die Leistungsaufnahme entsprechend aufgezeichnet wird (Maschinenschreiber, Fahrtenschreiber) und die voraussichtliche Gesamtleistung als steuerliche Vorgabe angesetzt wird. Es wird dann ein Abschreibungsbetrag pro Leistungseinheit ermittelt, der Grundlage für die Vornahme der jährlichen AfA ist. Das Fahrzeug ist dann abgeschrieben, wenn die Gesamtleistung erreicht wurde.

Berechnung des AfA-Betrages pro Leistungseinheit: $\dfrac{\text{Anschaffungskosten}}{\text{voraussichtl. Gesamtleistung}}$

Berechnung der Jahres-AfA: Jahresfahrleistung x AfA-Betrag pro Leistungseinheit

Lösung und Erläuterungen zur 112. Aufgabe

Soll	Haben		
7	2	100 : 25 = 4 % lineare Jahres-AfA 4 % von 10.000.000,00 € = 400.000,00 € Buchung: 761 Abschreibungen auf Sachanlagen an 011 Betriebsbauten	400.000,00 € 400.000,00 €

Lösung und Erläuterungen zur 113. Aufgabe

Soll	Haben	
1	5	Fördermittel dürfen den Erfolg der Institution nicht beeinflussen. Der Aufwand aus der 112. Aufgabe wird hier wieder neutralisiert. Buchung: 22 Sonderposten aus Fördermitteln nach KHG 400.000,00 € an 49 Erträge aus der Auflösung von Sonderposten nach KHG 400.000,00 €

Lösungen und Erläuterungen zu den Aufgaben des Prüfungsbereiches 3

Gesundheitswesen

Aufgaben des Gesundheitswesens, rechtliche Grundlagen des Gesundheits- und Sozialwesens, Finanzierung des Gesundheitswesens, Leistungserbringer und Leistungsträger, Qualitätsmanagement im Gesundheitswesen

Aufgaben und rechtliche Grundlagen des Gesundheits- und Sozialwesens

Profit- und Non-Profit-Unternehmen

Lösung zur 1. Aufgabe

Die Auswahlantwort 5 ist richtig.

Lösung zur 2. Aufgabe

Die Auswahlantwort 4 ist richtig.

Erläuterungen zur 1. und 2. Aufgabe

Profitorientierte und Non-Profit-Unternehmen werden nach der primären unternehmerischen Zielsetzung unterschieden.

Profitorientierte Unternehmen

Profitorientierte Unternehmen verfolgen erwerbswirtschaftliche Ziele. Das Hauptziel ist eine bestmögliche Verzinsung des eingesetzten Kapitals. Damit steht die Gewinnerzielung im Vordergrund der profitorientierten Unternehmen. Die erwerbswirtschaftlich ausgerichteten Unternehmen sollen in erster Linie den Lebensstandard der Eigenkapitalgeber sichern.

Weitere mögliche Zielsetzungen sind:
- Erhaltung oder Erhöhung des Marktanteils
- Ausbau der Marktmacht
- Kapazitätenausweitung und Umsatzsteigerung
- Liquiditätssicherung
- Kostensenkung

Non-Profit-Unternehmen

Non-Profit-Unternehmen dienen ausschließlichen und unmittelbar gemeinnützigen, mildtätigen und kirchlichen Zwecken, d.h., sie dienen der Erfüllung staatlich vorgegebener Aufgaben. Das primäre Ziel dieser Unternehmungen ist die bestmögliche Versorgung der Bevölkerung mit Waren und Dienstleistungen nach dem Kostendeckungsprinzip. Oft sind diese Unternehmen dabei auf öffentliche Zuschüsse angewiesen.

Mögliche Zielsetzungen sind:
- Aufrechterhaltung der Kranken- und Altersversorgung
- Versorgung der Bevölkerung mit Gas, Wasser und Elektrizität (nur öffentlich-rechtliche Anbieter, z.B. Stadtwerke)
- Bereitstellung von Bildungs-, Ausbildungs- und Informationsangeboten, z.B. durch Universitäten, Theater, Industrie- und Handelskammern, öffentlich-rechtliche Fernsehsender

Für das Gesundheitswesen ergeben sich daher folgende Besonderheiten:
- Die Finanzierung des Gesundheitswesens erfolgt durch die Arbeitgeber, die Versicherten und den Staat.
- Die Verantwortung für das Gesundheitswesen liegt bei den Bundesländern und beim Bund.

- Im Rahmen des Gesundheitswesens werden Aufgaben an Körperschaften des öffentlichen Rechts sowie an private Unternehmen übertragen.
- Diese Unternehmen verfolgen erwerbswirtschaftliche oder gemeinwirtschaftliche Ziele.

Unterschiedliche Trägerschaften

Lösung zur 3. Aufgabe

Die Auswahlantwort 4 ist richtig.

Erläuterungen zur 3. Aufgabe

Öffentliche Trägerschaften

Die Betreiber sind Anstalten oder Stiftungen des öffentlichen Rechts. Der größte Anteil der Krankenhäuser in öffentlicher Trägerschaft befindet sich in kommunaler Trägerschaft wie Gemeinden, Landkreisen oder kreisfreien Städten. Durch den kommunalen Sicherstellungsauftrag der Landesgesetze sind die Länder zur Regelung der stationären Versorgung verpflichtet. Dadurch sind bestimmte Gesundheitseinrichtungen unter Berücksichtigung der Leistungsfähigkeit vorzuhalten.

Freigemeinnützige Trägerschaften

Die Träger dieser Krankenhäuser sind religiöse, humanitäre oder soziale Vereinigungen, wie z. B. das Rote Kreuz oder Ordenskrankenhäuser.

Private Trägerschaften

Die Träger dieser Krankenhäuser sind natürliche oder juristische Personen des Privatrechts (z. B. GmbHs, AGs und Vereine). Der Unterschied zu anderen Trägerschaften liegt in der Gewinnerzielung. Diese Unternehmen benötigen eine gewerbliche Konzession (§ 30 Gewerbeordnung).

Lösung zur 4. Aufgabe

Die Auswahlantwort 2 ist richtig.

Lösung zur 5. Aufgabe

Die Auswahlantworten 1, 4 und 5 sind richtig.

Lösung zur 6. Aufgabe

Die Auswahlantwort 3 ist richtig.

Erläuterungen zur 4.–6. Aufgabe

Die Gesellschaft mit beschränkter Haftung (GmbH)

Eine GmbH kann durch eine Person gegründet werden. Das Stammkapital muss mindestens 25.000,00 € betragen. Die Gesellschafter müssen eine Stammeinlage von mindestens 100,00 € einbringen. Jeder Gesellschafter haftet nur in der Höhe seiner Einlage. Die GmbH ist eine juristische Person und hat damit eine eigenständige Rechtspersönlichkeit.

Die Organe der GmbH:

- Es gibt mindestens eine/n Geschäftsführer/eine Geschäftsführerin. Diese/r leitet die Unternehmung.
- Die Gesellschafterversammlung entscheidet unter anderem über die Verwendung des Geschäftsergebnisses.
- Ein Aufsichtsrat kann durch die Satzung der GmbH als Kontrollorgan eingerichtet werden. Ab 501 Mitarbeiter ist dieser zwingend vorgeschrieben (Betriebsverfassungsgesetz).

> „gGmbH" ist die Bezeichnung einer gemeinnützigen GmbH

Gemeinnützigkeit

Lösung zur 7. Aufgabe

Die Auswahlantworten 2, 4 und 6 sind richtig.

Erläuterungen zur 7. Aufgabe

Eine Körperschaft ist gemeinnützig, wenn sie nach ihrer Satzung und ihrer tatsächlichen Geschäftsführung selbstlos, ausschließlich und unmittelbar die Allgemeinheit fördert. Nur Körperschaften können gemeinnützig sein.

Förderung der Allgemeinheit

Die Körperschaften müssen der Allgemeinheit zugutekommen. Das bedeutet: Der Kreis der geförderten Personen darf nicht geschlossen sein.

Mildtätige und kirchliche Zwecke

Mildtätigkeit ist gegeben, wenn das Handeln darauf gerichtet ist, Personen selbstlos zu unterstützen, die infolge ihres körperlichen, geistigen oder seelischen Zustandes auf Hilfe anderer angewiesen sind oder wirtschaftliche Hilfe benötigen.

Selbstlosigkeit

Selbstlosigkeit liegt vor, wenn die Körperschaft in erster Linie keine eigenwirtschaftlichen Zwecke, wie gewerbliche oder sonstige Erwerbszwecke, verfolgt.
Die Körperschaft darf

- ihre Mittel nur für die satzungsmäßigen Zwecke zeitnah verwenden,
- keine Zuwendungen an Mitglieder gewähren,
- keine Mittel zur Unterstützung politischer Parteien einsetzen,
- keine Personen durch Ausgaben oder unverhältnismäßig hohe Vergütungen begünstigen,
- ihr Vermögen bei der Auflösung nicht nur für steuerbegünstigte Zwecke verwenden.

Ausschließlichkeit

Ausschließlichkeit liegt vor, wenn die Körperschaft *nur* ihren steuerbegünstigten, satzungsmäßigen Zweck verfolgt.

Unmittelbarkeit

Die Körperschaft muss ihren steuerbegünstigten und satzungsmäßigen Zweck *selbst* verwirklichen.

Ausnahme

Fördervereine unterstützen gemeinnützige Körperschaften durch die Weitergabe von Mitteln.

Definition „gemeinnütziger Zwecke" nach § 52 Abs. 2 der Abgabenordnung

Unter den Voraussetzungen des Absatzes 1 sind als Förderung der Allgemeinheit anzuerkennen:
1. die Förderung von Wissenschaft und Forschung;
2. die Förderung der Religion;
3. die Förderung des öffentlichen Gesundheitswesens und der öffentlichen Gesundheitspflege, insbesondere die Verhütung und Bekämpfung von übertragbaren Krankheiten, auch durch Krankenhäuser im Sinne des § 67, und von Tierseuchen;
4. die Förderung der Jugend- und Altenhilfe;
5. die Förderung von Kunst und Kultur;
6. die Förderung des Denkmalschutzes und der Denkmalpflege;
7. die Förderung der Erziehung, Volks- und Berufsbildung einschließlich der Studentenhilfe;
8. die Förderung des Naturschutzes und der Landschaftspflege im Sinne des Bundesesnaturschutzgesetzes und der Naturschutzgesetze der Länder, des Umweltschutzes, des Küstenschutzes und des Hochwasserschutzes;
9. die Förderung des Wohlfahrtswesens, insbesondere der Zwecke der amtlich anerkannten Verbände der freien Wohlfahrtpflege (§ 23 der Umsatzsteuer-Durchführungsverordnung), ihrer Unterverbände und ihrer angeschlossenen Einrichtungen und Anstalten;
10. die Förderung der Hilfe für politisch, rassisch oder religiös Verfolgte, für Flüchtlinge, Vertriebene, Aussiedler, Spätaussiedler, Kriegsopfer, Kriegshinterbliebene, Kriegsbeschädigte und Kriegsgefangene, Zivilbeschädigte und Behinderte sowie Hilfe für Opfer von Straftaten; Förderung des Andenkens an Verfolgte, Kriegs- und Katastrophenopfer; Förderung des Suchdienstes für Vermisste;
11. die Förderung der Rettung aus Lebensgefahr;
12. die Förderung des Feuer-, Arbeits-, Katastrophen- und Zivilschutzes sowie der Unfallverhütung;
13. die Förderung internationaler Gesinnung, der Toleranz auf allen Gebieten der Kultur und des Völkerverständigungsgedankens;
14. die Förderung des Tierschutzes;
15. die Förderung der Entwicklungszusammenarbeit;
16. die Förderung von Verbraucherberatung und Verbraucherschutz;
17. die Förderung der Fürsorge für Strafgefangene und ehemalige Strafgefangene;
18. die Förderung der Gleichberechtigung von Frauen und Männern;
19. die Förderung des Schutzes von Ehe und Familie;
20. die Förderung der Kriminalprävention;
21. die Förderung des Sports (Schach gilt als Sport);
22. die Förderung der Heimatpflege und Heimatkunde;
23. die Förderung der Tierzucht, der Pflanzenzucht, der Kleingärtnerei, des traditionellen Brauchtums einschließlich des Karnevals, der Fastnacht und des Faschings, der Soldaten- und Reservistenbetreuung, des Amateurfunkens, des Modellflugs und des Hundesports;
24. die allgemeine Förderung des demokratischen Staatswesens im Geltungsbereich dieses Gesetzes; hierzu gehören nicht Bestrebungen, die nur bestimmte Einzelinteressen staatsbürgerlicher Art verfolgen oder die auf den kommunalpolitischen Bereich beschränkt sind;
25. die Förderung des bürgerschaftlichen Engagements zugunsten gemeinnütziger, mildtätiger und kirchlicher Zwecke.

Rücklagen

Zulässig ist die Bildung von zweckgebundenen und freien Rücklagen.

Zweckgebundene Rücklagen

Zweckgebundene Rücklagen dienen der Verwirklichung bestimmter Vorhaben, z. B. der Bau eines Vereinsheimes.

Die Durchführung des Vorhabens muss allerdings glaubhaft sein und bei den finanziellen Verhältnissen des Vereins auch in einer angemessenen Zeit durchführbar sein. Betriebsmittelrücklagen können für periodisch wiederkehrende Zwecke gebildet werden.

Freie Rücklagen

Die Höhe der freien Rücklagen beträgt jährlich bis zu einem Viertel des Überschusses aus der Vermögensverwaltung. Während des Bestehens der Körperschaft muss diese Rücklage nicht aufgelöst werden. Sie wird wie das übrige Vermögen behandelt.

Diese Regelung ist immer die Ausnahme vom Grundsatz der zeitnahen Verwendung von Mitteln.

Anerkennung durch das Finanzamt

Die Gemeinnützigkeit wird durch das zuständige Finanzamt erklärt. Ist dieses bei der Körperschaftsteuerveranlagung geschehen, wird es auch für alle anderen Steuerarten übernommen. Durch den Körperschaftsteuerbefreiungsbescheid kann jetzt die Gemeinnützigkeit nachgewiesen werden.

Steuervergünstigungen:

- keine Körperschaftsteuer
- keine Gewerbesteuer
- 7 % Umsatzsteuer bei der Besteuerung
- keine Lotteriesteuer
- Berechtigung zum Empfang von Spenden, die beim Spender steuerlich absetzbar sind

Diese Vergünstigungen gelten nur für die ideelle Tätigkeit der Körperschaft, die Vermögensverwaltung und die Zweckbetriebe.

Tendenzbetriebe

Lösung zur 8. Aufgabe

Die Auswahlantwort 4 ist richtig.

Erläuterungen zur 8. Aufgabe

Unternehmen und Betriebe mit „Tendenzcharakter" verfolgen unmittelbare und überwiegend besonders geschützte, geistig-ideelle Zwecke. Für Religionsgemeinschaften und deren Einrichtungen (z. B. konfessionelle Träger von Krankenhäusern und Altenheimen) gilt unabhängig von deren Rechtsform das Betriebsverfassungsgesetz nicht. In Unternehmen, die unmittelbar und überwiegend karitativen, konfessionellen, erzieherischen, wissenschaftlichen oder künstlerischen Bestimmungen dienen, findet das Betriebsverfassungsgesetz (BetrVG) dann keine Anwendung, wenn die Eigenart des Unternehmens oder Betriebes dem entgegensteht (§ 188 I BetrVG).

Tendenzbetrieben im Gesundheits- und Sozialwesen, vorrangig Einrichtungen der freien Wohlfahrt, soll eine durch Mitbestimmungseinflüsse unbeeinträchtigte Verfolgung ihrer geistig-ideellen Zwecke ermöglicht werden.

Natürlich können in Tendenzbetrieben auch Mitarbeitervertretungen gewählt werden. Allerdings sind deren gesetzliche Beteiligungsrechte mehr oder weniger stark eingeschränkt.

Lösung zur 9. Aufgabe

Die Auswahlantworten 3 und 5 sind richtig.

Erläuterungen zur 9. Aufgabe

Oft haben Personen materielle Werte angehäuft und verfügen über keine Nachkommen. Trotz allem möchten sie ihre Pläne und Ideen über den Tod hinaus verwirklicht sehen. Mit einer Stiftung können die eigenen Ziele und Ideen und das erworbene Vermögen zur Förderung eines wichtigen, individuellen Zweckes eingesetzt werden.

Eine Stiftung von Todes wegen wird durch das Testament oder den Erbvertrag errichtet. Die notarielle Beurkundung ist bei einem Erbvertrag gesetzlich vorgeschrieben und beim Testament zu empfehlen. Eine Stiftung kann Erbin oder Vermächtnisnehmerin werden. Die Stiftung entsteht als rechtsfähiges Gebilde (juristische Person), allerdings erst mit ihrer Anerkennung durch die Stiftungsbehörde. Zur Sicherung der Stiftungserrichtung empfiehlt es sich, einen Testamentsvollstrecker einzusetzen.

Im Testament oder dem Erbvertrag hat der Stifter die Satzung der Stiftung aufzustellen. Diese Satzung muss als Mindestinhalt den Namen, den Sitz, den Zweck, das Vermögen und das gesetzliche Vertretungsorgan der Stiftung nennen.

Das Herzstück einer Stiftung ist ihr Zweck. Dieser legt den Charakter der Stiftung fest. Der Stifter kann den Zweck frei wählen, soweit er nicht das Gemeinwohl gefährdet. Familien- und Unternehmensstiftungen können auch privatnützig sein (z. B. Ausbildung und Lebensunterhalt von Familienangehörigen).

Die Stiftungsorgane können den Stiftungszweck nicht mehr ändern.

Gesetzliche Regelungen des Bürgerlichen Gesetzbuches (BGB) bezüglich einer Stiftung

Entstehung einer rechtsfähigen Stiftung (§ 80 BGB)

1. Stiftungsgeschäft
2. Genehmigung durch den Staat

Soll die Stiftung ihren Sitz außerhalb des Staates haben, muss das Bundesinnenministerium zustimmen. Der Sitz der Stiftung ist im Zweifelsfalle der Ort, an dem die Verwaltung der Stiftung ihren Sitz hat.

Form und Widerruf des Stiftungsgeschäftes (§ 81 BGB)

Das Stiftungsgeschäft unter Lebenden bedarf der schriftlichen Form (Formvorschrift).
Bis zur Erteilung der Genehmigung ist der Stifter berechtigt, das Vorhaben zu widerrufen.
Der Erbe des Stifters ist nicht in der Lage, die Stiftung zu widerrufen.

Übertragungspflicht des Stifters (§ 82 BGB)

Wird die Stiftung genehmigt, ist der Stifter verpflichtet, das im Stiftungsgeschäft zugesicherte Vermögen auf die Stiftung zu übertragen.

Stiftung von Todes wegen (§ 83 BGB)

Besteht das Stiftungsgeschäft in einer Verfügung von Todes wegen, so hat das Nachlassgericht die Genehmigung einzuholen, sofern dies nicht der Erbe oder Testamentsvollstrecker tut.

Zweckänderung und Aufhebung (§ 87 BGB)

Ist die Erfüllung des Stiftungszweckes unmöglich geworden oder gefährdet der Zweck das Gemeinwohl, kann der Zweck der Stiftung geändert oder die Stiftung aufgehoben werden. Bei Änderung des Zwecks ist möglichst auf die Absicht des Stifters zu achten. Die Stiftungsbehörde kann die Verfassung der Stiftung abändern, soweit es die Änderung der Stiftung erfordert. Vor diesen Schritten soll der Vorstand der Stiftung angehört werden.

Vorstand (§ 26 BGB)

Der Verein (Stiftung) muss einen Vorstand (Kuratorium) haben. Dieser kann aus mehreren Personen bestehen. Der Vorstand vertritt die Stiftung in gerichtlichen und außergerichtlichen Geschäften. Der Umfang der Vertretung kann in der Satzung beschränkt werden (§ 28 BGB).
Besteht der Vorstand bzw. das Kuratorium aus mehreren Personen, so erfolgen Beschlussfassungen nach den für die Beschlüsse der Mitglieder des Vereines geltenden Vorschriften. Ist dem Verein (Stiftung) gegenüber eine Willenserklärung abzugeben, ist es ausreichend, sie gegenüber einem Vorstandsmitglied abzugeben.

Finanzierung im Gesundheitswesen – Das Krankenhausfinanzierungsgesetz (KHG)

Lösung zur 10. Aufgabe

Die Auswahlantwort 4 ist richtig.

Erläuterungen zur 10. Aufgabe

Begriffsbestimmung (§ 2 KHG)

Im Sinne dieses Gesetzes sind:

1. Krankenhäuser solche Einrichtungen, in denen durch ärztliche und pflegerische Hilfeleistungen Krankheiten, Leiden oder Körperschäden festgestellt, geheilt oder gelindert werden sollen oder Geburtshilfe geleistet wird und in denen die zu versorgenden Personen untergebracht und verpflegt werden können.

Aus diesem Paragrafen ist abzuleiten, dass ein Patient, der nur gepflegt wird, in eine Pflegeeinrichtung übergeben werden muss (vergleiche § 39 Abs.1 SGB V).

Lösung zur 11. Aufgabe

Die Auswahlantwort 4 ist richtig.

Erläuterungen zur 11. Aufgabe

§ 3 Anwendungsbereich

Dieses Gesetz findet keine Anwendung auf
1. (weggefallen)
2. Krankenhäuser im Straf- oder Maßregelvollzug,
3. Polizeikrankenhäuser,
4. Krankenhäuser der Träger der allgemeinen Rentenversicherung und, soweit die gesetzliche Unfallversicherung die Kosten trägt, Krankenhäuser der Träger der gesetzlichen Unfallversicherung und ihrer Vereinigungen; das gilt nicht für Fachkliniken zur Behandlung von Erkrankungen der Atmungsorgane, soweit sie der allgemeinen Versorgung der Bevölkerung mit Krankenhäusern dienen.

Lösung zur 12. Aufgabe

Die Auswahlantworten 3 und 4 sind richtig.

Erläuterungen zur 12. Aufgabe

Wirtschaftliche Sicherung der Krankenhäuser (§ 4 KHG)

Die Krankenhäuser werden dadurch wirtschaftlich gesichert, dass
1. ihre Investitionskosten im Wege der öffentlichen Förderung übernommen werden

und sie

2. leistungsgerechte Erlöse aus den Pflegesätzen, die nach Maßgabe dieses Gesetzes auch Investitionskosten enthalten können sowie Vergütung für vor- oder nachstationäre Behandlung und für ambulantes Operieren erhalten.

Lösung zur 13. Aufgabe

Die Auswahlantwort 3 ist richtig.

Erläuterungen zur 13. Aufgabe

Lösung zur 14. Aufgabe

Die Auswahlantworten 2 und 5 sind richtig.

Lösung zur 15. Aufgabe

Die Auswahlantwort 1 ist richtig.

Lösung zur 16. Aufgabe

Die Auswahlantwort 3 ist richtig.

Erläuterungen zur 14.–16. Aufgabe

Förderung von Investitionskosten

Es werden die Kosten für Neu- und Umbauten, Erweiterungsbauten sowie für die Anschaffung von Wirtschaftsgütern, die zur Ausstattung des Krankenhauses gehören, finanziert. Des Weiteren werden die Kosten für die Wiederbeschaffung von Anlagegütern finanziert.

Ausgenommen sind Verbrauchsgüter!

Zu den Investitionskosten gehören nicht:
Grundstückskosten, Grundstückserwerbskosten, Kosten für Grundstückserschließung und Finanzierungskosten für die zuvor genannten Positionen.

Genaue Übersicht über die Finanzierungsformen:

Finanzierungsformen		
	Erstbeschaffung	**Wiederbeschaffung**
Mittel- und langfristiges Anlagegut (15 bis über 30 Jahre)	Einzelförderung	Einzelförderung
Kurzfristiges Anlagegut (soweit AK > 51 €) (3–15 Jahre)	Einzelförderung	Pauschalförderung
Gebrauchsgut (bis 3 Jahre) (AK >/<= 410 €)	Einzelförderung	Pflegesatz
Gebrauchsgut (bis 3 Jahre) (AK <= 51 €)	Pflegesatz	Pflegesatz
Verbrauchsgut	Pflegesatz	Pflegesatz

Lösung zur 17. Aufgabe

a) Berechnung des Case Mix (Relativgewicht)

250 x 2,3 = 575,00
188 x 1,4 = 263,20
522 x 0,8 = 417,60

575,00 + 263,2 + 417,60 = **1.255,80**

Das Ergebnis des Case Mix (CM) lautet **1.255,80**.

b) Berechnung des Case Mix Index

Addition der Fallzahlen:
250 + 188 + 522 = 960

Case Mix geteilt durch die Anzahl aller Fallzahlen
1.255,80 : 960 = 1,308125; gerundet: **1,31**

Der Case Mix Index lautet **1,31**.

c) Berechnung des durchschnittlichen Erlöses eines Falles

Case Mix Index x Basisfallwert
1,31 x 3.851,85 € = 5.045,9235 €; gerundet: **5.045,92 €**
Der durchschnittliche Erlös eines Falles in dieser Abteilung liegt bei **5.045,92 €**.

Erläuterungen zur 17. Aufgabe

Der Case Mix (CM)

Der Case Mix bzw. die Fallmischung ist ein Bewertungs- und Vergleichswert für den Patienten-Mix eines Krankenhauses oder einer Fachabteilung. Dabei stellt er die Fallschwere, also den Gesamtschweregrad der Fälle eines Krankenhauses bzw. einer Fachabteilung dar.

Der Case Mix Index (CMI)

Der CMI ist ein Indikator zur Ermittlung der durchschnittlichen Fallschwere. Er wird aus der additiven Gesamtsumme aller Relativgewichte (Bewertungsrelation), dividiert durch die additive Gesamtsumme der angefallenen Behandlungsfälle ermittelt. Das Relativgewicht ergibt sich aus der ermittelten DRG. Jede DRG trägt ein individuelles Relativgewicht.

Der Case Mix Index kann auf verschiedenen Ebenen der Gesundheitswirtschaft zum Einsatz kommen, z. B. in einer ganzen Krankenhausgruppe, in einem individuellen Krankenhaus oder in einer Abteilung eines Krankenhauses.

Der Case Mix Index lässt einen Vergleich der zuvor definierten Bereiche zu. Somit können z. B. Schlüsse im Hinblick auf die Wirtschaftlichkeit sowie den Ressourcenverbrauch der zu vergleichenden Bereiche gezogen werden.

Der durchschnittliche Fallerlös

Multipliziert man den Wert des ermittelten CMI mit dem Basisfallwert, erhält man den durchschnittlichen Erlös für einen Kunden/Patienten und damit eine weitere Vergleichsgröße.

Leistungserbringer und Leistungsträger

Lösung zur 18. Aufgabe: Die Auswahlantworten 2 und 5 sind richtig.

Erläuterungen zur 18. Aufgabe

Krankenhausplanung und Investitionsförderung

Voraussetzungen:

Das Krankenhaus muss in den Krankenhausplan des jeweiligen Landes aufgenommen werden. Dadurch ergibt sich der Anspruch auf Förderung. Weiterhin ist die Aufnahme in das Investitionsprogramm erforderlich. Daraus ergibt sich die Investitionsförderung. Ein Recht auf Aufnahme in die genannten Programme besteht jedoch nicht. Ziel der Planung ist die wirtschaftliche Krankenversorgung der Bevölkerung und sozialverträgliche Beitragssätze.

Krankenhausplanung:

Die Planung ist Angelegenheit der Bundesländer. Diese muss zu einer bedarfsgerechten Versorgung führen und gleichzeitig die Leistungsfähigkeit der Häuser ermöglichen.
Wird ein Krankenhaus in die Landeskrankenhausplanung aufgenommen, so muss es notwendig und geeignet sein. Die Planung ist eine verwaltungsinterne Festlegung. Die Krankenhäuser werden durch einen Bescheid in die Planung aufgenommen.

Investitionsförderung:

Auf Antrag werden Investitionen gefördert. Kleinere bauliche Veränderungen oder Ausbesserungen werden durch einen Pauschalbetrag jährlich finanziert. Unter der Berücksichtigung der Zweckgebundenheit können die Krankenhäuser mit diesen Beträgen frei wirtschaften.

Lösung zur 19. Aufgabe

Sozialversicherungszweige:

a)	Krankenversicherung	2
b)	Rentenversicherung	3
c)	Arbeitslosenversicherung	1
d)	Pflegeversicherung	6
e)	Rehabilitation und Teilhabe behinderter Menschen	5
f)	Kinder- und Jugendhilfe	4

Erläuterungen zur 19. Aufgabe

Übersicht über die einzelnen Bücher des Sozialgesetzbuches

I. Buch,	Allgemeiner Teil
II. Buch,	Grundsicherung für Arbeitsuchende
III. Buch,	Arbeitsförderung
IV. Buch,	Gemeinsame Vorschriften für die Sozialversicherungen
V. Buch,	Gesetzliche Krankenversicherung
VI. Buch,	Gesetzliche Rentenversicherung
VII. Buch,	Gesetzliche Unfallversicherung
VIII. Buch,	Kinder- und Jugendhilfe
IX. Buch,	Rehabilitation und Teilhabe behinderter Menschen
X. Buch,	Sozialverwaltungsverfahren und Sozialdatenschutz
XI. Buch,	Soziale Pflegeversicherung
XII. Buch,	Sozialhilfe

Lösung zur 20. Aufgabe

Die Auswahlantwort 2 ist richtig.

Lösung zur 21. Aufgabe

Die Auswahlantworten 2 und 4 sind richtig.

Lösung zur 22. Aufgabe

Die Auswahlantwort 4 ist richtig.

Lösung zur 23. Aufgabe

Die Auswahlantwort 2 ist richtig.

Lösung zur 24. Aufgabe

Die Auswahlantworten 2 und 4 sind richtig.

Erläuterungen zur 20. bis 24. Aufgabe

Die Träger der gesetzlichen Sozialversicherungen

Zweige der gesetzlichen Sozialversicherungen

- Krankenversicherung
- Pflegeversicherung
- Rentenversicherung
- Arbeitslosenversicherung
- Unfallversicherung

Die gesetzliche Krankenversicherung

Die Rechtsgrundlage der Krankenversicherung ist das Fünfte Buch Sozialgesetzbuch (SGB V) und die Reichsversicherungsordnung (RVO).

Die Beiträge zur gesetzlichen Krankenversicherung

Die Beiträge zur gesetzlichen Krankenversicherung werden von Arbeitgeber und Arbeitnehmer getragen. Die Anteile des Arbeitnehmers und des Arbeitgebers betragen zusammen 14,6 % des Bruttoentgeltes, also jeweils 7,3 %. Der Arbeitgeber überweist den kompletten Beitrag (Arbeitgeber- und Arbeitnehmeranteil) direkt an die Krankenkasse des Arbeitnehmers.

Die Beitragsbemessungsgrenze

Die Beitragsbemessungsgrenze ist der Höchstbetrag, bis zu dem die beitragspflichtigen Einnahmen (Bruttoentgelt) zur Berechnung des Beitrages zugrunde gelegt werden.

Die aktuelle Beitragsbemessungsgrenze für das Jahr 2021 liegt derzeit bei einem jährlichen Bruttoentgelt von 58.050 €. Um in eine private Krankenversicherung zu wechseln, muss das jährliche Bruttoentgelt die Krankenversicherungspflichtgrenze von 64.350 € überschreiten.

Beispiel:
Ein Mitarbeiter hat ein monatliches Bruttoentgelt von 5.000,00 €. Er ist Mitglied einer gesetzlichen Krankenversicherung. Der Versicherungsbeitrag liegt bei 14,6 %. Da dieser Mitarbeiter über der Beitragsbemessungsgrenze von 4.837,50 € monatlich liegt, beträgt der monatliche Krankenkassenbeitrag 353,14 € (Arbeitnehmeranteil 2021, ohne Zusatzbeitrag). Die Berechnung des Beitrages endet bei 4.837,50 € (2021).

Bei den sogenannten Minijobs (bis 450,00 €) entrichtet der Arbeitgeber bei Privathaushalten alleine eine Pauschale von 13,6 % (2021) an die Minijob-Zentrale der Deutschen Rentenversicherung Knappschaft-Bahn-See.

Aufgaben der Krankenversicherung

- Gesundheitsuntersuchungen, SGB V §§ 25ff.
- Krankenbehandlung, SGB V §§ 27 ff.

Dazu gehören:
- ärztliche und zahnärztliche Behandlungen
- Versorgung mit Arznei-, Verband-, Heil- und Hilfsmitteln
- häusliche Krankenpflege und Haushaltshilfe
- Rehabilitationsmaßnahmen
- Krankengeld, SGB V §§ 44 ff.
- Leistungen bei Schwangerschaft und Mutterschaft, RVO §§ 179 ff, 195 ff.

Die gesetzliche Pflegeversicherung

Die rechtliche Grundlage der Pflegeversicherung ist das Elfte Buch Sozialgesetzbuch (SGB XI).

Finanzierung

Die Beiträge zur Pflegeversicherung werden ebenfalls je zur Hälfte von Arbeitnehmer und Arbeitgeber getragen. Der Beitragssatz beträgt 3,05 % des Bruttoentgeltes. Es gilt die gleiche Beitragsbemessungsgrenze wie bei der gesetzlichen Krankenversicherung.

Im Zuge der Sozialreformen zahlen kinderlose Versicherte ab einem Lebensalter von 23 Jahren einen monatlichen Beitrag von 3,3 % in die Pflegeversicherung.

Privat versicherte Personen müssen bei ihrer privaten Krankenversicherung im Rahmen der individuellen Vorsorge eine entsprechende Pflegeversicherung mit gleichen Leistungen wie die der gesetzlichen Pflegeversicherung abschließen.

Zum Ausgleich der Arbeitgeberkosten haben die Bundesländer den Buß- und Bettag als Feiertag abgeschafft. Ausnahme ist Sachsen.

Leistungen der Pflegeversicherung

In Abhängigkeit von der Pflegebedürftigkeit werden Geld- und Sachleistungen bei der häuslichen Pflege übernommen. Bei stationärer Pflege übernimmt die Pflegeversicherung Geldleistungen.

Die Pflegeversicherung ist der jüngste Zweig der gesetzlichen Sozialversicherungen (seit 1994).

Die gesetzliche Rentenversicherung

Die gesetzliche Grundlage bildet das Sechste Buch Sozialgesetzbuch (SGB VI).

Das Umlageverfahren

Die Rentenversicherung ist eine Versicherung für die gesamte Bevölkerung, der jedermann beitreten kann bzw. unter bestimmten Umständen beitreten muss. Die geleisteten Beiträge werden nicht für jeden Einzelnen als Rücklage angespart, sondern direkt wieder an Anspruchsberechtigte als Altersruhegeld oder sonstige Leistungen ausgezahlt. Diesen Vorgang bezeichnet man als Umlageverfahren.

Generationenvertrag

Aus den aktuell gezahlten Beiträgen werden die zu zahlenden Renten finanziert. Die Beitragszahler erwerben dadurch einen Anspruch an künftige Generationen. Durch deren Beiträge wird später ihre Rente finanziert. Problematisch an diesem Prinzip ist die demografische Entwicklung der Bevölkerung: Die durchschnittliche Lebenserwartung ist auf einem relativ hohen Niveau bei gleichzeitigem Geburtenrückgang. Daher gehen Überlegungen zu neuen Sozialreformen in die Richtung, das Renteneinstiegsalter zu erhöhen.

Finanzierung

Der Rentenversicherungsbeitrag von pflichtversicherten Arbeitnehmern wird ebenfalls je zur Hälfte von Arbeitgeber und Arbeitnehmer getragen. Der Arbeitgeber überweist 18,6 % des Bruttoentgeltes (Arbeitgeber- und Arbeitnehmeranteil) an die Krankenversicherung des Arbeitnehmers. Diese leitet den Betrag an die Deutsche Rentenversicherung weiter.

Wie bei der Kranken- und Pflegeversicherung wird die Höhe des zu entrichtenden Beitrages nur bis zur Beitragsbemessungsgrenze berechnet. Die aktuelle Beitragsbemessungsgrenze für die Renten- und Arbeitslosenversicherung beträgt 85.200 (West) bzw. 80.400 € (Ost), Jahresbruttoentgelt.

Bei der Ausübung eines 450,00-€-Minijobs trägt nur der Arbeitgeber einen Beitrag von 15,6 % (alle Angaben für das Jahr 2021).

Leistungen der Rentenversicherung

- Zahlung von Renten wegen Alters, verminderter Erwerbsfähigkeit und Todes
- Maßnahmen zur Rehabilitation
- Zahlung von Beiträgen an die Krankenversicherung der Rentner
- Aufklärung der Versicherten und Rentner

Die gesetzliche Arbeitslosenversicherung

Gesetzliche Grundlage bildet das Dritte Buch Sozialgesetzbuch (SGB III).

Die Arbeitslosenversicherung ist eine Pflichtversicherung für alle Auszubildenden, Arbeiter und Angestellten. Ein freiwilliger Beitritt ist nicht möglich. Beamte und Selbstständige werden nicht von diesem Sozialversicherungszweig erfasst.

Finanzierung

Auch diese Versicherung wird jeweils zur Hälfte von Arbeitnehmer und Arbeitgeber gezahlt. Der aktuelle Beitrag beträgt 2,4 % vom Bruttoentgelt (Arbeitnehmer- und Arbeitgeberanteil). Auch dieser Betrag wird an die Krankenkasse des Arbeitnehmers überwiesen und dann an die Agentur für Arbeit in Nürnberg weitergeleitet. Wie bei der Rentenversicherung beträgt die aktuelle Beitragsbemessungsgrenze 85.200 € (West) bzw. 80.400 € (Ost) Jahresbruttoentgelt.

Leistungen der Agentur für Arbeit

- Arbeitsförderungsmaßnahmen
- Maßnahmen zur Sicherung von Arbeitsplätzen
- Leistungen an Arbeitsuchende
- Förderung des gleitenden Übergangs älterer Arbeitnehmer in den Ruhestand

Die gesetzliche Unfallversicherung

Gesetzliche Grundlage bildet das Siebte Buch Sozialgesetzbuch (SGB VII) und die Reichsversicherungsordnung.

In der Unfallversicherung sind alle Arbeitnehmer, unabhängig von der Höhe ihres Monatseinkommens, pflichtversichert. Versichert sind auch Schüler, Studenten und Unternehmer. Der Versicherungsschutz erstreckt sich auf die Arbeitsstelle, Schule oder Hochschule und auf den Weg von und zur Arbeit bzw. Ausbildungsstätte. Personen, die bei Unglücksfällen helfen, sind während der Hilfeleistung versichert.

Finanzierung

Die Beiträge zur gesetzlichen Unfallversicherung trägt der Arbeitgeber alleine. Berechnungsgrundlage für den jährlichen Beitrag sind folgende Faktoren:

- Bruttoentgelt aller Mitarbeiter
- Gefahrenklassen
- Betriebszeiten des Unternehmens

Leistungen der gesetzlichen Unfallversicherung

Maßnahmen zur Unfallverhütung wie:
- Erlass von Unfallverhütungsvorschriften
- Überwachung dieser Vorschriften
- Ahndung von Verstößen gegen die Unfallverhütungsvorschriften
- Durchführung von Ausbildungslehrgängen

Leistungen bei Arbeitsunfall, Wegeunfall und Berufskrankheit

- Heilbehandlung
- Übergangsgeld
- Berufshilfe
- Verletztenrente
- Sterbegeld
- Rente an Hinterbliebene
- Abfindung

Lösung zur 25. Aufgabe

Die Auswahlantwort 4 ist richtig.

Erläuterungen zur 25. Aufgabe

Körperschaften sind Vereinigungen, die als juristische Personen Träger von Rechten und Pflichten sind. Sie verfügen über eigene Organe zur Vertretung nach außen. Es wird unterschieden zwischen Körperschaften des Privatrechts und Körperschaften des öffentlichen Rechts.

Körperschaften des privaten Rechts

- Kapitalgesellschaften wie GmbH und AG
- Genossenschaften
- eingetragene Vereine
- Stiftungen

Körperschaften des öffentlichen Rechts

Körperschaften öffentlichen Rechts werden durch gesetzliche Vereinbarungen gegründet. Ihre Mitglieder (in der Regel natürliche Personen) besitzen Mitwirkungs- und Mitbestimmungsrechte.

Gebietskörperschaften

Gebietskörperschaften erfassen, unabhängig von ihrem Willen, alle Personen, die in einem bestimmten Gebiet wohnen. Gebietskörperschaften sind Städte, Gemeinden, Bundesländer oder bestimmte Landschaftsverbände.

Personenkörperschaften

Personenkörperschaften stellen an die Mitgliedschaft besondere Voraussetzungen. Hier sind nicht alle in einem Gebiet lebenden Personen Mitglieder, sondern nur bestimmte Personen. Anwälte, Ärzte, Zahnärzte und Apotheker beispielsweise sind in Kammern organisiert. Gewerbe- und Handwerksbetriebe sind in der Industrie- und Handelskammer sowie in der Handwerkskammer Mitglied.

Die Träger der Sozialversicherungen sind Körperschaften öffentlichen Rechts mit Selbstverwaltung. Sie erfüllen ihre Aufgaben und handeln in eigener Verantwortung, unterliegen aber der staatlichen Aufsicht (SGB IV).

Anstalten

Während Körperschaften Mitglieder haben, bieten Anstalten ihren Benutzern bestimmte Leistungen gegen Entgelt.

Beispiele:
- öffentlich-rechtliche Rundfunk- und Fernsehanstalten wie ARD und ZDF
- Sparkassen

Bei diesen Beispielen wird deutlich, dass die Benutzer oder Kunden zwar bestimmte Dienste in Anspruch nehmen können, aber keinen Einfluss auf Arbeitsweise oder Organisationsform nehmen können.

Lösung zur 26. Aufgabe

a) schwerste Beeinträchtigung der Selbstständigkeit 4
b) schwerste Beeinträchtigung der Selbstständigkeit mit besonderen Anforderungen an die pflegerische Versorgung 5
c) schwere Beeinträchtigung der Selbstständigkeit 3
d) geringe Beeinträchtigung der Selbstständigkeit 1
e) erhebliche Beeinträchtigung der Selbstständigkeit 2

Erläuterungen zur 26. Aufgabe

Hier die Kurzdefinitionen:
- Pflegegrad 1: geringe Beeinträchtigung der Selbstständigkeit, 12,5 bis < 27 von 100 Punkten des Neuen Begutachtungsassessments (NBA)
- Pflegegrad 2: erhebliche Beeinträchtigung der Selbstständigkeit, 27 bis < 47,5 Punkte
- Pflegegrad 3: schwere Beeinträchtigung der Selbstständigkeit, 47,5 bis < 70 Punkte
- Pflegegrad 4: schwerste Beeinträchtigung der Selbstständigkeit, 70 bis < 90 Punkte
- Pflegegrad 5: schwerste Beeinträchtigung der Selbstständigkeit mit besonderen Anforderungen an die pflegerische Versorgung, 90 bis 100 Punkte

Eine Übersicht der Pflegegrade

Es handelt sich um fünf Einstufungskategorien (1–5) für pflegebedürftige Menschen, anhand derer die Pflegekassen entsprechende Pflegegelder übernehmen. Vor dem Jahr 2017 gab es für diese Einstufung drei bzw. vier Pflegestufen (Pflegestufe 0–3). Seit 2017 gelten die neuen Pflegegrade. Die Abstufungen der Pflegebedürftigkeit wurden im Pflegestärkungsgesetz 2 (PSG II) neu geordnet, um Menschen mit eingeschränkter Alltagskompetenz gerecht zu werden.

Pflegegrad 1

Es handelt sich hier um die niedrigste Stufe der Pflegebedürftigkeit. Sie kommt für Menschen infrage, die die Grundbedingungen der alten Pflegestufe 0 nicht erfüllt haben. Dadurch gelten grundsätzlich mehr Menschen als pflegebedürftig und haben somit die Chance auf eine Unterstützung seitens der Pflegeversicherungen.

Voraussetzungen für die Einstufung in den Pflegegrad 1

Um den Pflegegrad 1 zu erhalten, müssen pflegebedürftige Menschen eine Punktzahl von 12,5 bis < 27 von 100 Punkten des Neuen Begutachtungsassessments (NBA) erreichen.
Per Definition des NBA entspricht das einer geringen Beeinträchtigung der Selbstständigkeit, sei diese nun körperlich oder kognitiv. Das Neue Begutachtungsassessment prüft die Selbstständigkeit der Pflegebedürftigen in sechs Kategorien. Für jede dieser Kategorien werden Punkte vergeben, sodass der Pflegebedürftige am Ende eine Gesamtzahl an Punkten erhält, die seine Pflegebedürftigkeit in Zahlen fasst.

Pflegegrad 2

Eine Zuordnung in den Pflegegrad 2 findet statt, wenn die eigene Selbstständigkeit erheblich beeinträchtigt ist. Auch diese Begutachtung verläuft mittels einer Punktevergabe in sechs verschiedenen Bereichen der Selbstständigkeit – sowohl körperliche als auch kognitive Fähigkeiten werden bewertet. In den Pflegegrad 2 wird man eingeteilt, wenn man vom MDK 27 bis < 47,5 Punkte anerkannt bekommt. Dies entspricht einer erheblichen Beeinträchtigung der Selbstständigkeit.

Pflegegrad 3

Den Pflegegrad 3 erhält man, wenn die Selbstständigkeit der pflegebedürftigen Person schwer beeinträchtigt ist. Dies entspricht einer Umsetzung in 47,5 bis < 70 Punkte des neuen Begutachtungsassessments. Per Definition spricht man hier von einer schweren Beeinträchtigung der Selbstständigkeit.

Pflegegrad 4

erhält eine pflegebedürftige Person, wenn der MDK 70 bis < 90 Punkte verteilt. Das entspricht einer schwersten Beeinträchtigung der Selbstständigkeit des Pflegebedürftigen. Menschen, die vor 2017 die Pflegestufe 2 mit eingeschränkter Alltagskompetenz oder aber Pflegestufe 3 hatten, werden jetzt dem Pflegegrad 4 zugeteilt.

Pflegegrad 5

erhält ein Mensch, wenn er in höchstem Maße unselbstständig ist und rund um die Uhr eine intensive pflegerische Versorgung benötigt. In Punkten des Neuen Begutachtungsassessments ausgedrückt heißt das, dass er zwischen 90 und 100 Punkten liegt. Der Pflegegrad 5 entspricht der Pflegestufe 3 mit eingeschränkter Alltagskompetenz, also meist Demenz, bzw. dem sogenannten Härtefall.

Lösung zur 27. Aufgabe

Die Auswahlantwort 3 ist richtig.

Erläuterung zur 27. Aufgabe

Festlegung der Pflegebedürftigkeit (§ 18 SGB XI)

Antragsverfahren und Entscheid

Das Verfahren wird durch den Antrag der Pflegebedürftigen auf eine Leistung eingeleitet (§ 33 SGB XI, § 16 SGB I). Die Begutachtung wird durch den Medizinischen Dienst der Krankenversicherungen (MDK) durchgeführt.

§ 18 Abs. 1 SGB XI schreibt die Einschaltung des Medizinischen Dienstes in das Verfahren zur Prüfung der Pflegebedürftigkeit zwingend vor. Entsprechend dem Grundsatz, dass Rehabilitation Vorrang vor Leistungen der Pflegeversicherung hat, prüft der MDK gleichzeitig Reha-Möglichkeiten.

Die Erstuntersuchung sowie die Wiederholungsuntersuchungen hat der MDK im Wohnbereich des Pflegebedürftigen vorzunehmen. Dies schließt nicht aus, dass ein Antragsteller, der sich noch im Krankenhaus befindet, bereits dort untersucht werden kann. Durch das Neue Begutachtungsassessment soll das Einstufungsverfahren gerechter gestaltet werden.

Das Neue Begutachtungsassessment

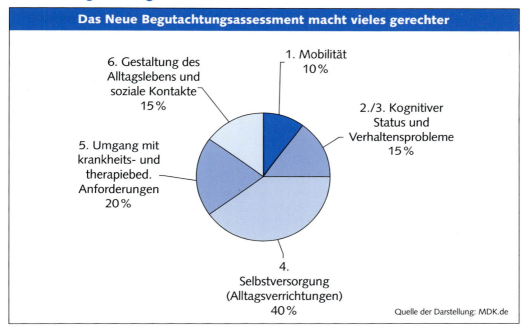

Lösung zur 28. Aufgabe

Die Auswahlantworten 2, 4, 6 und 7 sind richtig.

Erläuterungen zur 28. Aufgabe

Übersicht über die Höhe der Pflegeleistungen im Kalenderjahr 2021

Pflegegrad	Pflegegeld	Pflegesachleistung	Teilstationäre Pflege	Vollstationäre Pflege
1	–	125,00 € *	125,00 € *	125,00 € *
2	316,00 €	689,00 €	689,00 €	770,00 €
3	545,00 €	1.298,00 €	1.298,00 €	1.262,00 €
4	728,00 €	1.612,00 €	1.612,00 €	1.775,00 €
5	901,00 €	1.995,00 €	1.995,00 €	2.005,00 €

* Hier handelt es sich um den Betrag der Entlastungsleistungen, welcher für die Pflegesachleistung, teilstationäre Pflege (Tages-/Nachtpflege) und vollstationäre Pflege eingesetzt werden kann.

Lösung zur 29. Aufgabe

Die Auswahlantwort 3 ist richtig.

Erläuterungen zur 29. Aufgabe

Kommt ein Vertrag über ambulante oder stationäre Pflege ganz oder teilweise nicht zustande, wird sein Inhalt auf Antrag einer Vertragspartei von der Schiedsstelle nach § 76 SGB XI festgesetzt (§ 75 Abs. 4 SGB XI). Dies gilt auch für Verträge, mit denen bestehende Rahmenverträge geändert oder durch neue Verträge abgelöst werden sollen.

Die Schiedsstelle wird von den Verbänden der Beteiligten im Land gemeinsam gebildet (Verband der Pflegekassen und Verband der Pflegeheime und Pflegedienst) und ist paritätisch (zu gleichen Teilen) besetzt.

Lösung zur 30. Aufgabe

Die Auswahlantworten 2 und 4 sind richtig.

Erläuterungen zur 30. Aufgabe

Öffentlich geförderte Pflegeeinrichtungen

Nach der Grundsatzvorschrift des § 9 SGB XI sind die Länder für die Vorhaltung einer leistungsfähigen, zahlenmäßig ausreichenden und wirtschaftlichen Versorgungsstruktur verantwortlich. Zur Finanzierung der Investitionskosten sollen die Länder einen Teil der Einsparungen einsetzen, die den Trägern der Sozialhilfe durch die Einführung der Pflegeversicherung entstehen. Die näheren Umstände zur Planung und Förderung von Pflegeeinrichtungen werden durch Landesrecht bestimmt.

Vorbild für diese Finanzierungsmöglichkeit (duales Finanzierungssystem) ist das Krankenhausfinanzierungsgesetz. Im Gegensatz zur Krankenhausfinanzierung gewährt die Pflegeversicherung den Pflegeeinrichtungen jedoch keinen gesetzlich verbrieften Anspruch auf Förderung von Investitionen. Dies liegt damit im Ermessen der Bundesländer.

Lösung zur 31. Aufgabe

Die Auswahlantwort 2 ist richtig.

Erläuterungen zur 31. Aufgabe

Soweit die Investitionskosten nicht durch öffentliche Fördermittel hinreichend gedeckt sind, kann es den Pflegeeinrichtungen schon aus verfassungsrechtlichen Gründen nicht verwehrt werden, den nicht gedeckten Teil der betriebsnotwendigen Investitionsaufwendungen den Pflegebedürftigen in Rechnung zu stellen. Dementsprechend sieht die soziale Pflegeversicherung eine Finanzierung über den Preis vor. Danach kann das Heim die gesonderte Berechnung grundsätzlich einseitig vornehmen. Teilweise vom Land geförderte Heime benötigen hierzu die Zustimmung der zuständigen Landesbehörde (§ 82 Abs. 3 SGB XI).

Lösung zur 32. Aufgabe

Die Auswahlantwort 1 ist richtig.

Erläuterungen zur 32. Aufgabe

Teilstationäre Pflege

Bei der teilstationären Pflege begibt sich der Pflegebedürftige in eine Einrichtung außerhalb seiner Wohnung, etwa um dort tagsüber (im Rahmen eines strukturierten Tagesablaufs) oder nachts gepflegt zu werden oder aktivierende Hilfen in Anspruch zu nehmen. Der Transport in eine Pflegeeinrichtung sowie der Rücktransport zum Wohnsitz gehören mit zur teilstationären Pflege.

Vollstationäre Pflege

Bei vollstationärer Pflege wird der Pflegebedürftige aus seiner häuslichen Umgebung herausgelöst und für die Dauer der Pflege in ein Pflegeheim aufgenommen. Vollstationäre Pflegeheime betreuen die Pflegebedürftigen Tag und Nacht.

Ambulante oder häusliche Pflege

Bei der ambulanten oder auch häuslichen Pflege bleibt der Pflegebedürftige in seiner Wohnung; die Betreuung wird ihm „ins Haus gebracht". Wohnung in diesem Sinn kann neben dem eigenen Haushalt auch ein fremder Haushalt, ggf. auch ein Altersheim sein.

Lösung zur 33. Aufgabe

Die Auswahlantwort 4 ist richtig.

Erläuterungen zur 33. Aufgabe

Das Heimgesetz

Anforderungen an den Betrieb eines Heimes (§ 11 Abs. 2. 1–4 Heimgesetz)

Der § 11 Absatz 2 des Heimgesetzes beinhaltet die Anforderungen an den Betrieb eines Heimes. Im vierten Abschnitt wird darauf hingewiesen, dass der Betreiber ein Qualitätsmanagement zu betreiben hat.

1. Der Träger muss die notwendige Zuverlässigkeit, insbesondere die wirtschaftliche Leistungsfähigkeit besitzen, ein Heim zu betreiben.
2. Er muss sicherstellen, dass die Zahl und die fachliche sowie persönliche Eignung des Personals gegeben sind.
3. Er muss ein angemessenes Entgelt erheben.
4. Er muss ein Qualitätsmanagement betreiben.

Lösung zur 34. Aufgabe

Die Auswahlantwort 3 ist richtig.

Erläuterungen zur 34. Aufgabe

Mitwirkung der Bewohner (§ 10 Heimgesetz)

Es ist die Mitwirkung eines Heimbeirates vorgesehen. Dieser wirkt zur Sicherung einer angemessenen Qualität mit.

Die Mitwirkung des Heimbeirates erstreckt sich auf folgende Bereiche des Heims:

- Unterkunft
- Betreuung
- Aufenthaltsbedingungen
- Heimordnung
- Verpflegung
- Freizeitgestaltung

Informationen über die Befugnisse und die möglichen Tätigkeiten des Heimbeirates erhalten die Mitglieder durch die zuständige Behörde. Der Heimbeirat lädt die Bewohner mindestens einmal im Jahr zu einer Versammlung ein. Kann ein Heimbeirat nicht gebildet werden, übernimmt ein sogenannter Heimsprecher dessen Aufgaben.

Der Heimsprecher wird im Einvernehmen mit der Heimleitung von der zuständigen Behörde bestellt. Die Bewohner können Vorschläge für die Wahl des Heimsprechers unterbreiten.

Auf einen Heimsprecher kann verzichtet werden, wenn die Mitwirkung der Bewohner auf andere Weise gewährleistet wird.

Die Bundesministerien für Arbeit und Soziales sowie für Gesundheit, Familie, Senioren und Jugend erlassen gemeinsam mit dem Bundesrat Regelungen über

- die Wahl des Heimbeirates,
- die Bestimmung des Heimfürsprechers sowie
- Art, Umfang und Form der Mitwirkung.

In angemessenem Umfang können folgende Personengruppen in einen Heimbeirat gewählt werden:

- Angehörige oder sonstige Vertrauenspersonen der Bewohner
- von der zuständigen Behörde vorgeschlagene Personen
- Mitglieder der örtlichen Seniorenvertretung
- Mitglieder von örtlichen Behindertenorganisationen

Lösung zur 35. Aufgabe

Die Auswahlantwort 3 ist richtig.

Erläuterungen zur 35. Aufgabe

Die Heimpersonalverordnung beinhaltet Regelungen bezüglich der Heimleitung und des weiteren Personals. Die sogenannten Personalanhaltszahlen (Anzahl der Mitarbeiter sowie der Anteil an examinierten Kräften) werden auf Landesebene festgelegt.

Die Heimpersonalverordnung

Beschäftigte für betreuende Tätigkeiten (§ 5 Heimpersonalverordnung)
Betreuende Tätigkeiten dürfen nur durch Fachkräfte oder unter angemessener Beteiligung von Fachkräften wahrgenommen werden. Hierbei muss mindestens eine beschäftigte Fachkraft, bei mehr als 20 nicht pflegebedürftigen Bewohnern oder mehr als vier pflegebedürftigen Bewohnern mindestens jeder zweite weitere Beschäftigte eine Fachkraft sein. In Heimen mit pflegebedürftigen Bewohnern muss bei Nachtwachen mindestens eine Fachkraft anwesend sein.

Von den Anforderungen des Absatzes 1 (Personalschlüssel für Fachkräfte) kann mit Zustimmung der zuständigen Behörde abgewichen werden, wenn die Personalsituation für eine fachgerechte Betreuung der Heimbewohner ausreichend ist.

Pflegebedürftig im Sinne der Verordnung ist, wer für die gewöhnlichen und regelmäßigen wiederkehrenden Verrichtungen im Ablauf des täglichen Lebens in erheblichem Umfang der Pflege (nicht nur vorübergehend) bedarf.

Fachkräfte müssen im Sinne dieser Verordnung eine entsprechende Berufsausbildung abgeschlossen haben. Sie müssen über die Kenntnisse und Fähigkeiten zur selbstständigen und eigenverantwortlichen Wahrnehmung der von ihnen ausgeübten Funktion und Tätigkeit verfügen.

- Altenpflegehelferinnen und Altenpflegehelfer,
- Krankenpflegehelferinnen und Krankenpflegehelfer
- sowie vergleichbare Hilfskräfte

sind **keine** Fachkräfte im Sinne dieser Verordnung.

Lösung zur 36. Aufgabe

Die Wellmed GmbH benötigt insgesamt **51** Pfleger/-innen.

Erläuterungen zur 36. Aufgabe

Personalschlüssel:

Pflegegrad 1		1 Pfleger/-in pro 8,00 Bewohner
88 Bewohner mit Pflegegrad 1	= 88 : 7 = 12,57 =	**13 Mitarbeiter/-innen**
Pflegegrad 2		1 Pfleger/-in pro 4,66 Bewohner
45 Bewohner mit Pflegegrad 2	= 45 : 4,07 = 11,06 =	**11 Mitarbeiter/-innen**
Pflegegrad 3		1 Pfleger/-in pro 3,05 Bewohner
34 Bewohner mit Pflegegrad 3	= 34 : 3,23 = 10,53 =	**11 Mitarbeiter/-innen**
Pflegegrad 4		1 Pfleger/-in pro 2,24 Bewohner
22 Bewohner mit Pflegegrad 4	= 22 : 2,56 = 8,59 =	**9 Mitarbeiter/-innen**
Pflegegrad 5		1 Pfleger/-in pro 2,00 Bewohner
12 Bewohner mit Pflegegrad 5	= 12 : 1,80 = 6,67 =	**7 Mitarbeiter/-innen**

Addition der Mitarbeiter/-innen ergibt eine Summe von 51.

Lösung zur 37. Aufgabe

Die Wellmed GmbH benötigt **25,5** Fachkräfte.

Erläuterungen zur 37. Aufgabe

Laut dem Auszug aus der Heimpersonalverordnung müssen 50 % des Personals ausgebildete Fachkräfte sein.

Bei der angegebenen Bewohnerstruktur benötigt die Wellmed GmbH insgesamt 51 Pfleger/-innen. 50 % dieser Pfleger/-innen, also 25,5, müssen examinierte Fachkräfte sein.

Die Kassenärztliche Vereinigung

Lösung zur 38. Aufgabe

Die Auswahlantworten 2, 3 und 5 sind richtig.

Erläuterungen zur 38. Aufgabe

Die Kassenärztlichen Vereinigungen (KVen) und die drei Kassenzahnärztlichen Vereinigungen (KZVen) nehmen eine Schlüsselstellung in der gesetzlichen Krankenversicherung ein. Sie sind Körperschaften des öffentlichen Rechts. Die Mitglieder sind alle im Geltungsbezirk der jeweiligen Kassenärztlichen bzw. -zahnärztlichen Vereinigung zugelassene Vertragsärzte bzw. Vertragszahnärzte.

Die KVen und die KZVen sind unter anderem zuständig für

- die Wahrnehmung der Rechte gegenüber den gesetzlichen Krankenkassen,
- die Einhaltung des Sicherstellungsauftrages einschließlich des Notdienstes und die Gewährleistung einer ordnungsgemäßen Durchführung der Versorgung,
- die Abschlüsse der Gesamtverträge mit den Verbänden der Krankenkassen,
- die Prüfung der vertragsärztlichen Abrechnungen.

Die Kassenärztlichen sowie die Kassenzahnärztlichen Vereinigungen bilden jeweils eine Bundesvereinigung. Diese untersteht der Aufsicht der für Sozialversicherungen zuständigen obersten Verwaltungsbehörde der Länder.

Abrechnungskatalog bei ambulanten Leistungen

Lösung zur 39. Aufgabe

Die Auswahlantwort 2 ist richtig.

Erläuterungen zur 39. Aufgabe

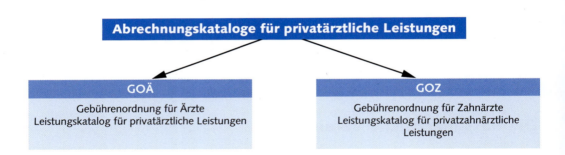

Abrechnungsprozedere bei kassenärztlichen Abrechnungen

Lösung zur 40. Aufgabe

Die Auswahlantwort 3 ist richtig.

Erläuterungen zur 40. Aufgabe

„Weg der Abrechnung"

Die vom zugelassenen Arzt erstellten Abrechnungen werden an die zuständige Kassenärztliche Vereinigung übermittelt. Diese überprüft die Rechnungen auf sachliche und fachliche Richtigkeit. Sind die Inhalte überprüft, gehen die Abrechnungen an die zuständigen Krankenkassen.

„Weg der Bezahlung"

Die Krankenkassen überweisen die Beträge gemäß den Abrechnungen an die zuständigen Kassenärztlichen Vereinigungen. Diese wiederum überweisen Abschlagszahlungen an die zugelassenen Ärzte.

Fachbegriffe

Lösung zur 41. Aufgabe

a) Disease Management 3
b) Evidence-Based Medicine 2
c) Case Management 1

Erläuterungen zur 41. Aufgabe

Disease Management

Im Disease Management geht es um die Aufhebung der sogenannten Fragmentierung der einzelnen Leistungserbringer im ambulanten und stationären Bereich. Es handelt sich um einen integrativen Ansatz zur Leistungserbringung, der das Verhalten von Patienten und Leistungserbringern beeinflusst, um den bestmöglichen Gesundheitszustand zu möglichst geringen Kosten zu erreichen.

Im Mittelpunkt stehen nicht einzelne Krankheitsepisoden, sondern der gesamte Krankheitsprozess eines Patienten.

Ziel ist es,

- die Kosten bei Aufrechterhaltung der Qualität zu senken,
- die Versorgungsqualität bei gleichbleibenden Kosten zu verbessern und
- die Kosten zu senken und gleichzeitig die Behandlungsqualität zu steigern.

Ein Disease Management ist besonders für chronisch Erkrankte geeignet, speziell für eine Gruppe von Patienten mit gleicher Diagnose, z. B. Diabetes mellitus.
Entscheidend ist die Zusammenarbeit aller beteiligten Leistungserbringer. Diese müssen sich als Team verstehen und nicht als separate Einheit agieren.

Essentiell für das Disease Management sind:

- Kenntnisse über Epidemiologie
- gesundheitsökonomische Evaluation
- Qualitätsmanagement
- Datenverknüpfung

Evidence-Based Medicine

Hierbei handelt es sich um Behandlungsleitlinien, die auf eine kontinuierliche Qualitätsverbesserung des medizinischen Wissens zielen. Informationen über Diagnostik und Therapien für bestimmte Krankheitsarten werden wissenschaftlich aufbereitet und als Behandlungspfad dokumentiert. Ziel ist es, unwirksame oder sogar schädliche Verfahren zu verhindern. Behandlungsleitlinien werden auch im Rahmen von Disease-Management-Programmen eingesetzt.

Case Management

Das „Fallmanagement" wurde in den USA als Ansatz zur Verbesserung der Langzeitversorgung psychiatrischer Patienten nach deren stationärer Entlassung entwickelt. Der sogenannte Case Manager steuert die Versorgung von Versicherten in einer akuten Krankheitsperiode so, dass die individuell notwendigen Gesundheitsleistungen zeitnah zur Verfügung stehen. Ziel des Case Managements ist es, die Qualität der gesundheitlichen Versorgung so zu sichern, dass langfristig entstehende Kosten gesenkt werden. Der heutige Ansatz betrifft auch die pflegerische Versorgung chronisch erkrankter Patienten.

Lösung zur 42. Aufgabe

Die Auswahlantwort 2 ist richtig.

Erläuterungen zur 42. Aufgabe

OTC-Arzneimittel = „over the counter"
OTC-Arzneimittel ist die Bezeichnung für nicht verschreibungspflichtige Medikamente.

Lösung zur 43. Aufgabe

Die Zuordnungslösungen b, c und a sind richtig.

a) Palliativmedizin — 2
b) geriatrische Medizin — 3
c) kurative Medizin — 1

Erläuterungen zur 43. Aufgabe

Palliativmedizin

Die Palliativmedizin beschäftigt sich mit der Behandlung von Patienten, die an einer nicht heilbaren Erkrankung leiden, die fortschreitet oder sich bereits in einem weit fortgeschritten Stadium befindet. Das Hauptziel der Palliativmedizin ist die Verbesserung der Lebensqualität des Patienten. Dieses Ziel soll durch die Linderung der Symptome erreicht werden (Schmerztherapie).

Geriatrische Medizin

Die geriatrische Medizin befasst sich mit Erkrankungen, die im höheren Lebensalter auftreten. Die besonderen Umstände, die typischerweise bei vielen Erkrankungen im hohen Lebensalter auftreten, werden in besonderem Maße berücksichtigt. Ziel ist es, eine größtmögliche Selbstständigkeit zu erhalten oder wiederherzustellen.

Kurative Medizin

Ziel der kurativen Medizin ist eine bestmögliche Heilung der Patienten. Ein Weiterleben ohne oder nur mit geringen Hilfsmitteln soll ermöglicht werden.

Qualitätsmanagement und Managementtechniken

Lösung zur 44. Aufgabe

Die Auswahlantwort 3 ist richtig.

Erläuterungen zur 44. Aufgabe

Obwohl es seit Jahren ein Bestreben gibt, ein Qualitätsmanagement in Krankenhäusern zu installieren, haben die Beteiligten sich bisher auf kein einheitliches QM-System geeinigt. In der DIN ISO 8402 wird der Begriff „Qualität" wie folgt definiert:

> Qualität ist die Gesamtheit der Merkmale und Merkmalseigenschaften eines Produktes oder einer Dienstleistung bezüglich ihrer Eignung, festgelegte und vorausgesetzte Erfordernisse zu erfüllen.

Lösung zur 45. Aufgabe

Die Auswahlantwort 2 ist richtig.

Erläuterungen zur 45. Aufgabe

Gesetzliche Verpflichtungen

Seit 1985 haben sich die EU-Länder der Weltgesundheitsorganisation (WHO) zu einer Qualitätssicherung in Krankenhäusern verpflichtet. 1991 wurden diese Ziele dahingehend novelliert, dass es bis zum Jahre 2000 Strukturen und Verfahren geben sollte, die eine laufende Verbesserung der Qualität in der Gesundheitsversorgung und der Gesundheitstechnologie regeln.

Das Gesundheitsreformgesetz von 1989 legt die Qualitätssicherung als festen Bestandteil (rechtsverbindlich) fest.

Ziele sind die Steigerung der Qualität in den Bereichen:
- Behandlung
- Versorgungsabläufe
- Behandlungsergebnisse

Dadurch sollen vergleichende Prüfungen ermöglicht werden (Förderung der Transparenz im Gesundheitswesen).

Als Beispiel für Qualitätssicherung ist hier die Transfusionsmedizin zu nennen. In diesem Bereich gibt es, ausgelöst durch HIV-Skandale, genaue Reglementierungen und Vorgehensweisen.

Seit Anfang des Jahres 2004 wurde dem Gemeinsamen Bundesausschuss die Aufgabe übertragen, Inhalt und Umfang der dann verpflichtenden strukturierten Qualitätsberichte zu beschließen (damals SGB V § 137 Nr. 6 Satz 3 Absatz 1).

Der Bundesausschuss setzte sich aus den gesetzlichen und privaten Krankenversicherungen, der Bundesärztekammer, der Deutschen Krankenhausgesellschaft sowie dem Deutschen Pflegerat zusammen. 2005 wurde die Erstellung des Qualitätsberichtes dann verpflichtend.

Seit 2005 sind Krankenhäuser in Deutschland verpflichtet, alle 2 Jahre einen strukturierten Qualitätsbericht zu erstellen.

Lösung zur 46. Aufgabe

Die Auswahlantworten 1, 3, 4 und 6 sind richtig.

Erläuterungen zur 46. Aufgabe

In allen Bereichen des Gesundheitswesens ist die Verpflichtung zur Einführung eines Qualitätsmanagements verankert. Die unterschiedlichen Bereiche werden in den zugehörigen Abschnitten des Sozialgesetzbuches und des Heimgesetztes geregelt. Somit ergeben sich folgende Zugehörigkeiten:

Gesetzliche Grundlage für die Einführung eines Qualitätsmanagements in den Bereichen der Krankenhäuser und des Ärztewesens ist das SGB V.

Gesetzliche Grundlage für die Einführung eines Qualitätsmanagements im Bereich der Rehabilitation behinderter Menschen ist das SGB IX.

Gesetzliche Grundlage für die Einführung eines Qualitätsmanagements im Bereich der Alten- und Krankenpflege ist das SGB XI sowie das Heimgesetz.

Lösung zur 47. Aufgabe

Die Auswahlantworten 2 und 4 sind richtig.

Erläuterungen zur 47. Aufgabe

Transparenz durch Qualitätsmanagement

Die Beteiligten des Gesundheitswesens werden immer stärker mit Kosteneinsparungen konfrontiert. Daraus ergibt sich, dass viele Leistungen nicht mehr durch die Krankenkassen getragen werden.

Patienten werden in Zukunft immer mehr zum „Kunden", die „Gesundheit" ein immer knapperes Gut. Um als Kunde zu entscheiden, welche Leistungen sinnvoll sind, muss man den „Durchblick" haben. Um diese Entscheidungen zu treffen, ist es notwendig, das Vorgehen und die Ziele einer Behandlung zu kennen. Qualitätsmanagement bringt Transparenz in die Vorgänge von Diagnostik und Therapie.

Damit ist das QM nicht nur für „Kunden", also die Patienten, von Vorteil. Alle Krankenkassen und weitere Zahlungsträger sind an nachvollziehbaren Leistungen im Gesundheitswesen interessiert.

Vergleichbarkeit

Ziel ist es, Leistungen von Krankenhäusern, Ärzten und weiteren Beteiligten des Gesundheitswesens miteinander vergleichen zu können. Eine „einheitliche" Qualität lässt sich nur durch Vergleiche der einzelnen Fachgebiete miteinander definieren.

Lösung zur 48. Aufgabe

Die Auswahlantworten 1, 2, 5 und 6 sind richtig.

Lösung zur 49. Aufgabe

Die Auswahlantworten 2 und 4 sind richtig.

Erläuterungen zur 48. und 49. Aufgabe

Leitbild und strategische Ziele

Nach Durchführung der Ist-Analyse soll die Krankenhausleitung ein Leitbild und die dazu nötigen strategischen Ziele festlegen. Die Ist-Analyse ergibt ein momentanes Bild des Unternehmens. Um möglichst alle Mitarbeiter in die Überlegungen bezüglich der Inhalte des Leitbildes mit einzubeziehen, eignet sich ein Workshop.

Die SWER-Analyse

Eine Analysemöglichkeit zur Findung eines Leitbildes ist die SWER-Analyse.

SWER steht für:

- **S = strengths** = Was sind unsere Stärken?
- **W = weaknesses** = Was sind unsere Verbesserungsbereiche?
- **E = expectations** = Was erwarten unsere Interessengruppen heute und in Zukunft?
- **R = risks** = Welche Risiken gehen von unseren Interessengruppen heute und in Zukunft aus?

Aus den einzelnen Fragestellungen und den dazugehörigen Antworten ergeben sich die „Visionen" (Was will das Krankenhaus in der nächsten Zeit erreichen?) und die „Missionen" (Was ist der Daseinszweck des Krankenhauses?) eines Unternehmens.

Lösung zur 50. Aufgabe

Die Auswahlantwort 3 ist richtig.

Erläuterungen zur 50. Aufgabe

KTQ

KTQ ist die Abkürzung für „Kooperation für Transparenz und Qualität im Krankenhaus". Das KTQ-Verfahren besteht aus einem Selbstbewertungs- und Zertifizierungsverfahren. Es stellt die freiwillige Darstellung der Prozessabläufe in Form des KTQ-Qualitätsberichtes dar. Der KTQ-Katalog gliedert sich in sechs Kategorien mit 20 Subkategorien (Unterkriterien der Hauptkriterien), 69 Kriterien und 698 Fragen. Dieses Prinzip ist an das EFQM-Modell angelehnt. (www.ktq.de)

Lösung zur 51. Aufgabe

Die Auswahlantworten 2, 3, 5 und 6 sind richtig.

Erläuterungen zur 51. Aufgabe

Das EFQM-Modell

Das Grundschema des EFQM-Modells basiert auf den drei Säulen des Total Quality Managements.

Dieses Grundschema betrachtet

- den Menschen,
- die Prozesse und
- die Ergebnisse

gleichzeitig. In Anwendung dieses Grundsatzes kommt es darauf an, die Mitarbeiter so in die Prozesse einzubinden, dass das Unternehmen seine Ergebnisse verbessern kann. So kommt der Gesamtaufbau des EFQM-Modells mit seinen neun Kriterien wie folgt zustande: (➔ siehe Grafik auf der nächsten Seite)

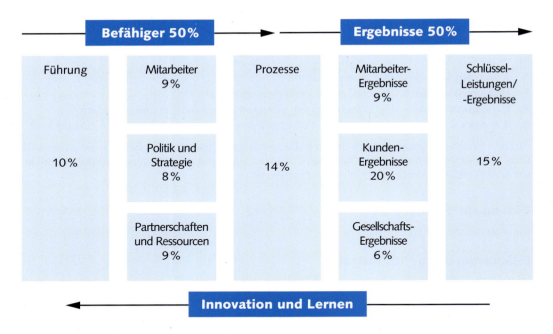

Der Gesamtaufbau des EFQM-Modells für Excellence

Die drei Hauptsäulen, die die Grundbestandteile des Modells darstellen, sind in der Grafik sofort erkennbar. Die jeweils dazwischenliegenden Unterteilungen geben an, mit welchen Mitteln diese Ziele erreicht werden können und welche Zwischenergebnisse dafür erforderlich sind.

Das Modell ist in zwei große Abschnitte eingeteilt: in die Befähiger und die Ergebnisse. Die beiden Kriterien machen jeweils die Hälfte der Bewertung aus. Diese Einteilung ist eine fundamentale Erkenntnis des TQM-Modells. Es reicht nicht aus, Ergebnisse zu managen, sondern es ist erforderlich, die Vorgehensweise (Befähiger) mit einzubeziehen. Darum werden die Vorgehensweisen auch mit 50 % gewichtet, obwohl es Ergebnisse sind, die letztlich erreicht werden sollen.

Lösung zur 52. Aufgabe

a) Die Ergebnisse werden durch die Organisation des Unternehmens bewertet. 3
b) Anhand der Befähiger werden Ansätze zur Verbesserung der Ergebnisse gesucht. 1
c) Die gefundenen Ansätze werden in die Organisation eingebracht und umgesetzt. 2
d) Die Wirksamkeit der veränderten Prozesse und Strukturen wird überprüft. 4

Erläuterungen zur 52. Aufgabe

RADAR-Bewertung

Um den RADAR-Begriff in deutscher Sprache zu verwenden, werden die folgenden Begriffe vorgeschlagen:

R = Resultate

A = Annäherung

D = Durchführung

AR = Abschätzung und Rückblick

Die RADAR-Logik beinhaltet die folgenden Phasen/Schritte:

Results oder Resultate
Für das Unternehmen werden Ergebnisse bzw. Ziele festgelegt, die es mithilfe der Strategie erreichen soll.

Annäherung oder Approach
Es werden die Vorgehensweisen geplant, mit denen die erforderlichen Ergebnisse jetzt und in Zukunft erreicht werden sollen.

Durchführung oder Deployment
Durchführung bezeichnet die systematische Implementierung der Vorgehensweisen und die weitere Durchführung der Prozesse.

Abschätzung und Rückblick
Es werden die Durchführung der Prozesse sowie das Ergebnis betrachtet. Hieraus können sich weitere Verbesserungen ergeben.

Lösungen zur 53. Aufgabe
Die Auswahlantwort 3 ist richtig.

Erläuterungen zur 53. Aufgabe
Die leitenden Ebenen müssen dafür sorgen, dass alle Mitarbeiter einbezogen werden. Die nötige Kommunikation (auch Hilfsmittel hierfür) muss gefördert werden. Die Beschäftigten aller Ebenen müssen die Gelegenheit bekommen, in einem Qualitäts-Themenzirkel oder einer Arbeitsgruppe mitwirken zu können. Ziel ist die Schaffung von Akzeptanz und eines positiven Bewusstseins für ein Qualitätsmanagement.

Lösung zur 54. Aufgabe
a) Planung und Durchführung notwendiger Schulungen für die Projektmitglieder — 4
b) Definition des Projektziels — 2
c) Festlegung des Projektsteuerkreises — 3
d) Festlegung des Projektplans mit Benchmarking — 5
e) Zustimmung durch die Leitung des Krankenhauses zur Einführung eines Qualitätsmanagements — 1
f) dokumentierte Selbstverpflichtung aller Beteiligten — 6

Erläuterungen zur 54. Aufgabe
Die folgende Liste dient als „Startbrief" für die Einführung eines QM-Systems:
- Zustimmung durch die Leitung
- Auswahl des Organisationsbereiches
- Definition des Ziels und Auswahl des QM-Modells (z. B. EFQM oder Kaizen)
- Festlegung des Steuerkreises
- Festlegung des QM-Beauftragten (Projektverantwortlicher)
- Bestimmung des Projektteams
- Planung und Realisation notwendiger Schulungen für alle Beteiligten
- Festlegung des Projektplans mit Meilensteinen

- Definition des Projektbudgets (liquide Mittel)
- Definition der Räumlichkeiten, der IT-Mittel und weiterer kommunikativer Hilfsmittel (z. B. Hauszeitung)
- Fixierung des Projektmarketings („Tu Gutes und rede darüber")
- dokumentierte Selbstverpflichtung aller Beteiligten

Die Unternehmensleitung muss dem ganzen Projekt „QM" die „Existenz" ermöglichen. Qualitätsmanagement ist Führungsaufgabe. Sie muss Akzeptanz und Verständnis vorgeben. Arbeitnehmervertretungen sollten mit in die Vorbereitungsphase einbezogen werden. Eine kontinuierliche Zusammenarbeit während des ganzen Projektes ist von Vorteil.

Die Leitung muss die Aufbauorganisation des Projektes bestimmen. Der Steuerkreis ist als Entscheidungs- und Kontrollgremium für die komplette Laufzeit zu benennen und einzusetzen. Der Projektverantwortliche ist zu benennen (QM-Beauftragter). Diese Person sollte von allen Beteiligten akzeptiert werden. In das Projektteam sollten Mitarbeiter aller Bereiche aufgenommen werden. Alle Beteiligten müssen in Bezug auf Qualitätsmanagement geschult werden.

Projektverantwortlicher und Projektteam

Beide Stellen verdeutlichen die Teil- und Gesamtziele des Projektes. Die Teilziele werden in eine zeitliche Abfolge gebracht und mit Kennzahlen hinterlegt. Dies sind die sogenannten Meilensteine. Über die Festlegung des Projektes soll das QM in die Aufbauorganisation des Krankenhauses aufgenommen werden (Stabsstelle). Für das Projekt QM müssen finanzielle Mittel benannt und bereitgestellt werden. Geeignete Räumlichkeiten, technische Hilfsmittel und Kommunikationswege müssen bereitgestellt werden. Das QM benötigt Hilfsmittel wie

- Büros
- PCs
- Hauszeitung
- „Q"-Zeitung

Aufgaben des Projektmarketings

Alle Mitarbeiter sollten immer über den jeweils momentanen Stand des QM informiert sein – das stärkt die Akzeptanz eines Qualitätsmanagements. Das Projektmarketing sollte im Unternehmen permanent über erreichte Ziele und neue Vorgänge informieren, um das Interesse an den Vorgängen zu steigern.

> Der Slogan des Projektmarketings: „Tu Gutes und rede darüber!"

Zum Abschluss der Vorbereitungsphase sollten Krankenhausleitung, Projektverantwortlicher und Projektteam eine Selbstverpflichtung bezüglich der Einhaltung der Projektdurchführung und der Projektziele unterzeichnen.

Lösung zur 55. Aufgabe

Die Auswahlantworten 4 und 7 sind richtig.

Erläuterungen zur 55. Aufgabe

Die folgenden Maßnahmen sind für die erfolgreiche Einführung eines Qualitätsmanagements unerlässlich:

- Delegation von Verantwortung und Entscheidungskompetenz unmittelbar an den Ort der Leistungserstellung
- Schaffung von flachen Hierarchien
- vorgegebene Ziele müssen klar formuliert und realisierbar sein
- notwendige Materialien und personelle Ressourcen müssen zur Verfügung stehen
- Mitarbeiter aller Ebenen müssen in die Qualitäts- bzw. Themenzirkel mit einbezogen werden

- Mitarbeiterschulungen/Qualifizierungsmaßnahmen müssen durchgeführt werden
- Transparenz für alle Beteiligten durch permanente Informationen über das QM
- Kommunikation aller Bereiche miteinander, auch in technischer Hinsicht (Netzwerk).
- Förderung fach- und abteilungsübergreifender Prozesse
- konsequente Orientierung an den Wünschen der internen und externen Kunden
- Feedback über die Wirksamkeit der Maßnahmen (Befragung der in- und externen Kunden)

Alle Vorgehensweisen, die den hier genannten Maßnahmen widersprechen, schaden einem Qualitätsmanagement.

Hindernisse und Probleme bei der Einführung eines Qualitätsmanagements sind:
- gewachsene und oft steile Hierarchien
- unzureichende Kommunikation und Koordination untereinander
- Mängel in der sozialen Kompetenz der sonst hochqualifizierten Führungskräfte
- fehlende Managementsysteme
- mangelnde Bereitschaft der Führungsebenen zur Einführung eines Qualitätsmanagements

Aus diesen „Hindernissen" ergeben sich Fehlentscheidungen wie die, dass Mitarbeitern mit Sanktionen gedroht wird, wenn sie nicht aktiv an einem QM teilnehmen. Qualifizierte Leitungen werden stattdessen Akzeptanz schaffen.

Lösung zur 56. Aufgabe

Die Auswahlantwort 2 ist richtig.

Erläuterungen zur 56. Aufgabe

Handbuch oder Quality Management Manual

Typische Handbücher im Rahmen des Datenbankthemas sind das
- QM-Handbuch für das Qualitätsmanagement und das
- UM-Handbuch für das Umweltmanagement.

Lösung zur 57. Aufgabe

a) Plan — 3
b) Do — 1
c) Check — 4
d) Act — 2

Erläuterungen zur 57. Aufgabe

Kontinuierlicher Verbesserungsprozess

Der kontinuierliche Verbesserungsprozess (KVP) dient der systematischen Erfassung und Behebung von Fehlern. Die Mitarbeiter sollen in Eigenverantwortung die Prozesse optimieren. An dieser Tatsache ist zu erkennen, dass der KVP keine Methode, sondern eine Unternehmensphilosophie ist. Das japanische Kaizen entspricht dem KVP.

Die Hauptinhalte des KVP sind:
- Verbesserung und Erhaltung
- Mitarbeiterorientierung

- Qualitätsorientierung
- Prozess- und Ergebnisorientierung
- Kunden-/Lieferantenorientierung
- Fokussierung auf Daten: keine Vermutungen, sondern nur messbare bzw. bewertbare Ziele führen zur Verbesserung

Der KVP besteht aus vier Phasen (PDCA-Zyklus) mit 16 Detailschritten:

1. Phase: Plan
1. Verbesserungsthema klären und festlegen
2. Problem eingrenzen und beschreiben
3. Informationen sammeln
4. Ursachen finden
5. Verbesserungsziele formulieren
6. Maßnahmen zur Verbesserung festlegen

2. Phase: Do
7. Maßnahmen durchführen
8. Termine einhalten
9. Maßnahmen dokumentieren

3. Phase: Check
10. Ergebnisse kontrollieren
11. Ergebnisse erfassen
12. Ergebnisse zusammenfassen
13. Ergebnisse visualisieren

4. Phase: Act
14. Soll-Ist-Vergleich durchführen
15. Bei Zielerreichung als Standard festlegen
16. Probleme identifizieren

Nutzen des KVP

Messbare wirtschaftliche Effekte:
- Verkürzung von Durchlaufzeiten
- geringere Kosten
- höhere Produktivität

Positive Auswirkungen auf die
- Teamfähigkeit,
- Zusammenarbeit,
- Qualität der Arbeit und
- Identifikation mit dem Unternehmen.

Lösung zur 58. Aufgabe

Die Auswahlantwort 3 ist richtig.

Erläuterungen zur 58. Aufgabe

ProCum Cert ist ein autorisiertes Zertifizierungsunternehmen der Kooperation für Qualität und Transparenz im Krankenhaus, KTQ, mit Betonung des spezifisch kirchlichen Profils und der ethischen Kompetenz. Das Unternehmen befasst sich mit der Erarbeitung eines Anforderungsprofils zur Implementierung eines christlich geprägten Qualitätsmanagements. (www.procum-cert.de)

Rehabilitation

Lösung zur 59. Aufgabe

Die Auswahlantwort 5 ist richtig.

Erläuterungen zur 59. Aufgabe

Die gesetzliche Grundlage für die Rehabilitation und die Teilhabe behinderter Menschen ist das Neunte Buch Sozialgesetzbuch (SGB IX).

Lösung zur 60. Aufgabe

Die Auswahlantworten 1, 2 und 4 sind richtig.

Erläuterungen zur 60. Aufgabe

Leistungsgruppen (§ 5 SGB IX)

Zur Teilhabe werden erbracht:
1. Leistungen zur medizinischen Rehabilitation
2. Leistungen zur Teilhabe am Arbeitsplatz
3. unterhaltssichernde und andere ergänzende Leistungen
4. Leistungen zur Teilhabe am Leben in der Gesellschaft

Lösung zur 61. Aufgabe

Die Auswahlantworten 2 und 4 sind richtig.

Erläuterungen zur 61. Aufgabe

Leistungen zur medizinischen Rehabilitation (§ 26 SGB IX)

Zur medizinischen Rehabilitation behinderter und von Behinderung bedrohter Menschen werden die erforderlichen Leistungen erbracht, um:
1. Behinderungen einschließlich chronischer Krankheiten abzuwenden, zu beseitigen, zu mindern, auszugleichen, eine Verschlimmerung zu verhüten oder
2. Einschränkungen der Erwerbsfähigkeit und Pflegebedürftigkeit zu vermindern, zu überwinden, zu mindern, eine Verschlimmerung zu verhüten sowie den vorzeitigen Bezug von laufenden Sozialleistungen zu vermeiden oder laufende Sozialleistungen zu vermindern.

Lösung zur 62. Aufgabe

Die Auswahlantwort 3 ist richtig.

Erläuterungen zur 62. Aufgabe

Leistungen zur medizinischen Rehabilitation (§ 40 SGB V)

Abs. 1: Die Rehabilitationsmaßnahmen, bei denen keine Unterkunft und Verpflegung notwendig werden, bezeichnet man als ambulante Rehabilitation.

Abs. 2: Bei einer Rehabilitationsmaßnahme mit Unterkunft und Verpflegung spricht man von einer stationären Rehabilitation.

Lösung zur 63. Aufgabe

Die Auswahlantwort 3 ist richtig.

Erläuterungen zur 63. Aufgabe

Leistungen zur medizinischen Rehabilitation (§ 40 SGB V)

Abs. 3
Leistungen nach den Absätzen 1 und 2 können nicht vor Ablauf von vier Jahren nach Durchführung solcher oder ähnlicher Leistungen erbracht werden, deren Kosten auf Grund öffentlich-rechtlicher Vorschriften getragen oder bezuschusst worden sind, es sei denn, eine vorzeitige Leistung ist aus medizinischen Gründen dringend erforderlich.

Lösungen zur 64. Aufgabe

Die Auswahlantwort 4 ist richtig.

Erläuterungen zur 64. Aufgabe

Leistungen zur medizinischen Rehabilitation (§ 40 SGB V Abs. 3)

Die Krankenkasse bestimmt nach den medizinischen Erfordernissen des Einzelfalls die Art, Dauer, Umfang, Beginn und Durchführung der Leistungen nach den Absätzen 1 und 2 sowie die Rehabilitationseinrichtung nach pflichtgemäßem Ermessen. Leistungen nach Abs. 1 (ambulante Reha) sollen längstens für 20 Behandlungstage, Leistungen nach Abs. 2 (stationäre Reha) für längstens drei Wochen erbracht werden, es sei denn, eine Verlängerung der Leistung ist aus medizinischen Gründen erforderlich.

Lösung zur 65. Aufgabe

Die Auswahlantwort 2 ist richtig.

Erläuterungen zur 65. Aufgabe

Zuzahlungen zu Anschlussrehabilitationen (§ 40 SGB V Abs. 6)

Versicherte, die das 18. Lebensjahr vollendet haben und eine Leistung nach Absatz 1 oder 2 in Anspruch nehmen, deren unmittelbarer Anschluss an eine Krankenhausbehandlung medizinisch notwendig ist (Anschlussrehabilitation), zahlen den sich nach § 61 Satz 2 ergebenden Betrag für längstens 28 Tage je Kalenderjahr an die Einrichtung. Als unmittelbar gilt der Anschluss auch, wenn die Maßnahme innerhalb von 14 Tagen beginnt, es sei denn, die Einhaltung dieser Frist ist aus zwingenden tatsächlichen oder medizinischen Gründen nicht möglich.

Der Inhalt dieses Absatzes beschreibt eine Zuzahlung bei einer Anschlussrehabilitation von 10,00 € pro Kalendertag, längstens für 28 Tage im Jahr.

Zuzahlungen zu stationären Maßnahmen (§ 61 SGB V Satz 2)

Als Zuzahlung zu stationären Maßnahmen werden je Kalendertag 10,00 € erhoben.
Erhält ein Patient unmittelbar an einen stationären Aufenthalt eine Anschlussrehabilitation, ist eine Zuzahlung von max. 28 Tagen zu zahlen.

Berufe im Gesundheitswesen

Lösung zur 66. Aufgabe

Die Auswahlantwort 2 ist richtig.

Lösung zur 67. Aufgabe

Die Auswahlantworten 2 und 4 sind richtig.

Erläuterungen zur 66. und 67. Aufgabe

Ausbildung zur Kranken- und Gesundheitspflegerin, zum Kranken- und Gesundheitspfleger

Die Ausbildung zur/zum Gesundheitspfleger/-in muss an einer staatlichen, staatlich genehmigten oder staatlich anerkannten Pflegeschule durchgeführt werden. Die Schulen sind überwiegend Krankenhäusern angeschlossen. Die Ausbildung ist neu organisiert worden: „Die neue Pflegeausbildung ist seit 2020 generalistisch ausgerichtet; sie zielt auf Kompetenzen, die für die Pflege von Menschen aller Altersstufen in unterschiedlichen Pflege- und Lebenssituationen sowie in verschiedenen institutionellen Versorgungskontexten notwendig sind. Unter bestimmten Voraussetzungen kann die Ausbildung im 3. Ausbildungsdrittel anstelle der generalistischen Fortführung auf die Pflege von Kindern und Jugendlichen oder auf die Pflege von alten Menschen hin fokussiert werden." (Die Fachkommission nach § 53 Pflegeberufegesetz Rahmenpläne der Fachkommission nach § 53 PflBG. o. O. 2020)

Die Ausbildung zur sogenannten Pflegefachfrau oder zum Pflegefachmann dauert unabhängig vom Zeitpunkt der staatlichen Abschlussprüfung in Vollzeitform drei Jahre, in Teilzeitform höchstens fünf Jahre. Sie besteht aus theoretischem und praktischem Unterricht und einer praktischen Ausbildung; der Anteil der praktischen Ausbildung überwiegt.

Die praktische Ausbildung erfolgt in einem Krankenhaus, das mindestens über die Fachabteilungen Innere Medizin, Chirurgie, Gynäkologie, Psychiatrie und ein weiteres Fachgebiet verfügt.

Die Ausbildung endet vor einer anerkannten Prüfungskommission.

Lösung zur 68. Aufgabe

Die Auswahlantwort 2 ist richtig.

Erläuterungen zur 68. Aufgabe

Ausbildung zur Krankenpflegehelferin, zum Krankenpflegehelfer

Für die Ausbildung in der Krankenpflegehilfe wird ein Hauptschulabschluss oder ein gleichwertiger Nachweis benötigt. Die Ausbildung erfolgt ebenfalls an anerkannten Krankenpflegeschulen und dauert ein Jahr. Der theoretische und praktische Teil umfasst mindestens 500 Unterrichtsstunden, die praktische Ausbildung mindestens 1.100 Stunden.

Lösung zur 69. Aufgabe

Die Auswahlantworten 1, 3 und 4 sind richtig.

Erläuterungen zur 69. Aufgabe

Ausbildung zum Heilpraktiker, zur Heilpraktikerin

Heilpraktiker üben die Heilkunde aus, ohne über eine ärztliche Approbation zu verfügen. Nach dem Heilpraktiker-Gesetz umfasst dies jede berufs- oder gewerbsmäßig vorgenommene Tätigkeit zur

Feststellung, Heilung oder Linderung von Krankheiten, Leiden oder Körperschäden bei Menschen. Um den Beruf des Heilpraktikers ausüben zu können, bedarf es einer Überprüfung durch das Gesundheitsamt. Der Bewerber muss das 25. Lebensjahr vollendet haben und darf keine Gefahr für die Allgemeinheit darstellen. Der Hauptschulabschluss und eine einwandfreie Gesundheit sind weitere Voraussetzungen. Eine bestimmte Ausbildungs- und Berufsordnung gibt es nicht.

Lösung zur 70. Aufgabe

Die Auswahlantwort 3 ist richtig.

Erläuterungen zur 70. Aufgabe

Die Berufsgruppen im Gesundheitswesen

Akademische Gesundheitsdienstberufe:

- Ärzte und Ärztinnen
- Zahnärzte und Zahnärztinnen
- Tierärzte und Tierärztinnen
- Apotheker und Apothekerinnen

Nichtärztliche medizinische Berufe:

- Heilpraktiker/-in
- Physiotherapeuten und Physiotherapeutinnen
- Heilpädagogen und Heilpädagoginnen
- Psychologen und Psychologinnen
- Logopäden und Logopädinnen
- Ernährungsberater und Ernährungsberaterinnen

Assistenzberufe aus

- medizinisch-technischen,
- pharmazeutisch-technischen
- sowie verwandten Bereichen.

Pflegeberufe:

- Pflegefachleute oder Gesundheitspfleger/-in
- Hebamme/Geburtshelfer
- Altenpfleger/-in
- Heilerziehungspflegekräfte

Unterstützende Berufe:

- Medizinische/-r Fachangestellte/-r, Zahnmedizinische/-r Fachangestellte/-r
- Verwaltungsfachangestellte
- Kaufleute für Büromanagement
- Versicherungskaufleute
- Kaufleute im Gesundheitswesen

Lösung zur 71. Aufgabe

Die Auswahlantwort 2 ist richtig.

Erläuterungen zur 71. Aufgabe

Ausbildung zum Logopäden, zur Logopädin

Mit der Ausbildungs- und Prüfungsordnung von 1980 wurde eine bundeseinheitliche Rechtsgrundlage für den Beruf des Logopäden geschaffen. Voraussetzung ist ein Realschulabschluss oder ein gleichwertiger Abschluss und ein sechs- bis zwölfmonatiges sozialpädagogisches Praktikum. Die Ausbildung dauert drei Jahre. Hauptaufgabengebiet ist die Behandlung von Stimm- und Sprachstörungen aller Art. Hierzu gehören Sprachstörungen durch Schlaganfall, Hirntrauma und nach Kehlkopfentfernung. Logopäden sind in Krankenhäusern, Reha-Einrichtungen und Arztpraxen oder einer eigenen Praxis tätig.

Sozialgesetzbuch Fünftes Buch (SGB V)

Lösung zur 72. Aufgabe

Die Auswahlantwort 1 ist richtig.

Erläuterungen zur 72. Aufgabe

Das SGB V regelt die Aufgaben und die unterschiedlichen Beziehungen der Beteiligten im Gesundheitswesen. Hierzu gehören die Krankenkassen und deren Organe, die unterschiedlichen Sektoren des Gesundheitswesens, deren Aufgaben und deren Beziehung untereinander. Das Wirtschaftlichkeitsgebot für Leistungen im Gesundheitswesen ist nicht nur im SGB V verankert. Diese Regel gilt auch für den Bereich Rehabilitation sowie für die Alten- und Krankenpflege.

Wirtschaftlichkeitsgebot (§ 12 SGB V)

(1) Die Leistungen müssen ausreichend, zweckmäßig und wirtschaftlich sein; sie dürfen das Maß des Notwendigen nicht überschreiten. Leistungen, die nicht notwendig oder unwirtschaftlich sind, können Versicherte nicht beanspruchen, dürfen die Leistungserbringer nicht bewirken und die Krankenkassen nicht bewilligen.

(2) Ist für eine Leistung ein Festbetrag festgesetzt, erfüllt die Krankenkasse ihre Leistungspflicht mit dem Festbetrag.

Lösung zur 73. Aufgabe

Die Auswahlantworten 1, 2 und 4 sind richtig.

Erläuterungen zur 73. Aufgabe

Zugelassene Krankenhäuser (§ 108 SGB V)

Die Krankenkassen dürfen Krankenhausbehandlungen nur durch folgende Krankenhäuser (zugelassene Krankenhäuser) erbringen lassen:

1. Hochschulkliniken im Sinne des Hochschulbauförderungsgesetzes
2. Krankenhäuser, die in den Krankenhausplan eines Landes aufgenommen sind (sogenannte Plankrankenhäuser)
3. Krankenhäuser, die einen Versorgungsvertrag mit den Landesverbänden der Krankenkassen und den Verbänden der Ersatzkassen abgeschlossen haben

Lösung zur 74. Aufgabe

Die Auswahlantworten 1, 2 und 3 sind richtig.

Erläuterungen zur 74. Aufgabe

Die Zusammensetzung des Gemeinsamen Bundesausschusses ist in § 91 SGB V beschrieben. Die Aufgaben bezüglich der Überprüfungen hinsichtlich der Qualität und Wirtschaftlichkeit von Leistungen in Krankenhäusern finden Sie in § 137 c SGB V.

Gemeinsamer Bundesausschuss (§ 91 SGB V)

Die Kassenärztlichen Bundesvereinigungen, die Deutsche Krankenhausgesellschaft und der Spitzenverband Bund der Krankenkassen bilden einen Gemeinsamen Bundesausschuss. Der Gemeinsame Bundesausschuss ist rechtsfähig. Er wird durch den Vorsitzenden des Beschlussgremiums gerichtlich und außergerichtlich vertreten.

Bewertung von Untersuchungs- und Behandlungsmethoden im Krankenhaus (§ 137 c SGB V)

Auszug:

Der Gemeinsame Bundesausschuss nach § 91 überprüft auf Antrag des Spitzenverbandes Bund der Krankenkassen, der Deutschen Krankenhausgesellschaft oder eines Bundesverbandes der Krankenhausträger Untersuchungs- und Behandlungsmethoden, die zu Lasten der gesetzlichen Krankenkassen im Rahmen einer Krankenhausbehandlung angewandt werden oder angewandt werden sollen, daraufhin, ob sie für eine ausreichende, zweckmäßige und wirtschaftliche Versorgung der Versicherten unter Berücksichtigung des allgemein anerkannten Standes der medizinischen Erkenntnisse erforderlich sind. Ergibt die Überprüfung, dass der Nutzen einer Methode nicht hinreichend belegt ist und sie nicht das Potenzial einer erforderlichen Behandlungsalternative bietet, insbesondere weil sie schädlich oder unwirksam ist, erlässt der Gemeinsame Bundesausschuss eine entsprechende Richtlinie, wonach die Methode im Rahmen einer Krankenhausbehandlung nicht mehr zulasten der Krankenkassen erbracht werden darf.

Dieser Absatz besagt, dass Leistungen dann überprüft werden, wenn der Spitzenverband einer Krankenversicherung dieses beantragt.

Lösung zur 75. Aufgabe

Die Auswahlantwort 4 ist richtig.

Erläuterungen zur 75. Aufgabe

Kündigungsfrist der gesetzlich Versicherten

Sowohl Versicherungspflichtige als auch freiwillig Versicherte können seit dem 01. Januar 2002 die Mitgliedschaft bei ihrer Krankenkasse kündigen.

Eine Kündigung ist zum Ende des übernächsten Kalendermonats möglich. Nach dem Wechsel ist der Versicherte 18 Monate an die Zugehörigkeit gebunden. Somit ist ein erneuter Wechsel erst nach den genannten 18 Monaten möglich.

Vorzeitiger Kassenwechsel

Ein vorzeitiger Kassenwechsel ist nur bei einer Änderung des Beitragssatzes der Krankenkasse möglich.

Lösung zur 76. Aufgabe

Die Auswahlantworten 1 und 4 sind richtig.

Erläuterungen zur 76. Aufgabe

Der Medizinische Dienst und seine Aufgaben

Die Krankenkassen haben die Aufgabe, die Versicherten mit Leistungen unter Berücksichtigung des Wirtschaftlichkeitsgebotes des § 12 SGB V zu versorgen. Um diese Aufgabe erfüllen zu können, benötigen die Krankenkassen medizinische Beratung. Diese Aufgabe übernimmt laut Gesetzgebung der Medizinische Dienst der Krankenversicherung (§ 275 SGB V). In jedem Bundesland besteht kassenartenübergreifend ein Medizinischer Dienst. Dieser wird von den Landesverbänden der Krankenkassen getragen.

Das Gesetz sieht bestimmte Fälle vor, in denen die Krankenkassen eine Stellungnahme des Medizinischen Dienstes einholen müssen.

Begutachtung und Beratung (§ 275 SGB V)

Im Folgenden sind die gesetzlich bestimmten Fälle, in denen die Krankenkassen eine Stellungnahme durch den Medizinischen Dienst einholen müssen, beschrieben.

1. Bei Erbringung von Leistungen, insbesondere zur Prüfung von Voraussetzungen, Art und Umfang der Leistungen sowie bei Auffälligkeiten zur ordnungsgemäßen Abrechnung.
2. Zur Einleitung von Leistungen zur Teilhabe, insbesondere zur Koordinierung der Leistungen und Zusammenarbeit der Rehabilitationsträger nach den §§ 10 bis 12 des SGB IX, in Kooperation mit dem behandelnden Arzt.
3. Bei Arbeitsunfähigkeit, bezüglich des Behandlungserfolges und der Wiederherstellung der Arbeitsfähigkeit und zur Beseitigung von Zweifeln an der Arbeitsunfähigkeit.

Besondere Fälle, in denen die Vertragsärzte und deren Leistungen überprüft werden:

1. stichprobenartige und zeitnahe Überprüfung von Feststellungen der Arbeitsunfähigkeit bei Patienten,
2. die Notwendigkeit der Leistungen eines ärztlichen Behandlungsplanes vor Bewilligung und bei beantragter Verlängerung einer Maßnahme,
3. die Kostenübernahme einer Behandlung im Ausland,
4. ob und in welchem Zeitraum häusliche Krankenpflege länger als vier Wochen erforderlich ist,
5. ob eine Versorgung mit Zahnersatz aus medizinischen Gründen ausnahmsweise unaufschiebbar ist.

Weitere Regelungen betreffen Hilfsmittel sowie Dialysebehandlungen.

Lösung zur 77. Aufgabe

Die Auswahlantwort 2 ist richtig.

Erläuterungen zur 77. Aufgabe

Integrierte Versorgung

Die rechtliche Grundlage der integrierten Versorgung ist durch die GKV-Gesundheitsreform 2000 geschaffen worden (§§ 140a bis 140d SGB V).

Ziele und Möglichkeiten integrierter Versorgungsformen

Die Ziele einer integrierten Versorgung sind:
- die optimale Versorgung des Patienten mit notwendigen Leistungen und damit
- eine Optimierung der Kosten durch zielgerichtetes Handeln.

Um diese Ziele erreichen zu können, ist die Trennung von Krankenhaus und der vertragsärztlichen Leistung aufzulösen. Es sollen zum Beispiel unnötige Einweisungen in ein Krankenhaus seitens des Arztes sowie die unnötige Aufnahme von Patienten in ein Krankenhaus verhindert werden.

Durch die separierten Sektoren (ambulant/stationär) besteht die Gefahr, dass Informationen verloren gehen. Doppelte Untersuchungen, die auch für den Patienten nicht nötig sind, können entfallen.

Schematische Darstellung einer übergreifenden Versorgungskette

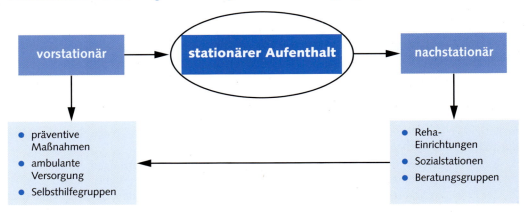

Anhang

Zur Informationsbeschaffung und zum Studium der Lerninhalte zum Ausbildungsberuf des Kaufmanns/der Kauffrau im Gesundheitswesen verweisen die Verfasser dieses vorliegenden Lern- und Arbeitsheftes neben einer umfangreich vorhandenen Fachliteratur zum Gesundheitswesen vor allem auf die Zuhilfenahme von wichtigen, im Nachfolgenden genannten Gesetzestexten:

→ Krankenhausfinanzierungsgesetz (KHG)
→ Krankenhausentgeltgesetz (KHEntgG)
→ Krankenhausbuchführungsverordnung (KHBV)
→ Pflegebuchführungsverordnung (PBV)
→ SGB V
→ SGB IX
→ SGB XI
→ Heimpersonalverordnung

Kontenplan nach Krankenhausbuchführungsverordnung (KHBV):

Klasse 0
Ausstehende Einlagen und Anlagevermögen

010	Bebaute Grundstücke
011	Betriebsbauten
060	Technische Anlagen
070	Einrichtung u. Ausstattung
0701	Fuhrpark
0702	Einrichtung und Ausstattung / Mobiliar
0703	Einrichtung und Ausstattung / med. Bedarf
0761	geringwertige Gebrauchsgüter (51–410 €)
0762	Gebrauchsgüter (über 410 €)
0801	Anzahlungen und Anlagen im Bau

Klasse 1
Umlaufvermögen, Rechnungsabgrenzung

100	Vorräte an Lebensmitteln
1001	Bezugskosten*
1003	Lieferantenskonti*
101	Vorräte des medizinischen Bedarfs
102	Vorräte an Betriebsstoffen
103	Vorräte des Wirtschaftsbedarfs
104	Vorräte des Verwaltungsbedarfs
106	Unfertige Leistungen
110	Geleistete Anzahlungen
120	Forderungen aLL
121	Forderungen an Mitarbeiter
131	Kassenbestand
135	Guthaben bei Kreditinstituten
150	Forderungen nach KHG
1604	Sonstige Forderungen
17	Aktive Rechnungsabgrenzung

Klasse 2
Eigenkapital und Rückstellungen

200	Eigenkapital
201	Kapitalrücklagen
22	Sonderposten aus Fördermitteln nach dem KHG
280	Steuerrückstellungen
281	Sonstige Rückstellungen

Klasse 3
Verbindlichkeiten, Rechnungsabgrenzung

320	Verbindlichkeiten aLL
340	Verbindlichkeiten ggü. Kreditinstituten
350	Verbindlichkeiten nach dem KHG
360	Erhaltene Anzahlungen
370	Sonstige Verbindlichkeiten
3741	Verbindlichkeiten ggü. Sozialversicherung
3742	Verbindlichkeiten ggü. Finanzbehörde
3746	Verbindlichkeiten vermögensw. Leistungen
38	Passive Rechnungsabgrenzung

Klasse 4
Betriebliche Erträge

400	Erlöse aus Krankenhausleistungen
410	Erlöse aus Wahlleistungen
460	Erträge aus Fördermitteln nach dem KHG
490	Erträge aus der Auflösung von Sonderposten nach dem KHG

Klasse 5
Andere Erträge

510	Zinsen und ähnliche Erträge
520	Erträge aus Anlagenabgang
540	Erträge aus der Auflösung von Rückstellungen
550	Aktivierte Eigenleistungen
551	Bestandsveränderungen an unfertigen Leistungen
57	Sonstige ordentliche Erträge
570	Erlöse aus Gastleistungen
571	Skonti, Boni, Rücksendungen
590	a. o. Erträge

Klasse 6
Aufwendungen

60	Löhne und Gehälter (s. Anlage 4 KHBV)
6000	– ärztlicher Dienst
6001	– Pflegedienst
6002	– med.-techn. Dienst
6003	– Verwaltungsdienst
61	Gesetzliche Sozialabgaben / AG-Anteile
620	Aufwendungen für Altersversorgung
650	Lebensmittelverbrauch
6501	Skonti / Lebensmittel
6502	Bezugskosten / Lebensmittel*
660	Verbrauch medizinischer Bedarf
670	Wasser, Energie, Brennstoffe
680	Verbrauch Wirtschaftsbedarf
681	Bezogene Fremdleistungen
690	Verbrauch Verwaltungsbedarf
691	Prüfung/Beratung/Recht
696	Beiträge an Organisationen

Klasse 7
Aufwendungen

72	Instandhaltung
73	Steuern, Abgaben, Versicherungen
731	Sonstige Abgaben
74	Zinsen und ähnliche Aufwendungen
752	Zuführung der Fördermittel nach KHG zu Sonderposten oder Verbindlichkeiten
761	Abschreibungen auf Sachanlagen
77	Aufwendungen für die Nutzung von Anlagegütern nach KHG
78	Sonstige ordentliche Aufwendungen
7821	Aufwendungen aus Ausbildungsstätten-Umlage
791	Aufwendungen aus Anlagenabgang
793	periodenfremde Aufwendungen

Klasse 8
Ergebnisrechnungen

850	Eröffnungsbilanzkonto
851	Schlussbilanzkonto
852	Gewinn- und Verlust-Konto

* bei Buchung des Einkaufs nach Aufwandsmethode